M. 드라이차 / W. 힐브란츠/ H. 슈미트 공저

구약성서 연구 방법론
주석 방법론 입문서

하경택 옮김

비블리카 아카데미아
2005

저자소개:

만프레트 드라이차(Manfred Dreytza)

1951년 출생, 결혼하여 세 자녀가 있음. Basel대학을 졸업한 후 예루살렘 히브리 대학(Hebrew University)에서 1년간 수학하고, 1977년부터 1987년까지 Gießen의 Gemeindeaufbau 연구소에 있는 Campus für Christus Deutschland에서 일했다. 1987년부터 1996년까지는 성경번역가로서 활동하기도 했다. 1989년 그는 에른스트 예니(Ernst Jenni)교수의 지도 아래, 구약성서에서 루아흐(*ruah*)의 신학적 사용에 관한 논문으로 신학박사 학위를 취득했다. 1990년부터 Studienzentrum des Geistlichen Rüstzentrums Krelingen에서 교수로 재직하고 있다.

발터 힐브란츠(Walter Hilbrands)

1965년 출생, 결혼하여 두 명의 자녀가 있음. Krelingen에서 언어를 전공한 후, Freie Theologische Akademie Gießen (1987-1991)과 네덜란드의 Universität Kampen (1991-1995)에서 신학을 전공했다. 그는 3년간 Bibelschule Kirchberg/Jagst의 강사로 있다가, 1998년부터 Freie Theologische Akademie (FTA) Gießen에서 히브리어와 구약성서 담당 강사로 재직하고 있으며, Universität Kampen에서 박사 과정 중에 있다.

하르트무트 슈미트(Hartmut Schmid)

1965년 출생, 결혼하여 세 명의 자녀가 있음. Tübingen대학과 Heidelberg대학에서 신학을 전공한 후 3년 간 Tübingen에 있는 Albrecht-Bengel-Haus에서 연구조교(Studienasistent)로 일했다. 1987년부터 1995년까지 그는 Baiersbronn에 있는 교회의 담임목사로 재직하였고, 1995년부터는 Albrecht-Bengel-Haus의 구약성서 전공의 연구주임(Studienleiter)이다.

Manfred Dreytza / Walter Hilbrands / Hartmut Schmid

Das Studium des Alten Testaments

Eine Einführung in die Methoden der Exegese

R. BROCKHAUS VERLAG WUPPERTAL

BRUNNEN VERLAG GIESSEN

2002

Die THEOLOGISCHE VERLAGSGEMEINSCHAFT (TVG)
ist eine Arbeitsgemeinschaft der Verlage
R. Brockhaus Wuppertal und Brunnen Gießen.
Sie hat das Ziel, schriftgemäße Arbeiten
zu veröffentlichen.

Reihe: Bibelwissenschaftliche Monographien (BWM), Band 10

Translated from *Das Studium des Alten Testaments*
© 2002 R. Brockhaus Verlag Wuppertal
Umschlaggestaltung: Stefan Knörk, Hückeswagen
Druck: Breklumer Druckerei Manfred Siegel KG
ISBN 3-417-29471-1 (R. Brockhaus Verlag)
ISBN 3-7655-9471-7 (Brunnen Verlag)

역자 서문

역자가 이 책의 독일어 원서에 빠져들게 되고, 결국에는 이처럼 우리말로 옮기게 된 것은 독일 유학시절(1999-2002)에 "복음주의 신학 연구회(AfeT, Arbeitskreis für evangelikale Theologie)"의 구약학회에 매년 참석한 것이 계기가 되었음을 지적하고 싶다. 되돌아 보건대 시간을 분초로 쪼개어 써도 모자랄 지경인 바쁜 유학생활 중에서도 이 모임에 빠질 수 없었던 주요한 이유는 학회의 활동 내용이 역자에게는 비할 데 없이 유익했기 때문이었다. 그 학회는 비록 1년에 한 차례만 개최되었으나, 구약학의 최근 연구 동향에 대한 소개와 아울러, 구약학의 각 분야에서 선정한 주제에 대해 참석자들이 발표하고 토론을 하는 가운데 서로의 연구에 영감을 불어넣어 주고 격려하는 배움과 나눔의 자리였다. 또한 본서의 저자들도 바로 이 학회에서 중심적으로 활동한 멤버들이었으므로, 그 자리에 매년 참석했던 역자로서는 그들에게 학문적으로 적지 않은 빚을 진 자임을 부인할 수 없는바, 이 역서를 통해 그들의 학문적 업적이 우리나라에 소개됨으로써, 그 빚이 다소나마 가벼워질 수 있기를 바란다.

이 책은 지난 200년 동안 서구 성서학계의 독점적 지위를 차지하고 있었던 "역사-비평적 방법론"(historisch-kritische Methode)에 대한 비판적인 성찰에서 출발한다. 사실 지난 한두 세기 동안의 성서 연구(해석)방법론은 성서에 대한 깊은 관심과 연구에 대한 열정으로 이끌기는커녕, 오히려 성서의 진술에 대한 신뢰성을 떨어뜨리고, 결국 성서를 외면하게 만드는 악영향을 끼쳤을 뿐만 아니라 성서가 현대의 과학적 해석 도구의 실험 거리로 전락되어 성서의 본래적인 진술 의도는 도외시되고, 해석자의 세계관과 무신론적 관심이 성서의 텍스트 속으로 깊이 배여 드는 결과를 초래하였다.

　따라서 이러한 역사-비평적 해석에 대한 반성으로 여러 가지 새로운 방법론들이 모색되었으나, 유감스럽게도 진정한 대안은 되지 못한 것이 사실이다. 하지만 이 책은 지금까지의 방법론들을 깊이 진단하고, 아울러 "성서적-역사적인 방법"(biblisch-historische Methode)이라고 명명한 새로운 대안을 제시하고 있다. 이 방법론은 용어뿐만 아니라 구성 체계 면에서도 여태까지와는 전혀 다른 아주 새로운 것이다. 그러나 이 책은 역사-비평적 방법론을 단순히 부정하는데 그치지 않고, 6개 항목에 걸친 부록(양식사, 문헌비평, 새로운 해석학적 방법론들, 전승사, 편집사, 전통사)을 통해서 각 방법들에 대한 연구사와 문제성, 논의의 성과들을 분석하므로 과거의 방법론과 새로운 대안과의 대화를 유도하고 있는 것과 더불어 다음과 같은 특징과 강조점들을 담고 있다:

　1) 성서는 단순히 역사적인 산물에 그치는 것이 아니라 계시의 통로라는 사실을 강조한다. 본서에서는 성서가 가지고 있는 인간적-지상적 측면을 분명하게 인지한다. 즉, 본문이 구전으로부터 문서화에 이르는 긴 전승의 과정과 그 진행 속에 있었던 전승의 수집과 선택을 인정한다. 그러나 이러한 과정을 통해서 성서가 생성되었다 할지라도 성서가 가지는 신적-계시적 측면을 강조한다. 따라서 이질적으로 보이는 상이한 진술들도 역사적인 상황과 신적인 계시에 근거한 신학적인 특징으로 인식한다.

　2) 본서에서 대안으로 제시된 '성서적-역사적 방법'은 그 명칭에 걸맞게 역사적인 문제에 적극적이다. 성서 진술들의 역사성에 대한 문제를 접근하기 어렵다는 이유로 쉽게 포기하지 않고, 역사적 현실성을 지닌 진술로 진지하게 검토하고 이에 따른 성서 진술

의 의미를 부각시킨다.

3) 성서를 전체적으로 보고 전체적인 맥락 안에서 차지하는 본문의 신학적 의미를 강조한다. 어떤 본문도 그 자체로 고립되어 있지 않고 본문의 "미시상황"(Mikrokontext)과 "거시상황"(Makrokontext)과의 관계 속에서 놓여 있음을 지적하며, 이에 상응한 본문 관찰과 해석이 필요함을 역설한다. 특히 기독교 정경의 일부인 구약성서는 그 자체로 존재할 수 없으며, 따라서 구약성서신학은 "성서신학"(Biblische Theologie)의 일부로서만 존재할 수 있다는 사실을 강조한다.

4) 성서해석의 목표가 선포에 있다는 사실을 분명히 한다. 성서가 여러 가지 다른 목적을 가지고 연구되고 해석될 수 있지만, 궁극적인 목표는 신앙공동체를 위한 선포에 있음을 강조한다. 즉, 성서 해석자는 선포자의 모습에서 그 임무의 완성을 보게 된다. 따라서 본서의 마지막 장에는 선포자가 설교 작성 시 유의해야 할 실제적인 제안들이 제시되어 있다.

끝으로, 이 번역서가 나오기까지 도움을 주신 분들에게 고마운 마음을 전하고 싶다. 우선 이 책의 출판을 위해 관심과 격려를 아끼지 않으며 출판을 기꺼이 허락해 주신 비블리카 아카데미아의 이영근 목사님과, 흐트러진 원고가 책의 모습을 덧입도록 도와주신 신윤수 목사님께 감사드린다. 또한 힘든 교정 작업을 기꺼이 맡아 준 이민홍 전도사와 각종 도표 편집과 색인 작업을 통해 책의 가독성을 높여 준 조충현 군에게 사의를 전한다. 만일 이 책에서 미비한 점이 발견된다면 그것은 순전히 번역자의 책임일 것이다. 그리고 번역의 과정 내내 인내하며 문서 편집을 도운 나의 아내 김혜경에게 고맙다는 말을 구태여 이 지면을 빌어 하는 것을 그는 이해해 주리라 믿는다. 이 책은 이와 같이 많은 사람들이 합력하여 그리스

도의 몸을 이뤄가는 과정에서 나온 것이다. 그러므로 말씀의 능력
이 더욱 강하게 요청되는 이 혼란한 시대에, 이 책이 독자들의 신앙
의 토대를 더욱 견고히 해 주고, 독자들을 말씀의 현실로 인도하는
좋은 안내자가 되기를 간절히 바란다.

"이것은 너희에게 공허한 말이 아니라 너희의 생명이다."
כִּי לֹא־דָבָר רֵק הוּא מִכֶּם כִּי־הוּא חַיֵּיכֶם (신 32:47a)

2005년 2월 사순절에

광주(廣州) 안골 선지동산에서   하경택

저자 서문

"네가 읽는 것을 이해하느냐?"(행8:30): 바로 구약 본문을 읽는 것에 심취해 있던 에티오피아에서 온 내시에게 빌립이 했던 이 질문은 성서에 전념하고 있는 모든 사람에게 근본적으로 제기된다. 우리는 이 성서를 어떻게 해석하는가? 우리는 어떻게 이 성서를 올바르고 타당하게 이해할 수 있는가? 이것은 성서만큼이나 오래된 질문이다. 기독교인들은 성서의 타당한 해석을 위해 지속적으로 애써왔고 지금도 애쓰고 있다.

이러한 노력의 과정에서 교회사의 각 시대는 자신의 대답을 찾았고, 이 과정에서 다양한 방법들이 모색되었다. 계몽주의시대부터는 이러한 과정이 점점 더 역사-비평적 해석의 영향 속에 있었다. 이러한 해석이 특히 신학부(대학)에서 대략 지난 200년 동안 독점적 지위를 차지했다. 역사비판은 신약성서에 비해 광범위한 시대를 포괄하는 구약성서를 엄청난 힘을 가지고 강타했다. 역사적 신뢰성이라는 측면에서 성서의 보도들이 길면 길수록 그것에 대한 더 많은 의구심이 제기되었다. 최근에는 구약성서 연구의 분야들 가운데 이스라엘 역사에 대한 증언으로서의 구약성서를 아예 포기하려는 경향이 강해지고 있다.

보수적이며 복음주의적인 진영에서는 역사비판에 대한 의문들을 제기하였다; 부분적으로는 그것이 근본적으로 거부되었다. 이에 상응하는 신학적 배경을 가진 많은 개신교 신학생들의 경우, 구약성서에 관한 개론적인 기초 세미나(Proseminar) 후에 큰 불안감으로 인해 그들이 얼마나 구약학과 결별하고, 단지 목사고시와 관련된 필수적인 것에만 자신을 제한시키는지를 목격할 수 있다.

그럼에도 불구하고 구약성서 해석에 관하여 학문적으로 책임 있는 대안적인 방법론이 독일어권에서 지금까지 상세하게 기술되지 않았다.

복음주의 신학 연구회 산하 신약성서 분과에서 두 권으로 된 "신약성서 연구방법론"(Das Studium des Neuen Testaments)이 출판된 것에 이어, 이제 "구약성서 연구방법론"(Das Studium des Alten Testaments)도 출간되게 되었다. 이 책은 구약성서 분과와는 독립적인 세 명의 저자에 의해서 저술되었다.

성서해석의 방법론에 관한 새로운 논의를 위한 분위기가 무르익었다. 최근 몇 년 동안 다양한 이유와 상이한 신학적인 근거를 가지고 역사-비평적인 해석에 반대하는 비판적인 목소리들이 점점 더 커졌다. 그 중에 하나는 성서의 역사 서술에 대한 비판을 비판하고, 다른 것들은 그 비판이 충분치 않다고 평가한다. 한편에선 동일한 방법론으로 획득된 연구결과들이 통일성을 가지고 있다는 사실을, 다른 한편에선 현재적인 문제들에 대한 주석자들의 역사적인 거리감을 유감스럽게 생각한다. 문예학적인 해석으로 점차 더 많은 영향을 끼치고 있는 하나의 새로운 방법론이 등장했다. 이러한 불안정한 상황에서 복음주의 신학도 자신의 해석학적 입장과 방법론적이며 신학적인 관심사를 토론의 장에 내놓아야 한다 - 물론 자신 안에도 어느 정도 다양성이 있다는 사실을 인정하면서.

저자들은 방법적 조치들의 순서뿐 아니라 몇몇 곳에서는 방법론에 대한 용어체계에서도 역사-비평적 방법론과는 구별되는 길을 택했다. 첫 번째 장("서론")에서는 신학과 교회의 상황에서 주석의 목적이 역사적인 해석 자체가 아니라 선포라는 사실을 분명히 하고자 한다. 해석사에 대한 고찰은 **유일한** 방법론은 없고 타당한 해석에 대한 질문이 끊임없이 새롭게 제기된다는 사실을 생생하게 보여준다. 두 번째 장("본문")에서는 단지 본문비평만이 아니라 다른 방법론에 관한 지침서에서는 거의 언급되지 않는 주제인 번역에 관한 문제도 다룬다. 세 번째 장("문학적인 분석")에서는 현재 존재하는 형태의 본문이 집중적으로 다루어진다. 네 번째 장은 "뜨거운 감자"(heißeste Eisen)라고 할 수 있는 문제에 착수한다. 역사적인 진술들은 최근 연구에서 비판적으로 평가되었을 뿐 아니라, 구약성서의 역사적인 진술의 가치가 부분적으로 완전히 의문시된다. 이것이 현재 구약성서에 대한 해석에서 논쟁의 여지가 가장 많은 사안일 것이다. 저자들은 이 문제의 주제를 받아들여 계속 사유하고, 따라서 이 장에 "역사적인 문제들"이라는 표제를 붙였다. 그렇지만 그들은 복음주의 신학이 바로 이러한 문제에 더 깊이 연구하고 근거 있는 대안적인 결과들을 제시해야 한다고 확신하고 있다. 또한 다섯 번째 장("신학적인 해석")을 통해서 하나의 진정한 대안이 제시된다. 다른 방법론에 관한 지침서들은 거의 대부분 역사적인 해석으로 만족하지만, 본서는 성서 전체의 신학적인 해석을 위한 제안들을 제시하고자 한다. 신학과 교회 안에서 수행되는 해석의 목적은 선포다. 그러므로 마지막 장("선포 안에 있는 본문")에서 몇 가지 실천적인 지침과 제안들이 뒤를 잇는다. 물론 그것들이 설교학을 대신할 순 없지만, 그것을 통해 해석의 의도된 목적을 시사하고자 한다.

여기에서 전체적인 내용과 관련한 저자들의 기본원칙을 다시한 번 언급하고자 한다. 본서의 기획 의도는 구약성서 본문에 관해 매우 심도 있게 연구하고, 그 본문을 역사적인 증언으로서 진지하게 받아들이며, 그것을 성서의 전체증언 안에 삽입시킨다. 이와는 반대로 특별히 본문 생성에 관한 가설적인 재구성 시도들은 매우 유보적으로 취급한다.

　저자들은 단지 대안적인 해석방법론에만 관심을 두지 않고, 역사-비평적 방법론이나 문예학적인 해석과 심도 있는 대화를 펼치는 것에도 관심을 가지고 있다. 하지만 그들이 대안적인 방법론의 구조를 작성하고자 하기 때문에, 이러한 논의들은 적절한 곳에서 부록으로 처리된다.

　모든 방법론은 항상 해석학적인 기본결정들에 근거한다. 해석학적인 토대에 관한 논쟁이 계속해서 시사되고 있지만(특별히 부록들과 제5장에서), 상세하게 논의될 수 없다. 해석학적인 문제들에 관한 복음주의적 관점의 입장들이 이미 상세하게 제시되었다(예컨대, G. Maier, Biblische Hermeneutik; H.-W. Neudorfer/E.J. Schnabel [Hrsg.], Das Studium des Neuen Testaments Bd. 2; H. Frey, Um den Ansatz theologischer Arbeit).

　한 가지 마지막 문제가 언급되어야 한다. 제안된 해석방법을 위해 **역사-비평적 방법**(historisch-kritische Methode)이나 **문예학적인 해석**(literaturwissenschaftlichen Auslegung)과 같은 경우처럼, 한 눈에 알아볼 수 있는 명칭을 사용할 수 있는가? **성서적-역사적 방법**(biblisch-historische Methode)이라는 명칭이 가장 타당하게 여겨진다. 이로써 다음 네 가지 사항이 확인된다: 1. 이것은 방법적으로 숙고되었으며, 또한 이로써 의사소통이 가능한 해석방법이다. 2. 역사적인 문제가 근본적으로 중요하다. 3. 해석은 성서의 진술에 대한 역사적인 판단에 집중한다. 4. "성서적"이란 말을 앞에 둠으로써 오늘 우리 시대를 위해서도 말씀하고 있는 성서의 특징을 강조한다.

　저자들은 이 책의 모든 내용을 함께 논의했고 공동으로 책임을 진다. 세 명의 저자들에게서 문체상의 차이나 가끔 나타나는 내용적인 중첩을 피할 수 없었다고 할지라도, 그들은 개별적인 기고문들을 서로 의미 있게 연결하여 이 책을 통일성 있게 저술하고자 애썼다. 각 장이나 단락의 저자들이 축약된 목차에 이름의 머리글자들로 표시되어 있다.

이 기획에 대한 재정적인 후원을 아끼지 않은 복음주의 신학 연구회(Arbeitskreis für evangelikale Theologie)와 이 책을 기꺼이 출판해 준 브록하우스 출판사(Brockhaus-Verlag), 그리고 본문을 세밀하게 검토해 준 편집부의 베른트 바이데만(Bernd Weidemann) 씨와 원고의 형식적인 편집을 담당한 엘프리데 슈미트(Elfriede Schmid)씨에게 감사한다.

사용을 위한 몇 가지 실천적인 사항들을 참조하라. 내용에 대한 목차가 이중으로 수록되어 있다. 짧은 것은 전체적인 내용에 대한 개관이 용이하게 하고, 상세한 것은 내용에 대한 정밀한 조망을 가능하게 한다. 약어는 대체로 S. Schwertner, Interantionales Abkürzungsverzeichnis für Theologie und Grenzgebiete를 따랐고, 성서의 책들은 "Wuppertaler Studienbibel"을 따라 표기되었다. 구약성서와 신약성서는 기본적으로 AT와 NT로 축약되었다. 통용되는 방법론에 대한 명칭들도 다음과 같이 축약되었다: 본문비평(Textkritik)은 TK로, 문헌비평(Literarkritik)은 LK로, 전승사(Überlieferungsgeschichte)는 ÜG로, 편집사(Redaktionsgeschichte)는 RG로, 양식사(Formgeschichte)는 FG로, 양식비평(Formkritik)은 FK로, 전통사(Traditionsgeschichte)는 TG로.

각주의 문헌사항은 저자와 약식제목으로 제한되어 표기된다. 약식제목은 통상 제목의 첫 번째 명사로 만들어졌다. a.a.O.(= am angegebenen Ort, 위에서 인용한 곳)나 ebd.(= ebenda, 같은 곳)는 바로 앞에 있는 각주에 제시된 문헌사항과 관련된다. 상세한 문헌 사항은 참고문헌목록에 수록되어 있다.

 "네가 읽는 것은 이해하느냐?" 이 질문과 함께 에티오피아의 내시는 빌립으로부터 설명을 들었다. 그는 구약성서 본문을 문학 적으로나 역사적으로 이해했을 뿐만 아니라, 메시아 예수에 대한 믿음을 발견했다. 왜냐하면 읽었던 구약성서 본문이 그에 대해서 증언하고 있기 때문이다. 끝으로 이 책을 통해서 구약성서를 연구 하는 기쁨이 더 커지며, 성서 전체의 맥락에서 구약성서에 대한 문 학적, 역사적, 신학적 해석이 장려되기를 바란다.

2002년 6월

만프레트 드라이차(Manfred Dreytza)

발터 힐브란츠(Walter Hilbrands)

하르트무트 슈미트(Hartmut Schmid)

차   례

제2장 본문

제3장 문학적 분석

제4장 역사적인 문제들

제6장 선포 안에 있는 본문

※ 부록

부록 I: 양식사(Formgeschichte)

부록 II: 문헌비평(Literarkritik)

부록 III: 새로운 해석학적 방법론들

부록 IV: 전승사(Überlieferungsgeschichte)

부록 V: 편집사(Redaktionsgeschichte)

부록 VI: 전통사(傳統史, Traditionsgeschichte)

제1장
서 론

1. 주석의 목적

왜 오늘날에도 구약이 필요한가? 그것이 오래지 않아 기독교회에 불필요하게 되지 않았던가? 많은 이야기들이 독자들에게 거슬리게 보인다: 그 이야기들은 추방과 성전(聖戰), 왕들의 범죄들 등등. 그러나 반대로 구약성서를 제거해 버린다면 신약성서의 틀과 배경과 관련성이 사라지게 된다는 사실을 우리는 인정해야 한다. 그러므로 구약성서의 주석이 그럴수록 더 중요해진다. 이 책은 구약성서의 올바른 이해(해석학)를 위한 노력에 기여하고자 한다.

구약성서의 주석은 신약성서 주석처럼 하나님의 행동에 대한 선포에 기여한다. 그러나 그것이 목적자체는 아니다. 왜냐하면 본질적으로 하나님의 말씀으로서의 성서가 선포이며 인간을 향한 대화(Anrede)이기 때문이다.

구약성서의 중심에 하나님의 말씀과 행동이 있다: 창조의 사역, 아브라함과 족장들의 선택, 이집트로부터 이스라엘의 구원, 시내산에서의 계약체결, 광야에서의 인도와 가나안 땅의 수여, 다윗과 그의 왕조의 선택 등. 또한 우리는 하나님이 역사 안에 개입해 오심을 통해 그의 행동들을 경험한다. 예컨대, 그는 심판을 통해 구원을 성취한다: 사마리아의 멸망, 유다에 대한 앗시리아의 위협, 바벨론 포로와 그 이후의 새로운 시작 등이 그것이다.

하나님의 행동은 증언되고, 찬송되며, 두려움의 대상이 되기도 하고, 새로운 희망과 믿음의 대상이 되기도 한다. 그것들에 관하여 들은 사람은 자신의 삶을 마찬가지로 하나님의 선하신 교훈 아래 두며(시1편), 그 지혜를 따르며(잠2장), 하나님의 행동을 들어서 알며, 이러한 하나님께 순종과 신뢰로써 따르도록 초청된다. 하나님의 행동과 말씀은 과거의 단순한 "역사적인" 사실과는 완전히 다르다. 그것들은 영과 생명으로 충만하며 그것들의 가치를 상실하지 않는다.

신약성서는 다양한 방식으로 구약성서와 관련을 맺는다. 우리는 중심 메시지로서 하나님이 나사렛 예수 안에서 자신이 약속하신 메시아와 구세주를 보내셨다는 증언을 듣는다. 그 분은 십자가에서 속죄 제물이 되심으로 모든 인간의 죄를 위한 근본적인 대속을 이루셨다. 그의 오심, 그의 사역, 그의 죽음과 부활은 "기록을 따라"(롬1:2; 고전15:4), 즉 구약성서의 증언에 상응하게 이루어졌다. 이로써 구약성서의 그리스도에 관한 증거는 그 선포의 중심으로 고찰된다. 예수 그리스도 안에서 맛보는 현재적인 구원의 기쁜 소식은 유대인과 이방인 모두에게 해당된다. 그것은 다시금 선포를 향하고 있다.

오늘날 구약성서를 읽는 사람 중 어떤 사람들은 미학적이거나 문학적이거나 역사적인 관심에서 출발하여 일반교양 차원에서 구약성서를 읽을 수 있다. 이때 독자는 그 길이에 관계없이 성서본문을 통해 자신이 매우 개인적인 대화에 끌어들여진다는 것을 경험한다. 그 대화는 자신의 가장 깊은 내면, 즉 자신의 신앙과 삶을 지향한다. 독자는 아무런 손상 없이 자기 자신의 존재와 본문읽기를 관련시키지 않을 수 없다. 왜냐하면 우리는 성서에서 "이스라엘의 거룩하신 이” 곧 하나님을 만나기 때문이다. 그러므로 우리는 성서로부터 역사적이거나 미학적인 인상을 얻을 뿐 아니라 무엇보다도 신학을 얻는다.

2. 과거와 현재의 구약성서 해석1)

교회는 지난 수 천 년에 걸쳐 구약성서를 기독교 정경의 첫 번째 부분으로 보존해 왔다. 각 시대마다 구약성서의 교훈에 대한 자신들의 대답을 제시해야 했었고, 새로운 이해를 위해 노력하고 있다. 이러한 정황에 걸맞게 구약성서에서 제기되었던 문제들과 그 문제들에 대한 대답들은 매우 상이하게 나타났다. 아래의 서술에서는 완전한 연구사를 제공하지 않고 있다. 다만 이러한 과정에서 나타난 몇몇 표지들만 제시될 것이다.

2.1. 구약성서 안에서의 해석에 관하여

사무엘서와 열왕기서의 이스라엘 역사와 역대기서의 이스라엘 역사를 비교해 보면, 바벨론 포로기 이후 귀환세대에게 자기 민족의 역사를 새롭게 서술하였던 역대기 기자에게 어떤 해석의 관심이 주로 작용하고 있는지를 어렵지 않게 알아차릴 수 있다. 그는 “우리가 도대체 어떻게 살아남을 수 있단 말인가?”라는 질문에 다윗과 시온과 성전의 선택이라는 하나님의 행동과 관련시켜 대답한

---

1) Reventlow, *Epochen*; Sæbø, *Bible*.

다. 북왕국의 역사는 거의 완전히 고려되지 않는다. 역대기는 남왕
국에 집중한다. 왜냐하면 그들에게 진정한 왕국은 다윗왕조이기
때문이다. 다윗과 솔로몬의 어두운 측면들도 언급되지 않는다. 역
대기 기자가 의도한 것은 역사의 왜곡이 아니다. 열왕기서가 이미
존재하고 있지 않는가? 다만 그는 귀환공동체가 새롭게 본받을 수
있었던 것을 모범적으로 강조하고자 했던 것이다.[2]

2.2. 신약성서에 나타난 구약성서의 해석[3]

이 땅에 예수의 오심과 대속의 죽음, 그리고 그의 부활은 신약
성서 증인들의 진술에 의하면, 시대전환적인 사건이요, 새 창조의
시작이며, 약속된 구원시대의 동틈이다: 메시야가 오셨고, 주의 날
(Tag des Herrn)은 이미 시작되었다. 죄는 사해졌고, 죽음과 죄의
세력은 이미 정복되었으며, 예언자들의 말은 성취되었다. 약속된
구원은 예수 그리스도의 인격 안에서 현존하고, 선포를 통해 예수
그리스도에게 돌아와 그를 믿는 사람 누구에게나 그 구원은 열려
있다. 이러한 확신에 가득 차, 사도들과 초기 기독교 공동체는 새로
운 눈으로 구약성서를 읽는다.

예수 자신이 그들을 이러한 해석으로 인도했다. 예컨대 산상
수훈은 새로운 모세, 예수를 통한 율법의 해석이다(마5:1의 산-모
티브를 참조하라). 사도들과 초기 기독교 공동체는 구약성서를 예

---

2) "해석"으로서 역대기에 관하여 다음 책을 보라: Thomas Willi,
Chronik. 성서 안에서 이루어지고 있는 해석에 관한 새로운 연구서로서
다음 책이 제시될 수 있다: Fishbane, *Interpretation*.

3) 이점에 대해서 참조. Schnabel, *Verwendung*.

수를 향한 것으로 읽었으며, 또한 반대로 약속과 성취의 빛 아래서 예수로부터 읽었다. 이러한 도식은 바로 성서 자체에서 해석의 모범으로서 불가피하게 제기된다. 그러나 이것이 유일한 것이 아니다. 이뿐 아니라 사도들과 초기 기독교 공동체는 구약성서와 신약성서 사이에 많은 관련성을 발견했고, 구약성서의 해석을 위한 매우 다양한 접근법들을 사용했다. 예를 들면:

- 신약성서의 구원사건은 구약성서에 기록된 약속의 성취다: 예컨대 공관복음서 기자들의 성취의 인용, 바울서신에 나타난 "기록된 대로".

- 성취는 그 자체로 다시 약속이 된다: 예수는 이스라엘의 왕이시다. 그러나 그는 지금 옛 통치를 다시 세우지 않는다(행1:6); 우리는 "희망을 향하여" 구원되었다(롬8:23-25); 예수는 부활하신 분으로서 잠자는 자들 가운데서 "첫 열매"이다(고전15:20; 살전4:14).

- 신약성서는 구약성서보다 더 많은 것을 제공한다. 옛 것이 좋았지만, 새 것은 더 좋다 예수는 더 좋은 언약의 보증인이시다(히7:22; 또한 참조. 히8:6; 12:14).

- 성취는 구약성서 제의들(제의법들)의 필요성을 종식시킨다: 참조. "단 번에"(히7:22; 9:26; 10:9이하, 18; 골2:16이하).

- 유형론적인 해석들: 구약성서의 인물들(아담, 아브라함, 모세, 다윗), 제도들(성막, 성전, 제사, 왕정, 제사장직과 예언자직), 물건들(법궤, 만나, 구리 뱀) 또는 사건들(이삭의 제사, 홍해를 건넘, 광야유랑)이 그것들의 역사적인 가치를 넘어서 또 다른 예언적, 미래적인 의미를 갖는다. 그것들은 메시아와 메시아 시대의 어떤 특성들을 원형적으로 선취(先取)한다. 그 배후에는 맥락을 같이하는 구원

사에 대한 이해가 있다.

● 유형론적인 해석과 관련하여 구약성서의 장치들에 대한 영적인 이해(Vergeistlichung)가 있다: 유대인과 이방인들로 구성된 예수 그리스도의 공동체는 "새 이스라엘", "선택된 백성"(벧전2:9이하)이며, 새로운 "성전"(엡2:21)과 새로운 "제사장"(벧전2:5)이다 추방과 성전(聖戰)은 더 이상 가나안 민족들에게 행해지지 않고, 자신의 죄악된 옛 습관들에게 향해 있다("죽이라", 골3:5). "영적인 이해"가 분명 (실재성을 제거하는) 추상화를 의미하지는 않는다. 그것은 본래의 필요성과 통렬함과 의미를 전혀 상실하지 않는 한 새로운 차원으로의 전이(轉移)다.

그리스도 계시의 빛 아래에서 신약성서의 구약해석에 대한 몇 가지 예(모든 것을 다 다룬 것이 아님)를 요약적으로 덧붙인다.

● "성취인용", 특히 마태복음에서: "이전에 말해진 바가 이루어지기 위해서"(마1:22 외 다수) 또는: "예언자들의 기록(들)이 성취되기 위해서"(막14:49 외 다수) 참조. 서신서에서: "성경이 무엇을 말하느냐?"(롬9:17 외 다수), "기록된 대로"(고전15:3).

● 구약인증에서 랍비적인 규칙과 방법들: 도입부와 도입질문이 이런 유형에 해당된다("성서가 말하기를", 롬4:3; "기록되었듯이", 롬3:10이하들). 그 다음에는 인용이 뒤따른다. 또한 이러한 유형에 속하는 것으로 작은 것에서 점점 더 큰 것으로 마치는 방식이 있다(kal wa chomer): "너희가 악할지라도 너희 자식에게 좋은 것을 줄 알거

든, 하늘에 계신 너희 아버지께서 그에게 구하는 자에게 좋은 것을 얼마나 많이 주실 것인가!”(마7:11).

● 유형론적인 해석들, 예컨대 고전10:6, 11: “이것이 모두에게 거울이 되어”, 롬5:13 “아담은 오실 자(그리스도)의 표상(Typus)이다”

● 신약성서에서 알레고리는 매우 드물다: 참조. 고전9:9; 10:4하반절, “그들은 영적인 반석, 그리스도로부터 마셨다” 갈4:24, 하갈이 시내산과 유대교를 의미하는 영적인 상징어로 나타난다.

● 신약성서에는 증명을 위해 어떤 구절을 온전히 인용한 예들 외에도 인위적으로 조합한 혼합인용이 발견된다. 이때 두 개 혹은 세 개의 구절이 하나의 생각을 위해서 조합된다. 예컨대, 마2:6(미5:1,3); 4:14-16(사8:23-9:2과 **58:10**); 막1:2이하(출23:20과 말3:1과 사40:3); 서신서에는 하나의 중심사상아래 정렬된 긴 인용사슬들이 나타난다: 롬3:10-18.

● 연상적인 암시들이 예컨대 히브리서, 야고보서, 베드로전서와 요한계시록의 도처에 나타난다.

2.3. 고대 교회

구약성서에 대한 올바른 이해를 추구하면서 고대교회는 문학적인 해석학과 연관시킬 수 있었다. 이것은 호머(Homer)의 비평에서 시작된 이래 두 가지 주요 목적을 가지고 있었다: “첫 번째 의도는 어떤 구절에서 단어들이 말하는 바에 대한 확정, 즉 **문자적 의미**

(sensus literalis)의 결정에 그 목적을 두는 것이다. 두 번째 의도는 이뿐 아니라 이 구절에서 의미하는 바, 즉 낱말들 자체는 단지 기호로서 작용하면서 그 낱말들이 궁극적으로 지시하는 바가 무엇인가를 묻는 것이다: 이것이 **영적인 의미**(sensus spiritualis), 즉 알레고리적 의미의 해석이다. 이 두 가지 해석의 지향점은 어문학적인 해석학뿐 아니라 신학적 해석학의 시작들을 특징짓는다."4) 문자적 의미(sensus literalis)를 찾기 위한 노력은 오래된 본문을 이해할 수 있게 만드는 것뿐만 아니라 그것을 "자신의 역사적인 무아지경(Entrücktheit)으로부터 현재로 끌어오는 것, 즉 그것을 이해할 수 있게 할 뿐 아니라 동시에 현재적으로 만드는 것을 목적으로 한다."5) 알레고리적인 해석은 더 강력하게 현실화하려 한다: 그것은 동시에 역사적인 간격을 제거하고, 그 간격이 아무것도 아닌 것으로 용해된다. 두 가지 의도 모두에는 역사의 실제성, 즉 역사적인 간격이 거리감 있는 현실로서 그 바탕에 깔려 있다. 그러나 두 가지 의도는 상이한 방향으로 그 과제를 수행한다: 문자적 의미(sensus literalis 또는 sensus grammaticus)의 의도는 문자의 의미를 보존하는 것인데 반해, 알레고리적 해석은 본문에서 하나의 새로운 의미, 즉 영적인 의미를 찾는다. 이 해석을 위한 열쇠가 되는 질문은 다음과 같다: 이 의미가 본문으로부터 도출되었는가 아니면 그 본문에 덧붙여졌는가?

이와는 달리 유형론은 역사적인 간격을 잘 인지한다. 그러나 유형은 대립유형(Antitypos)에서 자신의 성취를 발견한다. 그 안에서 바로 유형에 겨냥된 의미가 충만하게 된다.

---

4) Szondi, *Einführung*, 14f.
5) A.a.O., 15f.

고대교회에서 해석학과 주석의 이 두 가지 방향에 관해 안디옥 학파와 알렉산드리아 학파간의 긴 논쟁이 있었다. 알렉산드리아 학파의 가장 중요한 대표자인 오리겐(Origenes, 주후 185-253년)은 "시작에 관하여"(peri archon)이라는 자신의 네 번째 책에서 다음과 같이 주장한다: "몸, 정신, 영으로 구성된 사람처럼 문서도 그렇게 세 가지 요소로 구성되어 있기 때문이다." 피조 세계에 대한 이러한 유비를 가지고 오리겐은 삼중적인 문자의미 이론을 고안하고 전개시킨다: 몸적인 의미(역사적-문자적인 의미), 정신적인 의미(도덕적-윤리적인 의미), 영적인 의미(알레고리적-신비적 의미). 몸, 정신, 영이 구별되지만 나뉠 수 없는 것처럼 이러한 세 가지 의미 방향은 분리될 수 없다. 따라서 이러한 오리겐의 입장에 따르면 알레고리적 해석도 본래적인 문자의미에 대한 하나의 정당한 이해방식이 되는 것이다.

어거스틴(Augustin, 주후 354-430년) 또한 이러한 알레고리적 해석을 긍정하는 자신의 성서해석을 기독교의 믿음, 사랑, 소망의 삼중 덕목에 기초하여 주장한다: 문자적 의미는 우리가 믿어야 할 내용을 가르치고, 도덕적인 의미는 우리가 사랑하고 마땅히 해야 할 내용을 가르치며, 알레고리적 의미는 우리가 소망해야 하는 것이 무엇인가를 가르친다.

이와 반대로 안디옥 학파(예컨대, 루시안[Lukian], 312년 사망 또는 크리소스톰[Chrysostomos], 407년 사망)는 역사적-문자적인 주석을 장려했다. 그들은 알레고리적 해석을 본질에서 벗어난 의미를 추가하는 것으로 보고 거부한다.

2.4. 중세

문자적인 의미와 알레고리적 의미가 단지 다의적이며 다양한 의미들과 그 방법들을 가지고 독자들이 성서에 접근하는 해석 방식들인가, 아니면 하나의 다중적인 본문의 의미, 즉 본문 자체에 내재되어 있으면서 그것에 의해 의도된 한 가지 의미를 말하는 것인가? 오리겐과 어거스틴과 중세는 이러한 물음에 대하여 후자의 의미로 긍정했다. 오리겐과 어거스틴의 삼중적인 본문의 의미는 시간이 지나면서 사중적인 의미로 확대된다. 고전적인 방식에서 사중적인 본문의 의미에 관한 이론은 도미니크 수사, 다치엔(Dazien)의 어거스틴의 작품으로 여겨지는 한 6운각의 시구(Hexameter)에서 발견된다:

"Litera gesta docet, quod credas allegoria, moralis quid agas, quo tendas anagogia"(문자적인 의미는 무슨 일이 일어났는가를 가르친다. 알레고리적 의미는 네가 믿어야 하는 것이 무엇인가를 가르친다. 도덕적 의미는 네가 무엇을 행해야 하는가를 가르치며, 상징적인(anagogisch) 의미는 네가 힘써야 할 것[또는 소망해야 할 것]이 무엇인가를 가르친다).

기독교와 유대교(라쉬[Raschi], 이븐 에스라[Ibn Esra])의 성서 주석의 위대한 전승자 중 하나인 리라(Lyra)의 니콜라우스(Nikolaus, ca. 1265-1349)[6]는 문자적 의미와 구원사적인 연관성에 분명

---

6) 이점은 그의 여러 권으로 된 주요저작인 "Postilla litteralis super Totam Bibliam"에서 특별히 분명해진다. 그는 이 책에서 성경전체 본문에 대한 절별 주해를 하고 있다. 이로써 니콜라우스는 유대 전통을 이어간다. 여기서 말하는 유대전통이란 예를 들어 라쉬(Raschi)가 보여준 것과 같이 절별로 "peschat", 즉 문자적인 의미를 규명하는 것이다.

한 강조점을 둔다. 그는 바로 여기에서 해석이 시작되어야 하며, 그 해석은 이러한 연관성만을 교의적인 물음의 해명을 위해 사용해야 한다고 말한다. 그러나 다른 면에서 보면 이 수도원의 성서독법에 서 우리는 알레고리적 해석과 적용으로의 분명한 회귀를 발견할 수 있다.

예컨대 다음과 같은 사례가 알레고리적 해석이다. 초기 중세 기에 하늘의 사닥다리(창28장)는 천사들이 오르락내리락 하는 양 방향의 운동과 함께 하나님의 말씀이 인간에게 내려오는 것과 인 간이 하나님께로 올라가는 운동의 상징으로서 오랫동안 이해되었 다. 이렇게 맥락과 역사적인 상황과는 별개인 초시간적인 의미가 적용되었다. 유형론적인 해석의 예를 들면, 아담이 그리스도에게 이르는 모범으로서 관찰되는 것이다(롬5:14).

2.5. 종교개혁시대: 루터와 깔뱅

은혜의 하나님을 찾기 위한 개인적인 투쟁과 주석가로서 집중 적인 활동을 통해 마틴 루터(Martin Luther, 1483-1546)는 성서를 이중적인 모습으로 경험했다. 하나님의 말씀이 우리에게 다가올 때는 두 가지 모습을 나타낸다: 첫째로 우리를 하나님의 빛에 세우 고 우리의 죄를 들춰내며 판단하는 율법의 모습과, 둘째로 그리스 도를 통해 우리를 위로하고 우리의 신뢰를 그의 속죄사역에 두게 하는 복음의 모습이다. 또한 루터는 성서 자신이 스스로를 분명한 것으로 증거한다는 사실을 발견했다. 형상화시켜 표현한다면, 성 서는 독자들을 시내산과 골고다 언덕의 하나님의 계시 앞에 세운 다. 그리스도 안에서 모든 인간을 위해 완성하신 하나님의 구원행동들은 우리를 참 행복에 이르게 하는 성서 안에서 밝히 드러나 있고 분명하게 나타난다. 그것들은 신앙인들에게 열려 있다. 로테르담의 인문주의자 에라스무스(Erasmus)에 대한 반박 논문 "노예의 지에 관하여"에서 루터는 질문한다: "성서로부터 그리스도를 제거하라. 그 밖에 성서에서 무엇을 발견하게 되겠는가?"[7] 후에 루터는 성서의 이중적인 명확성과 이중적인 불명확성에 관하여 말한다 (164쪽 이하와 212쪽 이하): 외적인 명확성(claritas externa)은 문법적인 의미와 관련이 있다. 모든 독자는 그것을 이해할 수 있다. 이에 반해 내적인 명확성(claritas interna)은 성경이 독자 안에서 작용하여 나타내는 명확성, 즉 예수 그리스도를 구원자로 인식하는 것을 말한다. 아직 믿음에 이르지 못한 사람에게 문자적인 의미가 분명하다 할지라도, 만약 그에게 그리스도가 조명되지 않는다면 그에게는 성서가 어두운 것이다. 반대로 외적인 불명확성(obscuritas externa)은 문법적이거나 본문비평적으로 이해하기 어려운 구절들이나 역사적인 간격 때문에 생기는 불명확성을 가리킨다. 내적인 불명확성(obscuritas interna)은 성서에서 믿음을 가진 자들에게도 대답되지 않는 내용들을 의미한다: 예컨대, 영원한 선택이나 악의 기원, 삼위일체의 신비 등에 관한 질문.

　　루터에게 성서는 분명하고, 성서가 스스로를 해석한다(sacra scriptura ipsius interpres). 따라서 성서를 읽고 이해하기 위해 로마의 교직적 권위나 외부로부터 부가된 철학적 해석모형이나 오리겐과 같은 알레고리적 해석이 독자들에게 필요치 않다. 그러므로 그들에게 성서는 분명하다. 그들은 "명확성"(claritas), 그리스도의 명확성에 참여하기 때문이다. 성서는 "lux", 빛이다. 왜냐하면 그리스

---

7) Aland, *Luther*, Bd. 3, 151-334.

도가 빛이시기 때문이다. 성서는 스스로 열린다. 왜냐하면 성서 안에서, 성서와 함께, 성서 아래에서, 성서를 참되게 이해하고 해석해 주는 유일하게 합법적인 해석자 성령이 역사하시기 때문이다. 문자적 의미만으로 충분할 뿐만 아니라 모든 교의논쟁에서 그것이 표준이 된다. 이러한 의미에서 루터는 하나의 "자유로운 성경"(freie Bibel) 곁에 있었다. 이러한 성경 주위에 해석자 뿐 아니라 교회와 청중이 운집한다.

그럼에도 불구하고 루터는 선포에서 지속적으로 알레고리적 해석을 이용하는데 망설이지 않는다. 이때 그는 그러한 해석을 구약의 기독론적 해석을 위해 사용한다.

종교개혁시대의 성서 주석가들 중에서 루터 외에 특별히 요한 깔뱅(Johannes Calvin, 1509-1564)을 언급할 수 있을 것이다. 그의 문자적 의미의 어문학적-역사적 성서주석은 오늘날까지도 명작들이다. 그것들은 그의 수많은 주석서들, 설교, 강의원고에서 발견된다. 그러나 깔뱅에게는 루터와는 달리 "율법과 복음"과 같은 해석학적 원칙이 없다.

깔뱅은 루터처럼 성서를 전체로서 인식하며 그리스도 중심적으로 이해한다. 그러나 그는 옛 언약과 새 언약의 관계에서 언약의 통일성에 강조점을 둔다: "모든 조상들과 맺은 언약은 본질과 사건 자체의 면에서 우리의 것과 다를 바가 전혀 없다 그것은 하나이며 동일하다. 다만 다르게 제시될 뿐이다."8)

깔뱅에 따르면 단지 한 언약과 구약성서와 신약성서를 포괄하는 하나의 교회만 있을 뿐이다. 일반적으로 그의 주석서들은 목회

---

8) Calvin, *Institutio* II, 10,2.

적인 관심에서 주도되었다. 그는 하나님의 말씀에서 오늘의 삶을 위한 지침을 얻고자 한다. 그는 근거본문을 신중하게 밝히고 그것으로부터 출발함으로써 그 목적을 이루었다. 그는 알레고리적 해석을 끝까지 거부한다.

2.6. 개신교 정통주의: 마티아스 플라시우스 (Matthias Flacius)

루터 사망 후 시작된 개신교 정통주의(Orthodoxie)의 시기는 자신들이 가지고 있던 신앙의 내용을 조직적으로 서술하고 견고해진 가톨릭 교리(트리엔트 공의회)와 분명한 경계를 설정해야 하는 과제를 안고 있었다. 이것을 위해 신앙상의 반대측면처럼 개신교 정통주의는 아리스토텔레스-스콜라적인 형이상학의 관념화(Begrifflichkeit)가 필요했다. 이러한 개신교 정통주의는 진술에서 비상(非常)한 개념상의 명확성과 차별화를 허용했다. 또한 성서의 가르침이 관념적으로 이해되고 서술되었다. 그런데 이런 과정에서 성서의 신성(神性)은 영감론에서 표현되듯이 지상적-역사적인 성서의 모습과는 대조를 이루었다.

1567년 마티아스 플라시우스(Matthias Flacius, 1520-1575)가 자신의 책 "성서의 열쇠"(Clavis Scripturae)를 출판했다.9) 제1권은 성서-신학 사전이다. 제2권에서 본래의 해석학이 전개된다. 특별히

---

9) 일반적으로 Johannes Musaeus, Frankfurt und Leipzig 1719의 최종판을 따라 인용한다. "성서의 열쇠"에 관하여 참조. Olson, *Flacius*, 210ff.

"성서의 인식의 근거에 대하여"(De ratione cognoscendi sacras literas)[10]라는 제1소책자(Tractatus)에서 결정적인 해석학적 원칙들을 열거한다. 예컨대 제2항과 제3항은 다음과 같다: "우리에게 성서를 열어주고 우리의 마음을 조명하여 성서를 이해하게 하는 것은 그리스도의 사역이다(눅24:25). 그의 충만함으로부터 우리가 모든 것을 수여 받아야 한다. 그러나 이것은 우리가 그를 믿음 안에서 인정하고 받아들임으로써 가능하다. (3) 성령은 성서의 저자이자 동시에 해석자이다. 우리는 모든 진리로 인도하는 것이 그분의 일이다(요16:13)…"[11] 이 책은 플라시우스가 제 2권의 4장과 5장 ("De tropis et schematibus sacrarum literarum" - "성서의 그림과 발언방식에 관하여"과 "De stylo sacrarum literarum" - "성서의 양식에 관하여")에서 성서 저자들의 기술양식 문제를 다룬다(예컨대 바울과 요한에 대해 상세히 서술한다)는 점에서 주석의 기술과 주석의 역사에 의미가 있다. 덧붙이면: 플라시우스는 주석이란 저자, 주변세계, 연대기, 의미들, 양식, 성서 내의 관련성 등에 관하여 묻는 것이라고 말한다. 몰덴케(Moldaenke)는 다음과 같이 평가한다:[12] "구체적인 역사자료에 대한 이러한 관심은 … 플라시우스의 일반적인 특성이다." 그가 개신교 정통주의의 대표자로서 역사적-지상적인 하나님 말씀의 모습을 줄곧 간과한 것은 아니었다.

2.7. 계몽주의와 시작되는 역사비평

---

10) Flacius, *Ratione*.
11) A.a.O, 31.
12) Moldaenke, *Schriftverständnis*, 203.

2.7.1. 스피노자(Baruch [Benedikt] de Spinoza)

출판지를 "함부르크"라고 고의로 오기(誤記)하고 1670년 익
명으로 출판한 자신의 책 "Tractatus Theologico-Politicus"[13])에서
유대인 철학자 스피노자(Spinoza, 1632-1677)는 1656년 회당에서
의 출교를 초래했던 자신의 견해를 변호했다. 해석학을 위해 중요
한 7장("성서의 해석에 관하여")에서 그는 자신의 해석학의 네 가
지 전제들을 열거한다: 1. 성서의 해석도 자연과학의 방법(즉, 인과
성)에 의해 결정되어야 한다. 2. 자연과학이 하나의 자연사를 전제
하듯이 성서도 성서문헌의 역사가 작성되었을 때 비로소 실제적으
로 설명될 수 있다. 3. 사람들은 성서의 역사로부터 자명하게 나타
나지 않는 어떤 교리도 성서에 귀속시켜서는 안 된다. 4. 자연적인
이성을 통한 해명은 완전한 성서이해에 충분하다.

이러한 전제로부터 그는 자신의 성서비평을 전개한다. 성서기
자들이 말하고자 했던 바가 무엇인지 알기 위해서, 성서 언어의 분
석, 각 책들에 나타난 진술들의 분류, 성서의 각 책들의 유래와 영
향사에 대한 연구 등이 필요하다(어떤 저자가 어떤 동기를 가지고
어떤 수신자에게 어떠한 언어로 언제 기록하였는가?). 스피노자의
가장 중요한 요구는 성서 각 책들의 생성사에 대한 설명이었다.
1678년 시몽(Richard Simon)이 자신의 책 "Histoire Critique de
Vieux Testament"에서 이와 비슷한 요구를 하였다. 성서의 내용에
대한 적절한 이해가 오늘날 우리가 일컫는 "개론적 질문"(언어, 시
대, 저자, 상황, 주변세계, 사상)에 대한 정확한 지식 없이는 불가능
하다는 것이다. 물론 플라시우스도 이것을 자신의 책 "Calvis"에서
요구하였다. 예컨대 그도 기술양식 문제에 대해 많은 주의를 기울

---

13) Spinoza, *Traktat.*

였다. 그러나 이와는 달리 스피노자와 시몽에게 인간적-시대사적
인 정황에 대한 연구는 비판적-분리적 기능을 내포한다. 그것은 도
구화된다. 독자는 인간적-지상적인 것(그리고 이와 함께 시간에 의
해 제한되고 사라질 것)과 신적-영원한 것 사이를 구별하여 분리해
내어야 한다는 것이다. 이러한 "성서의 역사"로부터 비로소 시대제
한적인 것과 신적인 것의 구분을 위해 필요한 "안전한 자료들"이
수집될 수 있다는 것이다. 성서에 들어 있는 것, 즉 하나님과 사람
에 대한 본질적인 진술들을 스피노자는 도덕의 차원으로 축소시킨
다. 그 진술들은 이성적인 경건과 도덕적인 교훈을 목표로 한다는
것이다. 이성과 자연은 서로 일치되고, 그것들은 기본적으로 "신적
인 빛"이다. 자연에 반(反)하는 것은 이성에 반하는 것이고, 이성에
반하는 것은 자연에 반하는 것이다. 스피노자는 성서에서 신적인
것은 항상 어떤 구체적인 것이나 일상적인 것에서가 아니라, 가장
일반화된 진리에서 발견되어야 한다고 말한다. 그는 하나님이 역
사적이고 실제적이며 구체적인 행동이나 사건에서가 아니라 일반
적인 사고에서 계시하신다고 생각했다.

   이렇게 스피노자는 믿음을 광범위하게 하나의 도덕적 교훈으
로 변형시켰다. 그는 계속해서 성서의 생성과정에 대한 재구성을
성서이해의 열쇠라고 생각했고, 결국 하나님의 계시의 장소가 되
는 역사적이며 일회적이며 구체적인 사건을 도외시하였다.

2.7.2. 리샤르 시몽(Richard Simon)

   1678년 설교사제 시몽(Richard Simon, 1638-1712)는 자신의
책 "Histoire Critique de Vieux Testament"("구약성서의 비판적 역
사")를 출판했다. 몇 주 만에 그는 이 책의 내용 때문에 교단에서 파

문되었다. 그의 책은 금서로 지정되었고, 단지 몇 권만이 보존되었다. 오늘날의 사본은 1685년의 재판(再版)에 연원하였다.[14] 그 후 시몽은 노르망디의 지역사제로서 조용히 물러나 지냈다.

시몽의 가장 중요한 주장 중에 하나는 구약성서의 전승사에 대한 주장이다. 오경이 다른 많은 책들처럼 자칭하는 저자에게서 연원한 것이 아니라, 필사자들의 개입이 반영된 긴 수집과 변형의 과정을 거친 결과물이라는 것이다. 모세로부터 에스라까지 긴 전승의 과정을 거친 후 포로기 이후에야 비로소 현재의 형태로 기록되었다는 것이다.

시몽의 견해가 옳다면, 성서에 포함된 내용(traditum)은 거의 역사적으로 신뢰할 수 없게 된다. 왜냐하면 기술된 사건과 최종적인 기록 사이에는 수 백 년의 구두 및 문서전승과 전통형성의 간격이 놓이게 되기 때문이다. 그러나 시몽은 이러한 비판적인 정황을 신앙에 큰 문제가 되지 않는다고 여긴다. 왜냐하면 교회가 자신의 전통 안에서 신앙의 내용을 보존하였기 때문이다. 시몽은 성서만이 신앙의 기준이 되며 교회의 전통은 그렇지 못하다는 개신교의 오직 성경(sola scriptura)의 원칙에 대항하여 격렬히 싸운다. 그는 성서는 열악한 본문전승과 긴 구두 및 문서 전승 때문에 종종 변형되었고 따라서 신뢰할 수 없다고 주장하였다. 성서는 어둡다는 것이다. 단지 교회만이 신앙전승의 보고(寶庫)로부터 성서를 올바로 해석할 수 있다는 것이다: 자신들의 종교가 성서의 본문만 아니라 교회의 전통에 의존되어 있다고 믿는 가톨릭 신자들은, 시간의 불

---

14) *Nouvelle édition et qui est la première imprimée sur lq copi*, Rotterdam: chez Reinier Leers, 1685 (667 S.). 또한 시몽에 관하여 참조. Untergaßmair, *Simon*, 424-428. 시몽의 의미에 관하여 참조. Reventlow, *Simon*, 11-36.

리함과 필사자들의 부주의함이 세속적인 문헌에서와 같이 성서에
서도 동일한 변형을 일으켰다는 사실을 접할 때도 문제를 삼지 않
을 수 있다. 편협하고 지식 없는 개신교도들만이 그것에 걸려 넘어
질 수 있다."15)

스피노자와 시몽은 성서의 히브리어 본문이 오류가 있게 전승
되었고, 따라서 교회의 교의적인 결정을 위한 기초로서 기여할 수
없다고 주장하였다. 따라서 시몽의 첫 번째 역사비평 서적("Du
Texte Hebreu de la Bible depuis Moise jusq'à nôtre tems", "모세 시
대부터 우리의 시대에 이르기까지 성서의 히브리어 본문에 관하
여")은 본문전승(본문비평)의 문제를 다루고 있다. 17세기 개신교
신학은 마소라 학자들의 히브리어 본문을, 가톨릭 신학은 트리엔
트 종교회의(1545-1563)의 결과에 따라 중요한 라틴어 불가타
(Vulgata) 번역성경의 기초가 되었던 그리스어 번역성경(70인경)
를 규범적인 근거본문으로 삼았다. 히브리어 성경과 그리스어 성
경이 각각 개신교와 가톨릭의 교의적인 문제가 있을 때 결정을 내
리는데 근거가 된다. 구(舊)개신교 정통주의(Johann Buxtorf 1세와
2세)가 영감설에서 히브리어의 모음까지도 모세에게 계시되었다
고 주장하였다면, 시몽은 이제 성서의 지상적-인간적 측면을 강조
한다. 두 명의 북스토르프(Buxtorf) 모두 히브리어 본문의 신뢰성
을 강조하였다. 이러한 점은 히브리어 성서에 대해 전승사적인 비
판을 가한 시몽에게도 마찬가지였다. 히브리어 본문이 필사의 과
정에서 착오로 변형되었기는 하지만, 어떤 곳도 의도적으로 조작
되지는 않았다고 주장했다.

---

15) Simon, *Histoire*, I, 8.

2.8. 경건주의(Pietismus)

경건주의와 초기 계몽주의는 한 가지 점에서 서로 일치했다: 두 가지 모두 교회나 교리의 전통에 얽매이지 않는 성서에 대한 자유로운 접근을 중요시했다. 그렇지만 인간의 이성에 대한 평가에서 두 사조는 극명하게 다른 입장을 취했다: 경건주의는 인간의 이성을 죄의 타락법칙(Fallgesetz) 아래에 놓여 있는 것으로 보았으나, 계몽주의는 그 이성 안에서 올바른 성서해석에 이르기에 충분한 자연적인 빛을 보았다.

요한 알브레히트 벵엘(Johann Albrecht Bengel, 1687-1752)은 신약성서 본문연구의 영역에서 획기적으로 활동했다. 그의 연구결과에 따르면, 본문의 중심내용은 모든 인간적이고 오류가능성이 있는 전승의 과정 속에서도 항상 순수하고 변화되지 않은 채 존재하여 왔다는 것이다. 벵엘의 이전과 이후에 Johann Arndt (1555-1621), Johannes Coccejus (1603-1722), Philipp Jakob Spener (1633-1705), Campegius Vitringa (1659-1722), August Herrmann Francke (1663-1727), Nikolaus Ludwig Graf von Zinzendorf (1700-1760) 등이 크게 확산된 성서운동(Bibelbewegung)을 일으켰다. 구(舊) 경건주의는 특별히 성서 읽기 운동으로서 이해되었다. 그 중심에 교수나 교회의 어떤 교직(敎職)이나 어떤 신학적인 전통이 있는 것이 아니라, 펼쳐진 성서가 있었다. 성서를 중심으로 독자들이 둘러앉았다. 벵엘은 다음과 같은 말을 자신의 해석학적 모토로 삼았다: "te totum applica ad textum, rem totam applica ad te"(네 자신의 전부를 다해 본문에 열중하라, 그리고 그 모든 내용을 네 자신에게 적용하라). 이 모토를 통해 벵엘은 본문에서 모든 뉘앙스까지 인지하라고 요청할 뿐만 아니라, 성서독자가 자신을 본문의 진술 앞에 세울 준비가 되어 있어야 한다는 실존적인 관점까지 포함시켰다. 동시에 그는 성서본문이 자신, 즉 독자를 "읽도록" 허용해야 한다. 왜냐하면 각자의 삶에 적용하는 것("applicatio")이란 경건주의에서 성서읽기에 대한 보충사항을 의미할 뿐만 아니라, 성서본문 자체의 의도로부터도 기인하기 때문이다. 에른스트 루드비히(Ernst Ludwig)는 벵엘식 해석학의 요점을 다음과 같이 적절하게 요약하고 있다:16)

- 어문학적-본문비평적인 세밀한 작업
- 본안(本案, Hauptsache, res)에 대해 질문하는 성서사용
- 본문내용을 개인적인 삶에 적용

이러한 의미에서 주석은 경건주의의 전통 안에 있다:

- 본문에 대한 정확한 인지
- 본문과 그 내용과의 만남
- 본문과 그 내용으로의 인도(引導, Auslieferung)

2.9. 요한 게오르그 하만(Johann Georg Hamann)

1758년 하만(1730-1788)은 런던에서의 출장 중에 심각한 위기에서 탈출하는 회심을 경험했다. 그것은 그가 훗날 "현명하고 정직한 친구"라고 표현한 성서를 단지 읽음으로써 이루어졌다: "나의 마음에 열쇠를 가져다 줄 수 있었던 한 친구가 미궁으로부터 빠져

---

16) Ludwig, *Schriftverständnis*, 23.

나오게 하는 지도원리(指導原理, Leitfaden)를 제공했다... 하나님
께 찬양! 나는 이 친구를 내 마음에서 찾았다. 내가 내 마음의 공허
와 어둠과 황량함을 느꼈을 대부분의 경우에, 이 친구는 내 마음에
가만히 다가왔다."[17] 성서의 이러한 "비천(卑賤)함(Niedrigkeit)"
(이것은 성서의 지상적-인간적인 측면을 말한다. 여기에는 서술방
식이나 본문전승의 문제와 같은 것들이 포함된다.)은 의도된 것이
다. 그것은 임시방편이나 양보가 아니라, 하나님의 겸손하심에 대
한 적절한 표현이다. 창조주로서 성부 하나님, 구속자로서 성자 하
나님, 성서 저자(!)로서 성령 하나님, 이 세 분의 활동은 하나님의
"낮아지심"(Herabneigung)의 표현이다. 이것은 해석학을 위해 일
관성을 가진다. "겸손"은 "침묵 속의 주의집중"과 "깊은 경외"라는
최고 겸손의 사역 앞에서 요구된다. 하만은 성서의 내용에 대한 사
실성 비판(Sachkritik) 또는 역사의 상대화에 빠지거나 후기정통주
의에서와 같이 성서의 신성(神性)을 합리적으로 투명하게 만들려
하지 않고, 지상적-인간적인 측면을 인지하는데 성공한다.

2.10. 역사비평의 출현

스피노자는 성서 각권의 생성에 대한 설명을 요구했다. 이제
사람들이 그러한 요구에 응했다. 우선 오경에 대한 비판에 초점을
맞췄다.

2.10.1. 오경비판

---

17) Hamann, *Gedanken*, 59.

힐데스하임(Hildesheim)의 목사 벤야민 비터(Benjamin Witter)
는 창1:1-2:3과 창2:4이하에 나타난 하나님의 이름 "엘로힘"과 "야
훼"의 교체에 주목하였다. 그는 자신의 책 "De Jura Israelita-
rium"(1711)에서 이러한 교체현상을 분리의 기준으로 사용했다.
그는 이러한 하나님의 이름을 사용한 두 개의 자료에 대한 추측을
가지고 오경의 모세 저작성을 지지하고 설명하고자 했다. 모세가
가졌던 삶의 목표는 이스라엘 백성을 이집트로부터 구출하여 가나
안땅으로 인도하는 것이었다고 말한다. 이 두 가지 모두 이스라엘
백성과 이집트 사람들의 오해로 비난받았기 때문에, 모세가 광야
의 유랑 중에 오경을 저작하였다는 것이다. 비터는 오경의 자료들
을 가정했는데, 이 자료들로부터 모세가 창세기의 이야기들을 만
들어 냈다고 말했다.

이와 비슷하게 아스트럭(Jean Astruc)도 오경의 생성과정을 추
론했다. 루드비히 14세의 주치의(Leibarzt)였던 그는 "Conjectures
sur les mémoires dont il paroit que Moyse s'est servi pour composer
le livre de la Genèse"(1753)이란 책에서 두 개의 주요자료(자료
A["엘로힘"]와 자료 B["여호와"])와 열 개의 주변자료 C - M을 주
장한다. 아스트럭은 이러한 자료들을 출애굽기 2장까지 추적한다.
비터와 아스트럭은 자신들의 구상들을 가지고 오경의 모세 저작성
을 변호하고자 했다. 그들은 모세가 족장시대에서 기원한 문서와
구두의 자료들을 사용했다는 가정에서 출발했다. 이로써 이 두 사
람은 홉즈(Hobbes), 스피노자(Spinoza), 드 라 페레르(de la Peyrère)
등의 공격으로부터 오경을 옹호했다.

이런 주장들이 계속 전개되면서 모세 저작성을 부인하는 주장
들이 점점 더 힘을 얻게 되었다. 이뿐만 아니라 점점 더 많은 자료

들이 주장되었다.

다음 두 세기 동안에는 오경의 생성에 대한 다양한 가설들이 이 분야를 지배했다.[18] 이러한 가설들은 다음 세 가지 기본모델[19]으로 서술될 수 있다:

> **1. 문서- 또는 자료가설(Urkunden- oder Quellenhypothese)**
>
> 오경은 여러 개(세 개 혹은 네 개)의 독립적이며 상이한 시대와 장속에서 생성된 자료문헌들로부터 생겨났다. 이런 자료들이 시간이 지남에 따라 여러 단계의 편집과정을 거쳐 현재의 모양으로 통합되었다.

> **2. 보충가설 또는 기본문헌 가설(Ergänzungs- oder Grund-schrifthypothese)**
>
> 오경은 하나의 작품("기본문헌")을 기초로서 가진다. 이 작품이 수 세기를 지나면서 여러 번 확장되었다.

> **3. 단편가설(Fragmentenhypothese)**
>
> 오경이 다양한 장소와 상이한 시대에서 생겨난 독립된 이야기 부분들("단편들")로부터 통합되었다. 이러한 부분들은 특정한 주제와 형태들을 통해 그 특징을 보인다.

최근의 자료가설:

---

18) 오경에 대한 연구사가 다음 책에 상세하게 소개되어 있다: Houtman, *Pentateuch*; 또한 좀 더 오래된 문헌들을 참조하라: Kraus, *Geschichte*; Diestel, *Geschichte*.

19) 이와 비슷한 기술을 하고 있는 다음 책을 참조하라: Zenger, *Einleitung*, 103-112.

계속되는 오경연구에서 베테(Wilhelm M. L. de Wette)의 논제
들이 결정적인 영향을 끼쳤다. 그는 1805년 신명기의 핵심은 요시
야 종교개혁 시기(주전 622년경)와 맞물려 있다는 가설을 주창했
다. 이 가설을 발전시키며 그라프(Karl-Heinrich Graf)의 주장을 수
용한 벨하우젠(Julius Wellhausen)이 1878년 자신의 책 "이스라엘
역사"에서 - 이 책은 1905년 제 6판부터 "이스라엘 역사 서설"(Pro-
legomena zur Geschichte Israels)로 책이름이 바뀌어 명명된다 - 당
시의 관례적인 시대설정을 바꾸었다: 제사장문서(벨하우젠에 의해
서 Q라는 약어로 표현되었다 = liber quattuor foederum, 네 개의 언
약체결의 책)가 가장 후대의 오경자료이며 이것은 예언자들보다도
더 후대의 것이라고 말한다. 그 이유는 예언자들이 제사장문서(P)
에 포함된 제의법을 아직 알지 못하고 있기 때문이라는 것이다.

따라서 그 이후로 자료들의 순서가 다음과 같이 배열되었다:

J (야휘스트, 9세기) - E (엘로히스트, 8세기) - D (신명기, 7세
기) - P (제사장문서, 6세기).

2.10.2. 역사의 상(像) 재구성(Umbau)

이러한 비범한 연대변경을 통해 오경과 여호수아/사사기에서
우리에게 제공하고 있는 초기 이스라엘상(像)에 대한 완전한 재구
성이 불가피해졌다. 이스라엘 역사가 새롭게 쓰여 졌다. 예컨대 광
야에서 운반 가능한 성막에 대한 이야기들이 포로기 제사장계 기
자들의 역투영으로 해석되었다.

자료구분(Quellenscheidung)의 도움으로 벨하우젠은 우선 추
정되는 문헌층들을 구분했다. 그런 다음 두 번째 단계에서 그 자료

들로부터 각 자료들의 생성시기에 대한 역사의 상(像)을 얻었다. 벨하우젠 당시 자료(문헌)비평(LK)은 역사 재구성 문제에 분명한 기여를 했다.

2.10.3. 역사비평의 다른 주장들

여기에서는 다양한 결정적인 입장들이 단지 간략하게만 서술 될 수 있다:

- 이사야서가 전체로서 8세기 후반의 예언자에게 귀속되지 않고, 40장이하의 내용이 분리되어 무명의 포로기 저자("제2이사야")에게 돌려질 수 있다는 것이다.
- 다니엘서는 6세기 바벨론 궁정에서 살았던 동일한 이름을 가진 느부갓네살 왕실의 유대 관리(官吏) 다니엘에게 소급되지 않고, - 어쨌든 7-12장의 경우에는 - 안티오쿠스 4세(주전 168-164년 사이)의 시리아 지역 박해시기에 생성된 위로의 책으로 읽혀질 수 있다는 것이다. 그것은 실제 일어날 일을 예고한다는 의미에서 예언(Prophetie)이 아니라, 예언의 형식을 빌어 후대에 기입된 사건들이라는 것이다(vaticinia ex eventu).
- 전통적으로 다윗의 시로 여겨지던 일흔 세 편의 시들 중 대부분이 그에게서 유래한 것이 아니라 후대에 생성된 것이라고 말한다.
- 지혜문헌(잠언, 전도서, 아가서)들이 본질적으로 솔로몬 시대가 아니라 후대의 세기들에 귀속될 수 있다고 주장한다.

2.11. 20세기[20]

지난 세기의 구약학에서 일어난 광범위하고 다층적인 변화들이 여기에서는 전부 기술될 수 없다. 단지 몇 가지 핵심어만으로 만족해야 한다.

20세기에 들어서기까지 신(新) 자료가설이란 의미에서 문헌비평적인 작업이 진행되었다. 물론 이때 독일에서는 궁켈(Hermann Gunkel)의 연구에 근거한 양식사적인 연구방법이 전면에 분명하게 부각되었다. 궁켈은 문서로 기록되기 이전의 구두 전승과 그 전승에 각인된 형식들과 그 전승들의 "삶의 자리"(Sitz im Leben)에 주목했다. 이러한 방법론은 알트(Albrecht Alt)에 의해 수용되었고, 노트(Martin Noth)와 폰 라트(Gerhard von Rad)에 의해서 발전되었다. "신명기사가적 역사서"(deuteronomistische Geschichtswerk, 1943)라는 노트의 논제가 계속되는 연구에 큰 영향을 끼쳤다. 이 논제는 무명의 저자("신명기기자"[Deuteronomist])가 포로기에 신명기 1장에서부터 왕하 25장에 이르는 모음집을 완성했다는 주장이다.[21] 이 저자는 끊임없는 불순종의 역사에 대한 기술을 통해 왕국과 성전의 멸망에 대한 신학적 근거를 제공하고자 했다는 것이다. 이러한 사고모형은 편집적인 확장이 분명히 있었을 것이라고 예상한다.

아래에는 자료구분과(또는) 역사적인 사실비판의 관례적인 방법을 채택하지 않았던 20세기 학자들 중 몇 명의 학자들만이 대표

---

20) 상세한 조망은 다음 책을 참조하라: Reventlow, *Hauptprobleme*.

21) 연구사에 관하여 참조. Weippert, *Geschichtswerk*, 213-249; Preuß, *Geschichtswerk*, 229-264, 341-395.

적으로 소개되어 있다. 그들은 자료가설을 수용하지 않고 본문을
얼마나 잘 설명할 수 있는지를 보여주는 예들로서 기능한다.

- Umberto Cassuto, Jüdischer Orientalist, Ugarit-Forscher und Exeget (1883-1951)[22]
- Benno Jacob, Rabbiner (1862-1935)[23]
- Edward J. Young, Alttestamentler, Westminster Seminary (1907-1968)[24]
- Wilhelm Möller (1872-1956)[25]
- Hans Möller (1908-1996)[26]

20세기의 구약 연구의 다른 중심주제들에 대해 여기에서 단지
핵심어로써만 제시될 수 있다:

- 양차 세계대전 사이와 60년대에 이르기까지 문헌비평과
  종교사학파의 전성기 이후에 신학에 대한 새로운 자각이
  일어났다. 키텔(Rudolf Kittel)의 기획적인 논문 "구약학
  의 미래"(Die Zukunft der Alttestamentlichen Wissen-
  schaft)[27]와 여러 구약 학자들을 비교해 보라(예컨대,
  Walter Eichrodt 1933, Ludwig Koehler 1936, Otto
  Procksch 1950, Gerhard von Rad 1960, Walter Zimmerli

---

22) 참조. Cassuto, *Genesis*, Bd. 1 und 2; 동저자, *Exodus*; 동저자, *Hypothesis*.
23) 참조. Jacob, *Genesis*; 동저자, *Exodus*.
24) 참조. Young, *Book*; 동저자, *Introduction*.
25) 참조. Möller, *Einleitung*.
26) 참조. Möller, *Anfang*; 동저자, *Bibelkunde*.
27) 참조. Kittel, *Zukunft*.

1972, 연대는 초판의 발행연도를 의미한다). 이 재고(再考)는 특히 "Deutsche Christen" 신학과의 논쟁을 통해서 불가피하게 되었다.

● 양차 세계대전 중과 그 이후의 시기에는 이러한 상황에서 또한 "구약성서의 중심"에 대한 문제와 "구약성서의 그리스도 증언"(Wilhelm Vischer)에 관하여 매우 강렬하게 씨름했다.28)

● 키텔(Gerhard Kittel)의 *Theologisches Wörterbuch zum Neuen Testament* (Bd. I-IV 1932-48; Bd. V-X/2 1954-79 von Gerhard Friedrich [hg.])와 다른 사전과 개념연구서들, 예컨대 *Theologisches Handwörterbuch zum Alten Testament* von Jenni/Westermann이나 기념비적인 *Theologisches Wörterbuch zum Alten Testament* von Botterweck/Fabry/ Ringgren과 같은 저작들이 지난 세기의 주목할 만한 성과들이다.

● 양식사 및 전승사(Gunkel, Noth, von Rad)가 60년대까지 전성기를 누렸다.

● 문예학적인 고찰방식이 70년대부터 새롭게 폭넓은 주목을 받는다.29)

● 60년대부터 편집사가 각광을 받는다("속필/계속쓰기 가설"[Fortschreibungshypothese]). 이것은 거의 모든 구약성서의 책들이 후대의 저작이라고 보는 경향과 관련이 있다.

● 사회사적인 방법론이 이스라엘 역사의 범주 안에서 대략

---

28) 참조. Vischer, *Christuszeugnis*; Felber, *Vischer*.
29) 이점에 대해서 부록 III: '새로운 해석학적인 방법론들'을 참조하라.

70년대부터 중요하게 대두된다.

- 성서신학(Biblische Theologie)에 대한 새로운 문제제기 가 특별히 70년대에 있었던 이른바 "정경적 해석"(B.S. Childs)의 영향 아래서 일어난다.

2.12. 종합과 평가

2000년 동안 성서 연구에 관한 이 짧은 개관이 보여준 것은 다양한 시대에 성서에 대한 다양한 접근들이 있었다는 사실이다. 모든 방법들이 영원히 통용될 것으로 고안되지 않았다. 각 세대와 각 시대는 이 오래된 책에 대한 새로운 접근법을 다시 찾아야 한다. 이러한 점은 특별히 오늘날과 같은 변혁의 시대에 절실히 요청된다.

- 구약성서의 이해와 해석을 위한 적절한 **방법론**(Metho-dik)에 대한 질문은 초기 기독교나 고대 교회에서처럼 오늘날도 유효하다. 어떻게 우리가 성서에 대한 올바른 접근법을 발견할 수 있는가 라는 이 질문은 지금까지 한 번도 완벽하게 답변된 적이 없다. 왜냐하면 각 세대는 이 질문에 답하기 위해 새롭게 힘써야 하기 때문이다.
- 예나 지금이나 **역사적인 질문**(historische Frage), 즉 사건과 해석의 관계에 대한 문제가 제기된다. 우리는 "순전히 있던 그대로의" (구원사적인) 사건에 대한 접근법을 가지고 있는가? 우리는 그것을 단지 사건과 예언자적 해석의 용해될 수 없는 합금상태에서 가지고 있지 않는가? 구약성서의 기록에서 "참되고 실제적인" 사건에 이르는 통로를 가지고 있지 않는가?

● 역사비평, 오경비평, 자료비평의 역사는 우리에게 전달
된 자신의 내력에 대한 **오경의 자기진술**(Eigenaussagen
des Pentateuch)을 진지하게 검토하도록 촉구한다. 이뿐
아니라 우리는 우리 지식의 틈새들을 간과해서는 안 된
다. 오경비평은 이 거대한 작품의 생성과정을 분석하려
는 욕구에서 생겨났다. 이것이 올바른 이해를 위해 절대
적으로 필요한 것으로 생각했기 때문이다. 그러나 우리
는 우리가 비록 각 책의 내력에 대한 상세한 지식이 없
다 해도, 성서의 책들을 잘 이해할 수 있다는 확신을 가
지고 있다. 우리가 본문의 생성과정에 대한 분석을 역사
적 사실관계를 밝히는 비평수단으로 사용하는 순간 - 이
러한 징후 아래에서 옛 문헌비평(LK)이 등장했다 - 그릇
된 방향으로 빠져든다. 시대와 저작 등에 관한 본문의 자
기진술은 더 이상 진지하게 고려되지 않는다. "실제의
생성과정"에 대한 추적에서 사람들은 계속해서 환영들
(Phantomen)을 쫓아다닌다. 오경에 대한 연구가 지난
200년 동안이나 지속되었지만, 지금 우리는 아직도 본래
원하던 목표에 도달하지 못했다고 말할 수 있다. 그럼에
도 불구하고 예나 지금이나 다음과 같이 주장된다: 벨하
우젠의 이론과 함께 "비평적인 연구가 더 이상 되돌아
갈 수 없는 결과에 도달했다."30) 이와 동일하든 아니면
이와 비슷하든 이 같은 내용들이 공감된 사실로서 서술
된다. 그러나 다음과 같은 질문이 제기되어야 한다: 그것
이 정말 맞는 말인가? 왜 우리는 더 이상 되돌아 갈 수
없단 말인가? 오늘날 처음으로 이런 문제를 제기한 것은

---

30) Zenger, *Einleitung*, 67.

아니지만, 오늘날 이 질문은 그 전보다 더 분명하게 제기
된다. 무엇이 구약학으로 하여금 자료분석과 연대설정과
관련하여 이러한 해석모델을 버리는데 장애를 일으키게
하는가? 왜냐하면 그라프-벨하우젠 가설은 100년이 지난
후 커다란 혼란 속에서 종결되었다. 이 가설은 100년 동
안 방법론적으로 변함없이 존속된 후, 엄청나게 부서졌
다. 이 가설의 영향으로 이스라엘 역사에 대한 그림이 뒤
죽박죽 되었다. 20세기의 70년대는 "오경연구의 위기"의
상황에 직면하여 활발한 토론이 전개되었다.31) 30년이
지난 오늘날에는 과거의 합의는 남김없이 부서졌다.

● 오늘날 구약학계는 엄청난 **부담**(Hypothek)을 안고 있다.
200년 이상 된 사상과 연구전통이, 18세기에 이르기까지
본질적으로 공인된 의견(opinio communis)이었던 계몽주
의 이전의 관점에 대하여 반론을 제기한다. 이것 또한 무
비판적이지 않다. 다시 말해 믿기 쉽다는 것은 아니다.
이스라엘 역사, 즉 족장시대에 대한 관점과 이스라엘 민
족의 생성(이집트에서의 노예생활, 출애굽, 시내산에서
의 하나님의 계시, 광야유랑과 가나안 정복 또는 가나안
이주)이 오늘날 광범위하게 더 이상 실제적이고 참된 사
건으로서 관찰되지 않는다. 그러나 이제 우리는 이러한
비평적인 전통과의 단절이 필요하다. 우리는 다시 성서
의 저작과 시대와 자신에 대한 진술들을 진지하게 고려
해야 한다. 우리는 구약성서에 보도된 구원사건들의 실

---

31) 여기에 몇 가지 참고할 문헌을 소개한다: Gunneweg,
Anmerkungen; Seebaß, *Pentateuchkritik*; Seidel, *Entwicklungslinien*;
Utzschneider, *Renaissance*; Zenger, *Einleitung*, 113-118.

제성에 대한 새로운 신뢰가 필요하다. 위에서 간략하게
언급한 지난 200년의 역사비평 연구사는 단지 깊은 감동
과 함께 고찰될 수 있다. 결론적으로 말해 연구사와 연구
서와 가설들 뒤에는 인간의 삶과 학자들의 운명들이 숨
겨져 있다.[32)

3. 방법론적 숙고의 필요성과 한계

도대체 우리에게 방법론적으로 정위된 성서해석이 필요한가?
"방법론"이란 말을 시험적으로 "청취가능하고 정리된 숙고를 위한
이성의 사용"이라고 정의하자. 방법론들은 독자가 본문에게 제기
하는 질문들이다. 이때 이해를 위해 모든 질문이 요청되지는 않는
다. 다음과 같은 에거(Wilhelm Egger)의 견해에 동의할 수 있다:
"방법론은 본문의 의미를 파악하기 위해 기계적으로 적용되는 수
단이 아니다. 방법론은 어떤 방향에서 본문에 대한 고찰들이 수집
되어야 하며, 어떻게 본문의 의미가 가장 적절하게 추론될 수 있는
가에 대한 지시로서 이해될 수 있다."[33)

하나의 "방법론"은 의사소통의 가능성을 장려해야 한다. 다른
사람이 자기 자신의 생각들을 이해하며 따라올 수 있어야 한다. 방
법론은 공동체, 즉 어떤 공통된 전통을 전제한다. 또한 그것은 비판
적인 기능도 가진다: 오류와 일방성이 방지되어야 한다.

---

32) 예로써 로이스(Eduard Reuß)가 그의 제자이자 친구 하인리히
(Karl Heinrich)와 주고받은 편지들을 보라: K. Budde/H. J. Holtzmann
(hg.), 1904.

33) Egger, *Methodenlehre*, 22.

분명히 독자도 나름대로 말로 표현하든 표현하지 않든 방법론, 즉 광의적인 의미에서 성서본문에 대한 접근법을 가지고 있다.

주석의 역사를 단지 개략적으로만 훑어보아도, 교회가 예수와 사도의 시대로부터 끊임없이 성서를 방법적으로, 즉 다양한 길들을 통해서 해석했다는 사실을 알게 된다. 아주 당연하게도 해석자는 또한 "역사적인 문제제기"에 직면하여, 즉 거칠게 표현하면 진상규명(Aufklärung)의 질문 앞에서 하나님의 말씀이 일어났던 당시의 시대와 장소, 청중과 상황을 인지했다. 예컨대 히에로니무스(Hieronymus), 루터, 깔뱅, 벵엘(Bengel) 등이 당연하게 이 점에 대해서 주의를 기울였다. 그들은 이러한 시대상황에 제한된 진술들을 만났을 때 그냥 지나치지 않았다. 왜냐하면 그들은 주어진 그대로의 성서를 비껴가고자 하지 않았기 때문이다.

3.1. 방법론의 의미

오늘날 문학에서도 어떤 작품에 접근하는 방법론이 하나만 있지 않고 엄청나게 많은 접근방법들이 있다는 점이 늘 새롭게 강조되고 있다. 그렇다고 이 모든 방법들이 성서에 이르는가? 다음 장들에서는 여러 가지의 문제제기가 나열될 것이다. 우리는 그러한 문제제기와 함께 성서를 읽을 수 있다. 이때 성서에 이르는 방법론 중 전면에 나타난 전문적인 측면과 그것의 정신, 즉 성서가 부차적인 것이 되는 상위 목표가 구별되어야 할 것이다. 문헌비평에 대한 부록(3장)에서 이 점이 19세기 동안 역사비평을 수행하는 과정에서 줄곧 나타났다는 사실이 분명하게 보여질 것이다. 다시 말하면 이것은 인간의 삶 어느 곳에서나 목격될 수 있는 도구화의 현상을 가리킨다.

"방법론"이란 말은 데카르트의 사고전통에서 하나의 특별한 의미, 폭넓은 함축, 특별히 하나의 강한 파토스를 가지고 있다. 특별히 인문학 분야에서 발전하였던 방법론들과 방법론적 조치들은 어쨌든 그것들의 은닉되고 언명되지 않는 사고의 전제들까지 질문되어야 한다. 본서에서는 이러한 시도가 단지 질문제기 차원에서 이루어질 것이다.

게다가 방법론들은 독특하게 내재되어 있는 자기확대와 절대화의 경향을 가지고 있다. 그것들은 봉사자들이다. 그 이상은 아니다! 어떤 방법이 본문에 따라 움직여야 하는 것이지 그 반대가 아니다. 이것은 본래부터 당연한 것이다. 이러한 점들을 새로운 개론서에서는 줄곧 읽을 수 있다.[34] 만프레트 외밍(Manfred Oeming)은 "방법론"이라는 말로 즐겨 표현되었던 "객관적인 파토스"를 정당하게 비판한다. 그러면서 그는 확고한 방법론에 대한 신뢰에 대해 경고한다.[35] 그는 현존하는 다양한 방법론들을 나열하고 긍정한 후 방법론들 안에서 나타나는 계층구조를 지적한다. 이러한 다성적인 합창에서 역사-비평적 방법론은 미래에도 포기할 수 없는 비평적인 감시기능을 할 것이라고 말한다.[36] 로타 루페르트(Lothar Ruppert)는 더 분명한어조로 역사비평 방법론의 불가피성을 말한다. 주석을 위한 새로운 언어학적 자극을 고찰한 후, 그는 다음과 같은 결론을 내린다: "수정되고 언어학적으로 보완되며 해석학에 열린 역사-비평적 방법론 이외에 진정한 대안은 없으며, 미래에도 없을 것이다."[37]

---

34) 참조. Steck, *Exegese*, 6.
35) Oeming, *Hermeneutik*, 182.
36) A.a.O. 181.

이러한 문장들을 읽은 사람은 그것의 고백적 성격에 대해 놀란다. 그러니까 어떤 계층구조가 있단 말인가? "역사-비평적 방법론"이 여전히 주석의 핵심적 지위를 차지하고 있는가? 이러한 주장들은 그밖에 높이 평가 받는 방법론의 다양성과 주목할 만한 대조를 이루며, 하나의 분명한 불일치를 보여준다. 우리는 모든 해석 방법들이 성서에 적절하다고 생각하지 않는다. 그러나 해석방법론의 다양성을 하나의 진보로 여겼다면, 그것은 일관성 있게 주장되어야 할 것이다. 그렇다면 어떤 특정한 방법론이 절대적 우위를 차지할 수 없지 않는가!

3.2. 영과 방법(Geist und Methode)

방법론적 조치들에 대한 현재적인 서술은 일반적으로 독자 편에서 가지고 있는 실존적인 특면을 도외시 한다. 헬무트 프라이(Hellmuth Frey)는 자신의 기획적인 논문 "신학적 논문의 방법론에 관하여"(Um den Ansatz theologischer Arbeit)에서 다음과 같이 기술한다: "그것은 본문에 대한 어문학적, 문헌비평적, 비교종교학적, 역사적, 전승사적인 문제제기에 별도로 어떤 새로운 연구이나 인식의 수행을 추가해야 한다는 것을 의미하지 않는다… 다만 그것은 문제제기가 열거한 방법론과 함께 더 깊은 다른 차원을 향하여 시작되어야 함을 의미한다. 그 방법론들의 시작점에서부터, 십자가에서 연구하는 우리의 인식에 대해서도 이루어졌던 심판 아래 복종해야하며, 그리스도의 복종 아래에서 성령의 이끄심으로 인도

---

37) Ruppert, *Methode*, 306.

하는 것도 동일하게 이루어져야 한다."38)

이로써 다음과 같은 사실이 분명해 진다: 성서를 접하는 사람은 하나의 낯선, 완전히 다른 세계를 경험한다. 그것은 우리의 세계이지만, 완전히 다른 세계다. 그 안에서 올바로 행동하기 위해선, 그것을 가장 잘 아는 인도자가 필요하다. 이 인도자는 성서의 증언에 의하면 성령이시다: "그는 너희에게 모든 진리 안으로 인도하실 것이다"(요16:13). 그러므로 성령과 그분의 조명에 대한 간구가 모든 주석의 출발에 있다. 이 간구는 "방법론적인 조치"가 아니다. 그것은 또한 이어서 행해지는 모든 노력을 논란의 여지가 없는 것으로 정당화하지도 않는다. 그것은 단지 성서 주석이 형식적인 학문성을 위한 모든 노력 가운데서도 더 이상 학문적으로 논증할 수 없는 어떤 차원에 근거하고 있다는 사실을 상기시킬 뿐이다. 이러한 최종적이며 고백적이며 더 이상 깊게 물어볼 수 없는 전제들을 공개적으로 표명하는 것은 신학에 아주 잘 어울린다.

3.3. 하나님의 말씀으로서의 성서

성서에 타당한 해석학의 목표는 단순히 "이해하는 것"만을 의미할 수 없다. 왜냐하면 성서는 성서의 자기이해에 상응하게 "믿음"과 "순종"을 불러일으키고자 하기 때문이다(롬1:5). 오늘날 우리의 해석학적인 숙고들은 일방적으로 성서의 이해만을 전면에 내세우고 있다. 우리와 역사적 간격이 있는 진술들을 포함하고 있는 옛날 책이기 때문이라는 등등의 이유를 붙이면서 말이다. 그러나

---

38) Frey, *Ansatz*, 169f.

성서의 해당 구절들을 살펴보면, 완전히 다른 그림을 보여준다. 하나님의 말씀은 "살아 있고 운동력이 있으며"(히4:12), "영과 생명"(요6:63)으로 가득 차 있다. 성서를 이해할 때 나타나는 문제는, 성서에 있는 것이 아니라 인간에게 있다. 하나님의 말씀을 듣거나 읽는 청중과 독자는, 말씀이 그들을 일깨우거나 강퍅하게 만들게 하거나 또는 그들이 믿음으로 응답하거나 불신앙으로 고집을 피울 수 있는 가능성 앞에 서 있다. 더 나아가 우리의 인간적인 이해와 청취는 죄와 죽음의 현실로부터 벗어나 있지 않다.

성서의 요구는 성서의 본질과 깊은 관계가 있다. 성서의 자기 진술에 따르면, 그것은 하나님의 말씀이고, "하나님의 책"이며, 거룩한 문서다. 그 안에서 하나님 자신이 말씀하신다(참조. 예컨대 살전2:13). 그러므로 그것은 여타 다른 책들과는 다르다! 그러므로 주석은 하나님의 말씀으로서 오늘 우리에게 전달된 형태에서 성서의 말씀을 듣고, 관통하며, 그 안에서 하나님의 계시를 청취해야 하는 과제를 가지고 있다. 이러한 점에서 본서는 완전히 다른 독특한 강조점을 가지고 있다.

제2장
본 문

1. 번역

경험상으로 볼 때, 주석할 본문에 대해서 우선 일차적인 번역을 마치는 것이 중요하다. 이때 세세한 부분들 중 많은 경우가 아직 문명치 않게 남아 있다. 이런 부분들은 더 정확한 고찰을 통해 더 분명해지게 되고, 그때에 가서야 적절히 번역될 수 있다.

이러한 과정은 우리를 생생하게 이해와 번역의 순환 속으로 이끈다. 우리는 어떤 외국어로 된 본문을(대략) 이해했을 때에야 번역할 수 있다. 이해를 위해서 이해하고자 하는 언어에 대한 지식이 일차적으로 필요하다. 또한 이 이해라는 개념을 광의적으로 혹은 협의적으로 이해할 수 있다. 우리가 언제 어떤 외국어를 "아는가"? 안다는 것이 "완전 정복할"(beherrschen) 수 있다("그는 세 가지 언어를 통달했다")는 의미가 아니라, 처음에서 시작하여 점차 더 깊이 알아가는 "만남"을 말한다는 사실이 처음부터 자명할 것이다. 기초 히브리어 과정(Hebreicum)은 첫 만남일 뿐, 더 이상 그 무엇을 의미하지 않는다. 이해를 위해선 더 나아가 알고자 하는 문화에 대한 사회문화적인 지식과 본문에 대한 지식이 필요하다.

1.1. 역사, 이론, 번역의 실제

고대로부터 사람들은 번역의 복합적인 사건에 대하여 집중적
으로 사고하였다. 실제로 다음과 같은 사실은 매우 흥미로운 일이
다: 우리가 어떤 외국어를 배울 수 있다는 사실이 어떻게 가능한
가? 어떤 본문을 A라는 원천언어(Ausgangssprache)로부터 B라는
수용언어(Zielsprache)로 옮길 수 있는가? 그것은 한 번도 완전히
도달하지 못하고 다만 가능한 가까이 근접하려는 이상(Ideal)이 아
닌가? B라는 수용언어의 독자는 원천언어의 저자가 이해한 것처럼
그 본문을 읽는가? 두 언어 사이에 완전한 일치가 일어나는가 아니
면 단지 근접한 일치만 주도될 뿐인가? 모든 내용들(사상들, 개념
들, 진술들)이 어떤 언어로든지 옮겨질 수 있는가? 번역을 방해하
는 삶과 현실 차원의 제한들은 있지 않는가?

세네카(Seneca)의 책 De tranquillitate animi 2,3에 다음과 같은
내용이 있다: "…. 낱말들을 형식에 충실하여 모방하고 전달하는
것은 필요하지 않다. 그것이 다루고 있는 문제 자체(die Sache
selbst)가 적절한 표현으로 나타내져야 한다. 그리스어로의 표현은
외적인 형태(Form)를 따르지 않고 의미(Bedeutung)를 따라야 한
다."[39]

불가타 성경의 번역자였던 히에로니무스(Hieronymus, 주후
420년경에 사망)도 이와 비슷한 방향에서 생각했다. 그는 모든 성
경번역이 거기에 맞춰져야 하는 "hebraica veritas", 즉 정경적으로
기초가 되는 히브리어 성경본문의 진리를 전제했다. 그는 팜마키
우스(Pammachius)에게 보내는 자신의 편지에서 강조한다: "내 자
신이 언젠가 히브리어로 표현된 진리(veritas hebraica)를 멀리 했던
사실을 깨닫지 못했다."[40] 그가 예언자들의 권위와 번역자의 권위

---

39) 참조. Seneca, *Gemütsruhe*.
40) Hieronymus, *Briefe*.

를 구별함을 통해서 어거스틴과 반대 입장에 섰다. 어거스틴은 구약성서의 그리스어 번역(Septuaginta)이 성령의 감동으로 된 것이고, 따라서 본문이해에 결정적인(maßgebend) 것으로 여겼다. 그것은 정말 예수와 사도들의 성경이었다. "왜냐하면 예언자들이 말할 때, 그들 안에 계셨던 성령이, 그것을 번역했던 70명의 사람들 안에도 계셨기 때문이다."[41]

　루터는 통역사(Dolmetschen)에 관한 자신의 유명한 공개서한에서 사람들은 "주민들의 입을 보아야" 한다고 강조했다. "사람들은 라틴어로 된 문자들(Buchstaben)에게 어떻게 독일말로 말해야 하는 지를 물을 필요가 없다. 그것에 대해서 물어야 할 대상은 집에 있는 어머니, 골목에서 뛰노는 아이들, 시장의 일반 사람들이다. 그리고 그 사람들이 어떻게 말하는 지 그들의 입을 보아야 하며 그것에 따라서 통역해야 한다. 그때야 비로소 그들이 그것을 이해할 것이며, 사람들이 자신들과 독일말로 이야기를 하고 있다는 사실을 느끼게 될 것이다."[42] 그는 동시에 문자에 충실함에 대해서 신중히 고려했다. 그의 번역은 누구도 모방하지 못할 만큼 문자와 의미에 충실하다.

　개별 본문에 들어가기 전에, 다음과 같이 말할 수 있을 것이다: 번역은 문자의 충실함과 의미의 충실함(형식적 동등성과 역동적 동등성) 사이에 있는 긴장영역(Spannungsfeld)에서 움직인다.

　　문자에 충실함(Worttreu)　⇔　의미에 충실함(Sinntreu)

---

41) *De Civitate Dei*, Buch XVIII, 43장 "70인경 번역의 권위에 관하여"(Manfred Dreytza의 개인 번역).

42) Aland, *Luther*, Bd. 5, 85.

이와 같은 사실을 설명하기 위해서 시19:8의 예를 들어 보자. 문자에 충실한 번역의 예로서 엘버펠더(Elberfelder)번역의 개정판과 의미에 충실한 번역의 예로서 "Hoffnung für alle" 번역의 내용을 소개 한다:

Revidierte Elberfelder Bibel	Hoffnung für alle
Das Gesetz des HERRN ist vollkommen und erquickt die Seele; das Zeugnis des HERRN ist zuverlässig und macht den Einfältigen weise.	Das Gesetz des Herrn ist vollkommen, es macht glücklich und froh. Auf seine Gebote kann man sich verlassen. Sie machen auch den klug, der bisher gedankenlos in den Tag hineinlebte.

문자에 충실한 번역은 글자마다의 내용뿐 아니라, 형식(문법, 문장구조, 관용어)에 대해서도 충실하다. 의미에 충실한 번역은 독자에게 원문이 의도한 것과 동일한 효과를 달성하고자 한다. 문법과 문장구조와 관용어 등은 수용언어의 관습에 동화시키고, 원천언어의 개념들은 상황에 따라 다양하게 번역된다. 문자에 충실한 번역의 극단적인 예는 낱말 하나하나에 (일치하는) 번역이다. 이 두 가지 번역방식 모두 장점과 위험성을 동시에 가지고 있다. 그래서 어떤 경우에도 문자에 충실한 번역이 기본적으로 "좋은" 것이며 의미에 충실한 번역이 기본적으로 "나쁜" 것이라고 평가해서는 안 된다.

1.2. 번역의 과정

통상 번역은 하나의 일직선적인 과정으로 고찰된다. 사람들은 다음과 같이 옮긴다:

A라는 원천언어로부터 ⟶ B라는 수용언어로

그러나 이것은 언어의 표면구조에만 머물러 있는 것이다. Nida와 Taber의 공저, "번역의 이론과 실제"라는 책43)에서는 면밀히 조사된 번역의 과정이 소개되어 있다. 그것은 다음과 같은 3단계의 과정으로 구성되어 있다:

1. 문법적인 맥락과 단어의 의미를 고려한 표면구조 분석 (분명히 외적으로 드러나는 본문과 내용의 언어-문법적인 형태).

2. 번역자의 머리에서 A 언어로부터 B 언어로 분석된 자료의 전달. 번역자는 어떤 의미에서는 어느 한 순간 원천언어를 완전히 잊어버리고, 이 내용을 수용언어로, 우리의 경우에는 한국어로 어떻게 말하는 지에 대해 질문해야 한다.

3. 전달된 내용을 수용언어로 재구성. 이런 과정을 통해서 번역은 "원천언어에 가장 자연스런 대응물(Gegen-

---

43) 참조. Nida, *Theorie*, 31f. 번역 문제에 관한 그 밖의 개론서로서는 Willis, *Übersetzungswissenschaft*와 Dijk, *Textwissenschaft*를 참조하라.

stück)을 서술한다, 처음에는 의미에 걸맞게, 두 번째는
양식에 걸맞게."44)

이런 과정을 도해적으로 단순화시키면 다음과 같이 기술할
수 있다.

1.3. 실제적인 제안들

어떤 주석이 완성되어야 할 때, 이 시점에서 우선 기초가 되는
성경본문이 최선의 능력을 따라 히브리어로부터 한국어로 번역되
어야 할 것이다. 번역은 문자에 충실한 번역을 하도록 노력해야 한

---

44) Nida, a.a.O., 11.

다. 이때 제기되는 질문들은 계속해서 기록한다. 최종적인 번역은 종합적인 주석(5장 2항을 보라) 안에서 완성된다. 그때 계속된 해석의 과정에서 얻어진 결과들이 반영된다.

번역작업을 위해 히브리 성경(현재는 BHS가 가장 권위적임), 히브리어 사전, 문법책, 성구사전 등이 필요하다. 실제생활에 대한 배경지식을 위해서 성경사전을 추천한다. 또한 도움을 위해 70인경이나 불가타 번역성경을 읽고 비교할 수 있을 것이다.

2. 본문비평[45]

2.1. 무엇에 관한 것인가?

성경만큼 지난 수 세기 동안 그렇게 자주 필사되고 번역된 세계문학이 없다. 성경만큼 생성과정이나 전승과정에 대하여 또한 그것의 의미에 관하여 그렇게 집중적으로 연구된 책이 없다. 성경만큼 그렇게 각인된 강력한 영향사(Wirkungsgeschichte)를 남긴 책이 없다.

---

45) 본서에서 소개하는 본문비평에 대한 간략한 서술은 본문비평에 대한 현재의 기본서이라고 볼 수 있는 다음 두 책(Würthwein, *Text*; Tov, *Text*)의 상세한 설명을 대체할 수 없다. 영어권의 저서로서는 McCarter, *Criticism*을 참조하고, 프랑스어로 된 저서로서는 Barthélemy, *Critique*를 보라(전체 저작은 5권으로 구성되어 있는데, 그 가운데 발행위원회에 의해서 제작된 구약성서 내용 중 본문상 중요한 상이 본문들에 대한 목록이 작성되어 있다. 그러나 거기에는 오경, 욥기, 시편, 잠언, 전도, 아가서에 대한 서술이 빠져있다.).

그러나 또한 다양한 필사의 과정에서 발생된 전형적인 필사와 읽고 듣는 과정의 오류들이 히브리어 본문에 배어있다. 필사의 과정에서 의도하지 않았던 본문의 변경이 있었다. 우리는 구약성서의 원본을 가지고 있는 것이 아니라, 부분적으로 몇 세기 최근의 필사본들을 가지고 있다. 일반적으로 말해서 우리에게 알려진 가장 오래된 구약성서의 사본은 쿰란 도서관에 있는 것처럼, 주전 2세기와 1세기에 기원한 것이다.

그러므로 본문비평은 가장 중요한 변형들을 기술하고 평가하여, 최상의 원문을 도출해내고자 하는 것이다.

그러나 필사과정으로부터 생겨난 본문상의 "불명료성"(Un-schärfe)의 크기를 너무 크게 생각지 말아야 한다. 이러한 측면에서 성서는 "불명료한 외곽지대"를 가지고 있다. 그러나 개별 책들의 메시지와 중심진술들은 분명하고 명확하다.

2.2. 본문훼손과 변경의 요인들

전통적으로 비의도적인 변경과 의도적인 변경을 구분한다.

2.2.1. 비의도적인 본문변경들

이러한 변경들은 필사과정 자체에 그 원인이 있을 수 있다. 필사재료가 손상되었거나 낡아져서 읽을 수 없게 되었을 때, 그다음 필사자가 직접 본문을 보충하거나 불가피하게 변경했을 가능성이 있다.

필사과정에서 의도하지 않은 읽기오류, 쓰기오류, 듣기오류가 추가적으로 생길 수 있었다.[46] 경험상으로 볼 때 이런 것들은 분명 반복되는 오류들이다. 그 가운데서 몇 가지만 여기에서 소개할 것이다.

1. 비슷하게 보이는 철차와 혼동, 예컨대:

בּ 와 כּ:   사28:20

(MT) כְּהִתְכַּנֵּס ("덮기에"[um sich einzuhüllen])

(1QJesa) בְּהִתְכַּנֵּס ("덮을 때"[beim sich Einhüllen])

의미의 차이는 매우 적다. 전치사 כְּ는 비교의 의미를 나타내는 불변사로서, 이불이 덮기에 너무 좁다는 내용을 의미한다. 이불의 넓이가 덮는 것을 시도하는 것과 비교된다. 전치사 בְּ는 부정사 연계형(Inf. cs.)과 함께, 사람이 이불을 덮으려 할 때 그것이 (너무) 좁다는 것을 의미한다. 이불의 넓이와 이불을 덮으려는 시점이 대조된다. 두 이본(異本) 모두 의미가 있다. 이럴 때 마소라 본문이 우선될 수 있다.

ד 와 ר: 창22:13

(MT) אַיִל אַחַר ("뒤에 있는 수양 한 마리")

(Mss, LXX, 사마리아오경, 시리아역, 탈굼, 그 외 여럿) אַיִל אֶחָד ("수양 한 마리를")

마소라 본문에 따르면, 아브라함은 덤불 속에 있는 뒤에 있는 수양 한 마리를 본다. 모음표기는 분명하다; 그것은 אַחַר("한

---

46) 참조. Würthwein, a.a.O., 118-122; Tov, a.a.O., 193-236.

다른")가 아니다. 마소라 본문의 읽기는 불가타에 의해서 수
용되었다. "한 마리 수양"으로 읽는 독법(讀法)은 상당한 수
의 사본/역본들에 의해서 지지된다. 그러나 마소라 본문의 읽
기가 분명히 '더 어려운 읽기'(lectio difficilior)로서 본래적이
라고 할 수 있다. "한 마리 수양"이라는 읽기는 철자 ד 와 ר의
교체를 통해서 또는 가상적인 철자교환에 대한 의식적인 수
정을 통해서 생겨났다.

ה 와 ח:　　 단9:24a

(MT) וּלְחָתֵם ("봉인하기 위해서"), 테오도시온에 의해서 개정
된 LXX에서도 역시.
(Qere, Mss와 그 외 여럿) וּלְהָתֵם ("완성하기 위해"), LXX, 아
퀼라역, 시리아역, 불가타 등도 역시.
마소라 본문의 케티브(Ketib, 케티브와 케레에 관하여 참조.)
는 예고한 70이레의 기한이 지나면 죄가 "인봉될" 것이라고
말한다. "완성하다"(התם)로 읽는 케레와 비교해 볼 때 케티브
는 분명 더 어려운 읽기다. 케티브의 본문읽기가 의미하는 바
는 무엇일까? "인봉하다"는 것은 "제거한다"는 의미로 해석
되거나, 또는 "죄를 인봉하다"는 표현이 나오는 욥14:17과
비교해 볼 때, "죄를 심판하기 위해 보존하다"(또한 신32:24
참조.)는 의미로 해석된다.
케레가 분명 이해하기 쉬운 의미를 제공한다. "죄를 완성하
다"라는 말은 "종결하다, 끝장내다"라는 의미로 해석될 수
있을 것이다. 대부분의 주석들이 케레의 읽기를 선호한다. 그
러나 '더 어려운 읽기'인 케티브에서 추가적인 조치 없이 본

문의 의미를 파악할 수 있다.

이와 같이 난해한 경우에서 어떤 독법이 다른 독법과 대치되는 경우들이 있음을 분명히 알 수 있다. 여기에서 '더 어려운 읽기'의 독법을 택할 지, 아니면 케티브를 너무 어려운 읽기라고 거부하고 케레를 우선으로 할지는 해석자 재량의 문제다. 적어도 우리는 여기서 본문비평(TK)도 해석의 작업이며 주석과 분리될 수 없다는 사실을 인식하게 된다.

ו 와 י :   시 22:17[16]

(MT) כָּאֲרִי ("사자처럼")

(Mss, Edd) כָּארוּ ("그들이 찔렀다.") (추정되는 추가적인 형태 כרה[I] "파묻다"나 כרה[IV] "묶다"로부터 다음과 같은 의미가 도출될 수 있다: "그들이 내 손과 발을 묶었다.")

마소라 본문은 정당한 의미를 제공하지 못한다: "왜냐하면 개들을 나를 에워싸고, 수많은 행악자들이 나를 둘러쌌다; 사자와 같이 나의 손과 발을." 여기에는 분명히 서술어나 전치사가 빠져 있다. 이런 경우에는 '더 어려운 읽기' 법칙이 소용이 없다. 왜냐하면 어떤 식으로든 의미가 통하는 독법이 될 때 비로소 그것이 "더 어려운 것"으로서, 따라서 더 본래적인 것으로 간주될 수 있기 때문이다. 그러므로 적절한 동사의 형태를 찾아야 한다. כָּאֲרִי로 모음표기하고 "묶는 자들로서"(als Bindende, Qal 분사, 복수 연계형)의 의미로 해석하는 것이 매혹적이다. 이로써 자음상태는 그대로 유지된다: "... 그들이 나의 손과 발을 묶는 자들로서 나를 둘러쌌다." 이러한 독법은 심마쿠스(Symmachus)에 의해서도 이해될 수 있을 것이다. 왜냐하면 심마쿠스가 다음과 같이 번역하고 있기 때문이다: ὡς ζητοῦντες δῆσαι "그들이 묶으려 한다." LXX(와 시리아역)은 ὤρυξαν "찌른다"로 번역한다. 또한 아퀼라의 개정은 자신의 저본(底本, Vorlage)의 동사를 ἐπέδησαν("그들이 묶었다")을 써서 나타낸다. 무엇이 본래의 독법인가? 마소라 본문이 필사상의 오류 때문에 생겨났다고 생각할 수 있다. 필사자가 잘못 보고서 본래 ו였던 것을 י로 바꾸어 기록했을 가능성이다. 이로써 다음과 같은 사실이 추론된다: 본래 동사였던 것이 필사오기를 통해 "사자"라는 말로 변했다. 그런데 כרה 동사의 어원을 "찌르다"로 볼 것인지 "묶다"로 볼 것인지에 대한 물음은 궁극적으로 결정될 수 없다. LXX는 "찌르다"는 의미를 지지한다.

여기에서 우리는 다른 측면에서 이의제기 할 수 있다. 그렇다면 왜 이렇게 추정되는 ו와 י의 교체가 그 이후에 발견되어 교정되지 않았던가? 마소라 학자들이 그렇게 명백한 오류에 절대 눈멀지 않았다! 이것은 Qal 분사 복수 연계형의 כָּאֲרֵי가 본래적인 형태라는 사실을 반증하는 것은 아닌가? 이러한 이해하기 어려운 형태는 כָּאֲרוּ로서 잘못 읽혀졌고, 따라서 이 형태는 "찌르다"나 "묶다"로 이해되었다.

נ과 ס: 사33:1b

(MT) כְּנַלֹתְךָ ("네가 그것을 완전히 도달하는 즉시")
(1QJesᵃ) כְּכַלוֹתְךָ ("네가 그것을 완성하는 즉시")
마소라 본문은 다른 곳에서는 나타나지 않는 동사 נלה을 전제한다. 아마도 욥15:29의 명사 מִנְלָה "이익, 소유"와 연관될 것이다. 그렇다면 이 동사는 "도달하다, 획득하다"는 의미로 번역될 수 있을 것이다. 여기에서 의문이 제기된다: 단 한 번밖에 사용되지 않은 낱말(hapax legomenon)의 의미를 무엇으로부터 도출해 낼 수 있겠는가? 마소라 본문 내에서 구절들의 상호비교가 불가능하거나 확실치 않다. 아직 고대 번역본들이 남아 있다. 심마쿠스의 개정(κοπιάσης)이나 라틴역 불가타("fatigatus")는 동사의 어근으로 לאֹה("피로하다")을 전제한다. 비교 셈어학이 또 하나의 도움이 될 수 있다. 그러나 이 경우에는 큰 도움이 되지 못한다. BDB에서는 아랍어 *nala*("획득하다, 달성하다")를 참조하라고 지시한다. 그러나 아랍어와의 비교는 단지 제한적으로 진술가치가 있을 뿐이다. 왜냐하면 아랍어에서 엄청난 비교자료들 가운데 많은 부분이 구약성서보다 훨씬 후대의 시기로부터 기원하기 때문이다.

쿰란 사본은 동사 כלה "완성하다"로부터 파생된다. 그밖에 이러한 발견결과로써 카펠루스(L. Capellus, 17세기)의 제안이 확인된다.

이러한 경우 כ와 נ의 교체에 대한 추측과 함께 쿰란사본의 원천성(Ursprünglichkeit)이 서로 일치한다.

2.   철자의 위치변경(Metathesis)

합2:16a:

(MT) וְהֵעָרֵל ("그리고 알몸을 드러내라", 문자적으로는: "네 [음경의] 포피를 드러내라")

(1QpHab) וְהֵרָעֵל ("그리고 비틀거리라"), LXX, 아퀼라역, 불

가타, 시리아역 등.

쿰란-사본은 분명 마소라 본문에서 עיר였던 철자의 순서를 바꾸었다. '더 어려운 읽기'가 원문에 가깝다는 원칙(lectio-defficilior-Regel)이 또한 마소라 본문의 원천성을 지지한다.

3. 나란히 나오는 두 개의 철자, 철자군, 또는 비슷하거나 동일하게 소리 나는 단어들을 단순화시킴(Haplographie).

사26:3이하:

(MT) בְּטוּחַ: בִּטְחוּ בְּךָ ("당신을 신뢰하며. 신뢰하라...")

(1QJesa) בְּךָ בָטְחוּ ("그들이 당신을 신뢰하였습니다.")

4. 한 개나 여러 개의 철자나 또는 한 개의 낱말을 중복표기(Ditographie); 이런 경우는 대개 제대로 보지 못했기 때문에 반복하는 것이다. 이런 실수는 두 개의 낱말을 단순화시키는 경우(Haplographie)보다는 드물게 나타난다.

사30:30:

(MT) הִשְׁמִיעַ ("그가 듣게 하신다.")

(1QJesa) הִשְׁמִיעַ הִשְׁמִיעַ ("그가 듣게 하신다, 그가 듣게 하신다.")

5. 철자들, 낱말들, 낱말군을 빠뜨림. 왜냐하면 가까운 곳에 동일 어미(Homoioteleuton)나 (드물긴 하지만) 동일한 어두(語頭, Homoioarkton)를 가지고 있는 철자, 낱말 또는 낱말군이 있기 때문이다. 두 가지 경우도 모두 "착오"(Parablepsis)라는 개념으로 종합된다.

사40:7-8:

두 구절 모두 동일한 어구로 시작된다: יָבֵשׁ חָצִיר נָבֵל צִיץ ("풀은 마르고, 꽃은 시든다.")

LXX에는 이 어구가 8절에서 빠져있다. 이 경우에 번역자가 히브리어 본문의 시작을 중복오기(Dittographie)로 보고 제거한 것인가, 아니면 그가 동일한 어구로 시작되고 있기 때문에 이것을 제대로 보지 못하고 단지 한 번만 번역한 것인가?

6. 철자들이 잘못 보고 바뀔 수도 있을 뿐 아니라, 또한 잘못된 단어나 문장 분리, 또는 철자들을 제외시키는 현상 (Omissio)

신33:2에 대해서 마소라 학자들은 이미 난외의 주(註)를 통해서 본문에 기록된 형태(케티브, אשדת "강한 자, 천사")는 두 개의 분리된 낱말들(케레, אש דת "불같은 율법")로 읽을 수 있다는 사실을 지적하였다.

7. 방주(傍註, Glosse)와 가필(Interpolation)

이것은 본문비평과 문헌비평의 경계영역에 놓여있는 문제들이다.

종종 - 보통 추정되는 바에 따르면 - 어떤 설명이 필요하게 된 외래어, 개념, 이름이나 물건이 짤막한 주석(Glosse)을 통해 설명되었다. 이 주석은 난외나 구절 사이에 기록되었다. 그런 다음 후대의 필사자들이 이것은 본문으로 통합한 것이다. 이렇게 생겨난 확장된 본문형태들이 다음과 같은 것들이다: 예컨대, 창14:3: "이것은 소금바다다", 36:1: "이것은 에돔이

다", 수15:8: "이것은 예루살렘이다." 토브(Tov)는 이러한 방
주가 빈번하게 나타나는 것에 대해서 과대평가하지 말아야
한다고 경고한다.[47]

주석적인 난외의 기록(Interpolation, 가필)은 이러한 방주들
로부터 구별되어야 한다. 이러한 가필은 종종 알아볼 수 있도
록 본문에 기입되거나 본문 가운데 직접 삽입되었다. 쿰란-사
본들이 식별 가능한 난외나 본문 사이에 가필(Interpolation)
들을 거의 포함하지 않고 있다는 사실은 주목할 만하다. 이러
한 현상들이 본문의 생성시기에 벌써 일어났는지 아니면 본
문의 문서전승 과정에서 발생된 것인지 단언할 수 없다.

2.2.2. 의도적인 본문변경들[48]

1. 본문의 단순화(Vereinfachung)

난해한 히브리어 본문의 경우엔 필사자들이 문맥에 걸 맞는
단순화된 어휘나 문법적인 형태를 취함으로 그 본문을 언어적으
로 단순화 시키려 했다는 사실을 쉽게 추측할 수 있다. 언어적으
로 난해한 본문이 단순화되었다고 가정하는 것이 그 반대의 경
우보다 더 설득력이 있다. 이것은 더 어려운 읽기가 종종 더 본래
적인 것(lectio difficilior potior - "더 어려운 읽기가 원문일 가능
성이 크다")이라고 여기는 것이 자연스럽다는 말이다.

사3:13b에는 "야훼가 열방들을 심판하시려고 서 계신다"는
표현이 있다. 복수형 עַמִּים은 LXX(또한 시리아역)에 의해서 단

---

47) Tov, a.a.O., 234.

48) 이 점에 대해서 참조. Barthélemy; *Report*, Bd. 1, IX-XII;
Würthwein, *Text*, 122-124.

수로 번역되었다: τὸν λαὸν αὐτοῦ. 이러한 변화는 단순화로 평가하는 것이 가장 적절할 것이다. 12절과 14절에는 단수 "민족"에 대한 발언이 있다. 한 필사자가 13절의 복수형을 주변구절에 조화시키려 한 것처럼 보인다. BHS는 이러한 단순화를 "עַמּוֹ로 읽어라"(l[lies] עַמּוֹ)는 비평장치를 통해서 수용한다. 이와는 달리 마소라 본문은 이해하기가 좀 더 어렵게 느껴진다. 이사야가 단수의 의미에서 복수형태를 사용한 것인가 - 이러한 이해 또한 가능하다 - 아니면 이스라엘에 대한 하나님의 심판을 전 세계적으로, 즉 모든 열방을 포함하는 지평에서 제시하고 있는가? 이러한 예를 통해서 주석과 본문연구가 얼마나 밀접한 관계 속에 있는가 하는 점이 다시금 분명해 진다.

우리가 히브리어와 비교 셈어학에 대한 지식이 아무리 크다고 할지라도 그것의 한계성을 간과해서는 안 된다. 이해되지 않는 구절의 많은 경우가 구약성서 시대에 사용된 히브리어에 대한 우리의 제한된 지식과 관련되어 있을 수 있다.

2. 평행본문에 동일화(Angleichung)

편집자, 필사자나 번역자는 추측컨대 더 분명한 통일성을 보여주기 위해서 종종 어떤 단락의 본문을 선행하는 유사한 본문에 알맞게 고친다.

사11:15a에서 마소라 본문은 וְהֶחֱרִים "그리고 그(야훼)가 멸망시킬 것이다"라고 읽는다. 이것을 LXX(또한 시리아역, 불가타)는 다음과 같이 번역한다: καὶ ἐρημώσει. BHS 편집자는 이 번역이 וְהֶחֱרִיב라는 히브리어 형태에 근거한다고 추측한다. 이러한 조정은 아마도 사19:5을 참조하여 이루어졌을 것이다: "... 그리고 강물이

마른다." (MT, וְהֶחֱרַב יֶחֱרָב).

　또한 편집자, 필사자나 번역자는 신학적인 이유로 어떤 본문
의 형태가 변경될 필요성이 있다고 여긴다. 종교적으로 또는 도덕
적으로 불쾌감을 유발하는(anstößig) 표현들은 다른 형태로 대치된
다. 예컨대 역대기서에서 종종 옛 인명의 요소로서 쓰이던 "바
알"(Baal)이 사무엘서에서 בֹּשֶׁת, "수치"라는 말로 대치된다. 그래서
예컨대 대상8:33; 9:39에 등장하던 인명 אֶשְׁבַּעַל이 삼하2:8과 다른
곳에서 אִישׁ בֹּשֶׁת로 대치된다. 대상14:7의 인명 בְּעֶלְיָדָע은 삼하5:16
에서 אֶלְיָדָע로 변경된다. 욥1:5, 11과 다른 곳에서는 "저주하
다"(קָלַל)는 내용이 예상되는 곳에 "하나님을 찬양하다"(בֵּרֵךְ)라고
표현되어 있다. 이렇게 문제가 되는 곳들은 완곡어법(Euphemis-
men, 미화하는 우언법[迂言法])을 통해 대체된다. 이뿐 아니라 이
른바 "tiqqune sopherim"(tiq soph) (서기관들의 교정들), "itture
sopherim"("서기관들의 삭제들"), 편집인들의 다른 수정들이 이러
한 경우에 속한다.[49] 그러나 이러한 본문변경들은 마소라 학자들
에 의해 표시되었다.

　　3.　마소라 학자들의 설명적인 표기들

　a) 케티브(Ketib)와 케레(Qere)[50]

　매우 많은 곳에서 소(小)마소라(masora parva, Mp)는 기록된
본문형태가 다르게 읽혀져야 한다(모음표기되어야 한다)고 지

---

　49) 참조. Würthwein, a.a.O., 21f.
　50) 참조. Tov, *Text*, 46-51.

적한다. 마소라 학자들이 사용한 전문용어(Fachsprache)는 아람
어였다. 아람어로 כְּתִיב는 "기록된"(Peal의 분사, 수동형)이란 뜻
이고, קְרִי나 또는 קְרִי는 "읽혀진"이란 뜻이다. 전통에 따라 다르
지만 표시된 곳의 수가 대략 850회에서 1550회 사이라고 말한
다. 대부분의 현대에 편집된 히브리어성경들은 - 예컨대 BHS도
그렇다 - 본문에 있는 케티브의 모음을 케레를 따라 표기하고,
케레의 자음은 ק라는 표시와 함께 난외주기(欄外註記)에서 보
여 주고 있다.

예컨대 사10:32에서 마소라 본문은 הַר בֵּית צִיּוֹן이라고 읽는다.
이것은 "집 시온의 산"(Berg des Hauses Zion)이라고 이해할 수
있을 것이다. 그러나 난외에 있는 케레는 이것을 בַּת로, 즉 "딸 시
온의 산"(Berg der Tochter Zion)으로 읽어야 할 것이라고 명시하
고 있다.

매우 자주 등장하는 몇몇 낱말들은 줄곧 이미 교정된 형태로
본문에 표현된다. 왜냐하면 일일이 난외주로 표기하는 것이 너
무 번거로운 일이 될 것이기 때문이다. 이른바 "Qere perpetu-
um"("영구 케레")라고 부르는 이러한 예들 중에 하나님의 이름
야훼가 들어간다. 이 이름은 본문에 이미 אֲדֹנָי의 모음을 따라
יְהוָה나 יְהֹוָה, 또는 אֱלֹהִים의 모음표기를 따라 יֱהוִה이라고 표기되어
있다.

오늘날까지 연구된 케티브와 케레의 생성과 의미를 고려할
때, 케티브와 케레는 수정을 위한 제안(Korrekturvorschläge)이
나 대안적인 읽기방식(Alternativlesarten)에 관한 문제라고 규정
할 수 있겠다.

b) 읽기단위들(Leseabschnitte)

읽기단위로 표시된 본문의 구분은 의도적인 본문수정을 보여주는 것이 아니라, 본문형태의 전승에 관한 문제와 관련이 있다. 이미 쿰란-사본에서 본문이 의미단위로 구분되었다. 하나의 "파라쇄"(פָּרָשָׁה, "단락")는 새로운 줄로 시작되었다. 따라서 이전 줄의 마지막은 빈 공간으로 남아 있었다. 이러한 상위단락 - 이것은 이른바 "페투하"(פְּתוּחָא, "열린 것")라고 불렸다 - 은 필요에 따라서 하위단락으로 구분될 수 있었다. 이 하위단락은 해당 줄 안에서 작은 공간으로 표시되었다. 그리고 그것을 "세투마"(סְתוּמָא, "닫힌 것")라고 불렀다. BHS에는 본문에서 페투하가 פ로, 세투마가 ס로 표기되어 있다. 이 두 가지 표기는 난외주의 פרש나 ס와 혼동해서는 안 된다. 이 두 표기는 주간 읽기단위("파라쇄"와 "세다림")를 나타낸다. 바벨론 전통에서는 토라가 한 해의 주기로 53개의 파라쇄 또는 주간읽기단위로 구분되었다; 이와 대조적으로 팔레스틴 전통에서는 3년 주기로 452개의 세다림으로 구분되었다. 이것은 성서의 계속읽기(lectio continua) 전통을 증거한다.

페투하와 세투마로 본문을 구분하는 것은 마소라 이전에 있었던 본문이해에 대한 예들이다. 이것은 오래 전부터 본문에 대한 의식적인 해석과 의미단락을 구분하는 작업이 있었다는 사실을 증거한다. 어쨌든 주석을 할 때, 이러한 의미단락들을 인지하는 것은 가치가 있다.

마소라 학자들은 이미 구절구분(Verseinteilung)을 알고 있었다. "하나의 실룩(silluq) 악센트 표기로 끝나는 모든 단위는 명백히(per defitionem) 한 절이다."[51] 이와는 달리 장구분(Kapiteleinteilung)은 이것을 13세기 불가타에 도입했던 켄터베리의 대주교 랑톤(Stephan Langton)에게서 유래한다. 이러한 구분이 히브리어 성서에 적용되었다. 절수에 대한 계산은 16세기 기독교의 전통에서 기원한다.

c) 서기관의 교정 (tiq soph)

Tiqqune Sopherim, "서기관의 교정"은 구약성서에서 약 18곳에 표기되어 있다. 이곳에서 마소라 학자들이 본문을 수정했다. 고전적인 예로서 창18:22이 언급된다. 현재 마소라 본문에는 "그러나 아브라함이 야훼 앞에 서 있었다"라고 되어 있지만, 본래는 "야훼께서 계속 아브라함 앞에 서 계셨다"였다는 것이다. "누구 앞에 서 있다"는 표현이 종의 태도를 상기시키기 때문에, 마소라 학자들이 이 진술을 적절치 않은 것으로 판단하여 지금과 같은 형태로 본문을 수정했다는 것이다. 그러나 토브(Tov)는 원문이 언젠가 "야훼께서 계속 아브라함 앞에 서 계셨다"로 되어 있었다는 사실을 의심한다. 그는 Tiqqune Sopherim의 전통이 본래는 단순한 완곡어법(수용하기 어려운 표현들을 대치)과 관련되었을 것이라고 추측한다.[52] "교의적으로나 다른 이유에서 수용하기 어려운 본문을 교정했다"[53]고 말할 수 있는지에 대한 문제는 아직 논란 중에 있다.

어떻게 이런 다양한 본문변경이 이루어졌는가?

---

51) A.a.O., 41.
52) A.a.O., 52f.
53) Kreuzer, *Proseminar*, 30.

2.3. 본문역사

2.3.1. 히브리어 본문

1. 원(proto)-마소라 본문에서 쿰란-사본까지

쿰란에서 발견된 성서-사본들(1947)은 점차 지금까지 히브리어 성경의 기초가 되었던 중세의 필사본들보다 1000년 이상 오래된 성서본문과의 비교를 가능케 하였다. 이 사본들은 본질적으로 레닌그라드 사본(주후 1008년)에서 보여 주는 대로 마소라 본문이 매우 신뢰할 만하다는 사실을 확증하였다. 구약-본문이 처음부터 이 세 가지 본문의 유형으로 존재해 왔었는지, 아니면 그것이 자유스럽게 흘러온 전승과 편집의 활동으로 생겨난 결과인지가 아직 확실히 규명되지 않았다. 어쨌든 우리는 이 세 가지 유형의 병존을 고려해야 한다:

마소라 본문	사마리아 오경	70인경-저본(底本)

2. 마소라 학자들의 활동과 중세의 필사본들

"마소라"(Masora, "전승, 전통")는 넓은 의미에서 히브리어 본문을 보존하고 전승하려는 모든 노력을 의미한다. 유대 전문학자들(Gelehrte)의 세대들은 이 문제에 심혈을 기울였다.

이러한 학자들의 초기 세대들(대략 계산하여 주후 5세기까지)은 "소페림"(Sopherim, "서기관")이라고 불렸다. 그들은 가능한 정확하게 자음본문을 필사하는데 몰두했다. "낙다님"(Naqdanim, "모음표기자들")이라는 특별한 집단이 본문에 모음과 악센트표기를 달았다. 그들의 작업은 예컨대 이미 언급했던 Tiqqune Sopherim을 상기시킨다. 이뿐 아니라 여기에는 16개의 "서기관들의 삭제들" (itture sopherim)과 예컨대 창49:13에 있는 유별난 형태들에 대한 지적과 같은 Seberin (Seb), 또한 예컨대 시107:21-26, 40에서와 같이 절순서(Versstellung)에 대한 이견을 나타내는 Nun inversum ("뒤집힌 Nun")이 포함된다.

초기 마소라 학자들은 난외에 기록한 약 1300여곳의 케티브 (K)와 케레(Q)를 통해 가장 잘 알려졌다. 케티브는 "기록된 것"을, 케레는 "읽혀져야 할 것"을 각각 의미한다. 이로써 마소라 학자들은 본문수정에 대한 제안을 했을 뿐 아니라, 옛 읽기방식도 함께 전달해 주었다.

의미의 단위나 페투하와 세투마("열린"[개방] 단락과 "닫힌" [폐쇄] 단락)로 본문을 구분하는 것 - 이런 것들은 쿰란-사본들이 보여주듯이 마소라 이전시대로 소급된다 - 과 함께 서기관들의 이러한 지시들은 본문이해에 대한 증거들을 보여준다; 이런 것들은 이미 해석사의 한 부분에 속한다.

500년과 1000년 사이에 - 더 정확한 연대설정은 매우 어렵다 - 마소라 학자들에 의해서 모음과 악센트 표기가 시도되었다. 그들은 이것을 통해 발음을 통일성 있게 규정하고 확정하고자 했다. 일찍부터 성서의 자음본문은 읽혀졌고, 따라서 발음과 의미상으로 확정된 본문이었다. 그러나 모음은 단지 구전으로만 전승되었을 뿐 문서로는 확정되지 않았다. 그래서 바벨론과 팔레스틴 학파에서 서로 다른 모음과 악센트 체계가 형성되었다. 바벨론 체계는 줄(글자) 위에 기록한 기호들(supralinear)을 사용했다. 팔레스틴 체계도 마찬가지였다. 훗날 서부 학파에서 티베리아 체계를 발전시켰다. 이 체계는 모음과 악센트 기호들이 주로 줄(글자) 아래에 기록되었다(infralinear). 벤 아쉐르(Ben Ascher)와 벤 납달리(Ben Naftali) 학자가문이 발음과 낭독의 섬세한 뉘앙스까지 표현이 가능한 하나의 체계를 고안했다. 결국 이것이 관철되었다. 그들의 표본사본들 - 카이로 사본(Kodex Cairensis)과 알렙포 사본(Aleppo-Kodex) - 은 오늘날까지 보존되어 있으며, 그것들은 우리에게 일목요연한 조망을 보여준다.

자음본문은 늦어도 주후 1세기부터는 매우 충실하게 전승되었다. 이와는 달리 오늘날의 모음표기는 중세 초기에 와서야 시작된 모음표기 전통에서 유래한 것이다. 본문비평적 문제에서 모음표기가 자음본문과 동일한 무게를 지닐 수 없음은 자명하다.

마소라 학자들은 이제 시간이 지남에 따라 본문과 언어에 대한 자신들의 섬세한 고찰들을 소위 "마소라"라 지칭되는 전승으로 확정하였다.54) 이것은 "소(小)마소라"(Masora parva, Mp)와 "대(大)마소라"(Masora magna, Mm)로 나뉜다. 소(小)마소라(Mp)는 본문의 양 옆 여백에 표기되어 있다. 그것은 케티브와 케레, 또한 예컨대 해당 책에서 자주 등장하는 낱말이나 낱말형태와 같은 본문의 특이사항들에 대한 지시들을 포함하고 있다. 대(大)마소라(Mm)는 본문의 상부와 하부의 여백에 표기되어 있다. 그것은 동시에 소(小)마소라의 구절 색인이 되기도 한다. "종(終)마소라"(Masora finalis)는 사본의 종결부에 있으면서 일종의 용어색인(Konkordanz) 구실을 한다. 그 안에는 마소라의 자료가 알파벳순으로 정리되어 있다.

---

54) Weil, *Massorah*; Ginsburg, *Massorah*; 또한 참조. Yeivin, *Introduction*.

그것은 또한 야콥 벤 카임(Jakob ben Chajim)의 *Ochla w^e Ochla*라는 특별한 서체로 기술되었다. 이 명칭은 처음으로 제시된 용례였던 "Ochla w^e Ochla"라는 관용 대구(對句)어에서 유래하였다.

중세의 사본들 가운데 여기에서는 단지 알렙포-사본과 레닌그라드-사본, 카이로-사본과 B.M. Or 4445만이 소개될 것이다.

- 알렙포-사본(Aleppo-Kodex, 약어: א 또는 A)은 주후 925년경 벤 아쉐르(Ben Ascher)에 의해서 직접 기록되었다. 그는 본문에 악센트와 모음기호를 달았다. 이것이 벤 아쉐르 학파의 원본사본(Musterhandschrift)이다. 1948년 알렙포의 회당이 화재를 당했을 때 사본의 일부가 손상되었다. 그러나 본문의 4분의 3이 보존되어 있다. 이것은 알렙포 사본(A)을 근거로 한 히브리 성경 중의 하나인 히브리 대학 성경 프로젝트(HUBP: Hebrew University Bible Project)의 토대가 된다.[55]

- 1008년에 편찬된 레닌그라드 사본(Kodex Leningradensis B19^A, 약어: L)은 여전히 구약성서 전체가 다 들어있는 사본 중 가장 오래된 것이다.[56] 모음과 악세트 표기는 벤 아쉐르 전통을 따랐다. 레닌그라드 사본은 루돌프 키텔(Rudolf Kittel) 3판부터 히브리어 성경(BHK와 BHS)의 토대가 된다. 마찬가지로 그것은 제 5판 히브리어 성

---

55) 여러 책들 가운데 지금까지 우선 두 권이 출판되었다: Goshen-Gottstein, *Jesaja*와 Rabin, *Jeremia*; 참조. Goshen-Gottstein, *Aleppo-Codex*. HUBP와 BHS의 비평적인 편집의 의도에 대해서 참조. Tov, *Text*, 306-312.

56) Freedman, *Leningrad*.

경(BHQ)의 기초가 될 것이다.

- 10세기에 편찬된 카이로-사본(Kodex Cairensis, 약어: C 3)은 오경을 포함하고 있으며, 벤 아쉐르 전통을 따르고 있다.
- 카이로 예언서-사본(약어: C)는 주후 896년에 편찬되었고, 예언서만을 포함하고 있다.
- B.M.(=Britsches Museum [대영박물관]) Or. 4445(약어: B) 사본은 10세기 초의 것으로 오경 중 일부만을 포함하고 있다.

3. 요약

마소라 본문의 생성과정을 4단계로 구분할 수 있다. 이러한 정의의 범주 안에서 본문연구는 단지 네 번째 단계에서 두 번째 단계까지만 나아갈 수 있다!

1단계: 원문과 첫 번째 필사본들. 이것은 우리에게 더 이상 존재하지 않는다.
2단계: 가장 초기의 필사본들로 입증된 본문; 본문비평의 도움으로 전달될 수 있는 가장 초기의 본문형태(들)이 고려된다. 그러므로 이 단계에서는 우리에게 존재하는 문서적인 본문들이 전제조건이 된다. 여기에 쿰란-사본이 우선적으로 포함된다. 본문의 입증은 직접적으로 일어날 수도 있고 간접적으로 추론될 수도 있다(예컨대, LXX의 히브리어 저본).

3단계: 마소라 이전의 자음본문. 이것은 주후 70년이후 유대 학자들이 인증하였다.
4단계: 마소라 본문. 이것은 마소라 학자들이 모음과 악센트 표기를 포함하여 주후 9세기와 10세기에 최종적으로 확정했던 본문이다.

2.3.2. 사마리아 오경

주전 5세기와 2세기 사이 어느 시점에 사마리아 공동체와 예루살렘의 유대공동체가 서로 완전히 분리되었다("사마리아의 분열"[Samaritanisches Schisma]). 사마리아 오경(약어: 지금까지는 ш, BHQ에선 Smr로 표기)은 오경 본문을 포함하고 있다. 그것은 고대 히브리어 철자로 기록되었으나, 필사본들은 중세시대의 기원을 가진 것들이다(11-13세기).[57]

사마리아 오경(Smr)과 마소라 본문(MT)의 관계에 대해선 주의해야 한다: 두 본문은 약 6000군데 정도에서 차이를 보인다. 몇 개의 현저한 차이는 사마리아 오경에서 발견되는 교의적이며 자의적인 본문변경 때문에 일어난다. 출20:17 뒤에다 한 가지 계명을 덧붙였는데, 그것은 그리심산 위에 성소를 만들라는 것이다. 하나님에 의해서 선택될 거룩한 장소(신12장)가 그리심산과 동일시된다. 이 차이들 중 상당부분은 정서법상의 문제이다. 사마리아 오경은 마소라 본문보다 완전서법(Plene-Schreibweise)을 더 자주 사용한다. 이러한 의미에서 많은 수의 차이에 대해서 과대평가하지 말아야 한다. 홍미로운 사실은 사마리아 오경이 약 1900군데서 마소라

---

57) Gall, *Pentateuch*. 다음이 가장 최근의 출판된 사마리아 오경을 보여 준다: Tal, *Pentateuch*.

본문과는 불일치하면서 LXX와 일치하고 있다는 것이다. 이러한 사실들을 통해서 다음과 같이 결론내릴 수 있다: 사마리아 오경은 마소라 본문이나 LXX과 함께 한 가지 독자적인 본문유형을 형성한다.

2.3.3. 번역본들

1. 70인경 (𝕲, LXX)

70인경은 유대인들이 일상 그리스어(코이네)로 구약성서를 번역한 것이다. 전통에 따르면 70인경은 알렉산드리아(이집트)에 있던 유대 공동체의 주변상황에서 시작되었다. 아리스테아스의 편지(Aristeasbrief)[58], 즉 한 외경문서에 따르면 프톨레메우스 왕(아마도 프톨레메우스 2세)이 주전 3세기 중반에 70명(또는 72명)의 학자들에게 토라를 히브리어에서 그리스어로 번역하라는 임무를 주었다. 시간이 지나면서 다른 책들도 번역되었다. 20세기 초 70인경의 생성에 대한 토론이 학자들 간에 있었다. 두 가지 생성모델이 서로 대립되었다: 드 라가르드(Paul de Lagarde)는 "원-70인경"(Ur- Septuaginta)이라는 이론을 주장했다. 이 이론에 따르면 모든 책들이 하나의 히브리어 사본(기본본문[Grundtext])으로부터 번역되었다는 것이다. 이와는 달리 칼레(Paul Kahle)는 번역과정이 그 이전에 있었던 탈굼의 경우와 비슷하게 진행되었다는 견해를 내세웠다. 많은 곳에서 상이한 본문전통으로부터 번역들이 이루어졌고, 이것은 다시 긴 개정과정을 거쳤다는 것이다. 계속되는 연구에서는 전반적으로 드 라가르드(de Lagarde)의 견해가 옳았음을 인정했다. 그러나 토브

---

58) 실제 원문은 다음 책을 참조하라: Meisner, *Aristeasbrief*.

(Tov)는 두 가지 모델 모두가 상대적인 정당성을 가지고 있다는 점을 지적한다.

70인경은 오늘날 두 가지 편집본으로 구입할 수 있다: 이른바 "괴팅엔 70인경"(Göttinger Septuaginta)[59]은 **비평적인**(kritisch) 판본이다. 즉 이것은 알려진 사본들로부터 비평적으로 재구성한 "원문"(原文, Originaltext)을 포함하고 있다. 상세한 비평장치들이 편집자의 결정이나 상이한 판본들에 대한 정보를 제공하고 있다. 이러한 편집의도에는 드 라가르드의 논제가 바탕이 되고 있다.

이와는 달리 이른바 "케임브리지 70인경"(Cambridge-Septuaginta)[60]은 **원문서를 그대로 반영하는**(urkundengetreu) 판본이다. 여기에는 한 사본으로부터 수정 없이 그대로 제시된 본문이 기초가 된다(이 경우에는 바티칸 사본). 모든 상이한 판본들에 대한 정보는 광범위한 본문비평적인 비평장치가 제공하고 있다.

좁은 의미에서 "70인경"(Septuaginta)은 구약성서의 그리스어 번역을 뜻한다. 이 번역은 주전 3세기 중반부터 수행되었다. 그러나 이른바 외경들도 그리스어로 번역되었다.

디아스포라 유대인들 가운데에서는 히브리어에 대한 지식이 현저하게 줄어들었다. 따라서 구약성서를 그리스어로 번역하는 것이 그만큼 중요해졌다. 이러한 작업을 통해 디아스포라 지역에 있는 유대인들뿐만 아니라 학식 있는 그리스인들에게도 유대인들이 가지고 있는 믿음의 내용에 대한 접근이 가능하게 되었

---

59) Septuaginta, *Vetus Testamentum*; Rahlf, *Septuaginta*는 실용적인 70인경 판본이다.

60) Brooke, *Testament*.

다. 선교사적으로나 문화사적으로 이 번역의 영향은 아무리 강조해도 지나치지 않는다. 70인경은 사도들과 초기 기독교인들의 선교를 위한 성서(Missionsbibel)가 되었다.

특히 콥트어(𝕂)(여기에 사히드어[sahidisch, Sa]와 보하이르어[bohairisch, Bo]가 속한다), 에티오피아어(Ä), 아랍어(𝔄), 아람어(Arm), 고트어의 번역은 70인경에 소급된다. 그러나 이러한 번역들은 "자매번역들"로서 본문비평을 위해 큰 의미를 주지는 못한다.

가장 중요한 70인경-사본들로서 다음과 같은 것들이 제시된다:

- John Rylands Library의 그리스어 파피루스 458 (주전 2세기 중반). 신23-28장의 단편들은 가장 오래된 성서본문을 보여준다.
- Chester Beatty 파피루스들은 9개의 구약성서 책들과 15개의 신약성서 책들과 함께 11개 코덱스의 나머지 부분들을 포함하고 있다. 이것은 주후 2-4세기에서 유래한다. 이들 가운데 파피루스 967의 다니엘서 본문이 돋보인다. 이것은 헥사플라 이전에 있었던 70인경-판의 가장 초기의 본문증거로 간주된다.
- 바티칸 사본(B), 주후 4세기, 바티칸 박물관 소장. 다음 공백들(창1:1-46:28; 시105:27-137:6)을 제외하고 성서전체가 다 들어 있다.
- 시내 사본(S, 또는 א), 주후 4세기. 1844년과 1859년에 콘스탄틴 폰 티쉔도르프(Konstantin von Tischendorf)가

시내반도 카타리나 수도원에서 발견하였다. 1933년 이후 런던에 있는 대영박물관에 소장되어 있다. 구약성서는 공백들이 있으나, 신약성서는 전체본문이 다 있다.

● 알렉산드리아 사본(A), 주후 5세기, 런던의 대영박물관 소장. 다음 공백들(삼상12:17-14:9과 시49:20-79:11)을 제외하고 성서전체가 다 들어 있다.

2.   70인경-개정본들

수용언어와 독자들(Leserschaft)이 변하기 때문에 또한 어떤 번역도 언젠가는 완전한 의미에서 "완결된" 것이 아니기 때문에, 성서번역의 개정에 대한 필요는 예나 지금이나 거의 저절로 제기된다. 70인경의 각 책들은 줄곧 양식과 질적인 측면에서 상이하게 번역되었다. 게다가 여기에 당시 70인경 본문이 디아스포라-유대교뿐만 아니라 기독교 공동체에서 선포의 바탕을 이루고 있었다는 정황이 겹쳐진다. 구약성서의 "그리스도 증언"에 대한 문제에서 번역들은 강하게 충돌했다. 사도들은 자신들의 복음선포에서 70인경-본문을 의지하여 약속된 메시아가 바로 나사렛 예수라는 사실을 증명했다. 신약성서에 나타난 거의 모든 구약성서에 대한 증거본문들이 70인경을 따라서 인용되었다. 예컨대, 사7:14의 임마누엘-예언이 그렇다. 히브리어 עַלְמָה(결혼할 나이가 된 젊은 여자)는 LXX에서 παρθένος(처녀)라고 번역된다.

다양한 개정본문들이 있다:

● 아퀼라(α′), 랍비 아키바(Akiba)의 제자인 그는 주후 125

년경에 자신의 번역을 완성했다. 낱말 그대로의 직역이
며, 따라서 종종 이해하기 어려운 면을 감수해야 한다.

- 심마쿠스(σ´)는 자신의 번역을 2세기 말에 발행했다. 그
  에 대해서 상충되는 진술이 있다. 에피파니우스(Epipha-
  nius)에 따르면, 그가 유대교로 개종한 사마리아인이었다
  는 것이다. 그러나 유세비우스(Eusebius)와 히에로니무스
  (Hieronymus)에 의하면, 그가 에비욘파(Ebionit, 유대-기
  독교 집단 중 하나)였다고 한다. 그의 번역은 매우 정확
  하다. 종종 의역에 가까운 번역들이 있고 수준 있는 그리
  스어로 저술되었다.

- 테오도시온(θ´)은 자신의 개정을 주후 2세기 말경에 마
  친다. 고대교회의 전승에 의하면 그도 역시 개종자였다.
  그의 작품은 새로운 번역이라기보다는 한 번역에 대한
  개정이라고 할 수 있다. 지난 세기까지 테오도시온보다
  더 오래된 본문들(신약성서, 바나바의 편지, 헤르마스의
  목자)에서 "테오도시온"의 독법(讀法)이 발견된다는 사
  실이 풀기 어려운 수수께끼였다. 여기에서 언급한 이 세
  가지 번역들 또는 개정본들은 오랜 성서편집본부터 BHS
  에 이르기까지 οι γ´("그 세 가지") 또는 οι λ´("그 나머
  지들")라는 기호로 표시되었다.

- 카이게-개정(καιγε-Revision)
  1952년 쿰란 근처 나할 헤베르(Nahal Hever)에서 그리스어
  로된 소예언서 본문이 기록된 가죽 두루마리를 발견했
  다.[61] 이 본문에는 히브리어 ם] ("또한")이 줄곧 καιγε ("적
  어도")로 번역되었기 때문에, 바르텔레미(Barthélemy)가

---

61) DJD VIII에 출판되었다.

그것을 "카이게-개정"이라고 이름 붙였다. 누가 완성했는지는 분명치 않다.

- 오리겐의 헥사플라(Hexapla)[62]

안디옥(시리아)의 교리교사 양성학교(Katechetenschule)의 교장이었던 오리겐은 주후 230년과 240년 사이에 하나의 기념비적인 성경편집본을 제작하였다. 이것은 히브리어에 재능이 뛰어난 유대인들과 접촉하는 기독교인들을 무장시키기 위함이었다. 그는 6개의 단(段)으로 나누어 다음과 같이 배열하였다: 1. 히브리어 본문, 2. 모음표기와 낭독을 손쉽게 하기 위하여 그리스어로 음역된 히브리어 본문, 3. 아킬라역, 4. 심마쿠스역, 5. 70인경, 6. 테오도시온. 헥사플라의 다섯 번째 칸("Quinta", ϵ´)은 부분적으로 오리겐이 개정한 70인경-본문(𝕲°)을 포함하고 있다. 50권에 이르는 이 방대한 작품은 단지 단편들과 인용들로만 남아있다.

3. 아람어 탈굼(𝕿)

늦어도 주전 6세기부터는 아람어가 중동지역 전체에서 외교-통상언어로 사용되었다. 페르시아 제국에선 공식적인 문어(文語, Schriftsprache)가 되었다. 아람어 사용지역이 확대됨에 따라서 히브리어가 포로후기 유대교의 공간에서 점점 더 그 중요성을 잃어갔다. 그래서 회당예배의 상황에서 구두이지만 우선 낭독된 히브리어 성경 본문을 아람어의 일상어로 번역해야 할 필요성이 절실해졌다. 이러한 실천에 대한 첫 번째 암시는 느8:8에서 발견될 수 있는 것처럼 보인다: "그리고 그들이(7절에 언급된 레위인들) 율법

---

62) 이것의 중요성 때문에 토브(Tov, *Text*, 120)는 번역과 개정판들을 "헥사플라 이전"과 "헥사플라 이후"로 구분한다.

책을 분명하고 이해할 수 있도록 해석했다. 그래서 사람들은 읽혀
진 바가 무엇을 의미하는지를 이해했다." 이러한 해설은 우회적이
며 생활에 적용할 수 있는 방식으로 수행되었을 것이다. 이러한 실
제적인 필요성으로부터 시간이 지나면서 문서로 확정된 번역들도
역시 생겨났다.

- 옹켈로스 탈굼($\mathfrak{T}^o$)은 주후 3세기와 5세기 사이에 완성되
  었고, 포괄적으로 문자에 충실한 번역으로 오경을 포함
  하고 있다. 생성장소는 팔레스틴이었고, 후에 바벨론에
  서 개정되었다.
- 요나단 탈굼($\mathfrak{T}^f$)은 마찬가지로 옹켈로스와 동시에 팔레
  스틴에서 생겨났고, 바벨론에서 개정되었으며, 전기와
  후기 예언서를 포괄하고 있다.
- 유사-요나단(Pseudo-Targum) 탈굼($\mathfrak{T}^J$)은 마찬가지로 고
  대 팔레스틴 전통에 소급되거나 자기 자신의 전통에 소
  급된다. 본문이 많은 추가적인 하가다적(haggadisch, 서
  술적인) 자료와 할라카적(halachisch, 지시적인) 자료를
  포함하고 있다.
- 이른바 단편탈굼(Fragmententargum)이라고 불리는 제2
  예루살렘 탈굼($\mathfrak{T}^{III}$)[63])도 역시 팔레스틴에서 유래한다.
- 제1 네오피티(Neofiti) 탈굼($\mathfrak{T}^N$)[64])은 1956년 바티칸 도
  서관에서 발견되었으며, 주후 1-2세기 혹은 4-5세기에
  완성된 팔레스틴 탈굼이다.
- 쿰란의 탈굼 단편들.

---

63) 참조. Klein, *Fragment-Targum*.
64) 참조. Díez Macho, *Neophyti*.

알렉산더 쉬페르버(Alexander Sperber)에 의해서 발행된 비평적인 탈굼-편집본은 구약성서 전체를 포괄한다.65) 또한 맥나마라(McNamara)에 의해서 발간되는 것으로 가장 중요한 탈굼역본들에 대한 영어주석이 포함된 번역이 있다.66)

4. 페쉬타(⑤)

"페쉬타"(Peschitta)는 "쉬운" (번역)을 의미한다. 주후 1세기에 아르벨라(Arbela, 북이라크 지역에 있는 도시로 지금은 이르빌[Irbil]이라고 불림)를 수도로 가진 아디아베네(Adiabene)의 작은 왕가(王家)가 유대교로 개종했다. 이 때문에 구약성서를 시리아어로 번역할 필요성이 생겼다. 그래서 페쉬타의 시작은 주후 1세기까지 거슬러 올라간다.

시리아어 번역의 역사는 세 단계로 구분될 수 있다: 제1단계는 주후 6세기에 마감되었고, 제2단계는 대략 7세기와 8세기를 아우르며, 제3단계는 9세기와 그 이후 시대를 포괄한다. 일반적으로 볼 때 페쉬타-본문이 첫 번째 단계에서는 마소라 본문을 매우 정확하게 따르고 있음을 알 수 있다. 그러다가 그것은 시리아역 전통 안에서 있었던 개정들 때문에 마소라 본문으로부터 차츰 더 멀어졌다. 그러므로 지금까지 페쉬타역본들이 마소라 본문으로부터 크게 달라진 이유는 히브리어 저본(底本)에 있지 않다.67)

페쉬타는 시리아-헥사플라(그리스어 헥사플라의 시리아어 번역, 주후 6세기에 텔라의 바울[Paulus von Tella]에 의해서 번역됨)

---

65) 참조. Sperber, *Bible*.
66) 참조. McNamara, *Bible*(지금까지 19권까지 발행되었다).
67) 참조. Koster, *Peshitta*.

와 구분되어야 한다. 이 시리아-헥사플라는 당연히 70인경에 강하게 의존하고 있다.

1966부터 국제적인 학자팀에 의해서 비평본으로서 "라이덴 페쉬타"(Leidener Peshitta)가 발행된다.[68] 이 기념비적인 판본은 19세기의 오래된 판본을 대신하게 되었다. 지금까지의 판본들이 제3단계의 사본에 근거하고 있는 반면, 라이덴 페쉬타의 본문은 우선적으로 제2단계의 사본에 근거하고 있다.

5. 고대 라틴어 번역성경(Vetus Latina, 𝕷)

특별히 북아프리카와 갈리아 남부지역에서 확산되었던 이 번역의 저본이 된 것은 70인경이다. 그래서 찌글러(Ziegler)는 이 번역을 "라틴어의 옷을 입은 70인경"(Septuaginta im lateinischen Gewand)[69]이라고 적절히 표현했다. 이 번역의 생성시기는 주후 3세기까지 소급된다. Vetus Latina는 본래 모음집 이름이다. 왜냐하면 여기에 다양한 지역적인 본문전통들이 포함되어 있기 때문이다: 이탈리아를 위한 이탈라역(Itala), 북아프리카를 위한 아프라역(Afra), 갈리아지방을 위한 갈리카역(Gallica). 본문비평을 위한 이 번역의 가치는 매우 제한적이다. 1951년부터 한 비평본이 Erzabtei Beuron에 의해서 출판된다.[70]

---

68) 참조. Old Testament in Syriac(여기에는 단지 사사기, 에스라, 느헤미야, 예레미야만이 빠져있다.).

69) Ziegler, *Psalmenübersetzungen*, 5.

70) 참조. *Vetus Latina*(지금까지 구약성서 중에서는 창세기, 이사야, 아가, 외경 가운데서 에수 시락과 솔로몬의 지혜서가 출판되었다. 신약성서 중에서는 지금까지 서신서들이 일차적으로 출판되었다).

6. 불가타(Vulgata, 𝔙)

382년부터 교부 히에로니무스(Hieronymus)는 교황 다마수스 1세의 위임을 받아 우선적으로 70인경을 따라서 시편의 라틴역을 개정했다. 이 번역본은 로마의 예배의식서에 도입되었기 때문에 Psalterium Romanum으로 알려졌다. 히에로니무스는 시편의 두 번째 개정을 팔레스틴에서 마쳤다(그는 386년에 베들레헴 근처에 있는 한 작은 수도원 원장으로 초빙되었다). 그는 이 번역을 위해서 헥사플라의 5번째 단(段)을 사용했다. 이 두 번째 번역본은 제일 먼저 갈리아에서 사용되었기 때문에 Psalterium Gallicanum이라고 불린다.

390년과 405년 사이 히에로니무스는 구약성서 전체를 히브리어에서 라틴어로 번역했다. 이때 그는 항상 그리스어 번역본(LXX, 아퀼라역, 심마쿠스역, 테오도시온역)들을 참조했다. 히에로니무스는 *hebraica vertitas*, 즉 히브리어 성경본문의 결정적인 진리성에 대해서 확신하였다. "일반적인" (번역)이란 뜻의 불가타는 다양한 개정들을 거쳐 프랑크왕국(Frankenreich)에서 일반 성서(Normal- bibel)가 되었고, 트리엔트 공의회(1546년 4월 8일)를 통해 가톨릭교회의 공인된 성서본문이 되었다.

불가타와 함께 매우 세심한 라틴어 번역이 존재하게 되었다. 이것은 주석가들에게 번역자의 본문이해에 대한 귀중한 통찰들과 번역의 역사를 보여준다. 불가타에는 두 가지의 비평본이 있다.[71]

---

71) 참조. *Biblia Sacra*(1986년부터 구약성서 전체가 발행되었다). 또한 휴대용 축소판이 독일성서공회(Deutsche Bibelgesellschaft)에 의해서 출판되었다: Weber, *Biblia*.

2.4. 본문비평의 목적

고전 문헌학(Altphilologie)에서는 본문비평을 다음과 같이 정의한다: "어떤 저자의 고대 판본의 원문이 보존된 증거들의 다소간 손상된 전달들로부터 그의 자필원고(Autographon)에 맞게 복원될 수 있도록 하는 학문적인 작업이다"[72]

본문비평의 목적은 손상된 곳에 있는 본문의 복원(constitutio)이다.

발트케(Bruce K. Waltke)는 "구약 본문비평의 목적들"(Aims of OT Textual Criticism)이라는 자신의 논문에서 본문비평의 다양한 방법론과 목적들을 소개하였다. 그는 다섯 개의 가능한 목적들을 다음과 같이 요약한다:

> 1. **책의 본래적인 본문, 즉 원문**(Erstfassung)에 도달해야 한다. 다시 말해서, 다른 모든 후대의 첨가물들이 제외된 저자 "자신의 말"(ipsissima verba)이다. 이 본문은 더 이상 우리가 도달할 수 없다.

> 2. **최종적인 본문**(der endgültige Text), 즉 최종 편집자 "자신의 말"(ipsissima verba)이 복원되어야 한다. a) 추정적인 본문생성이 최초로 시작될 때에, 또한 b) 그 본문이 마지막 결과물로 나타날 때에. 그러나 이것 또한 우리들에게 사본으로 남아 있지 않는다!

---

72) Erbse, *Textkritik*, 3021.

3. **오늘날 여전히 증거로 남아 있는 최초의 본문**(Der frühste heute noch bezeugte Text)에 도달하여야 한다. 즉, 원문의 추정적인 초기형태나 편집자의 손에서 유래하는 최종적인 형태가 아니라, **사본들에 의해서 우리에게 증거되는 본문의 가장 초기의 형태**이다. 우리의 시각에서도 이것이 본문비평의 목적이다. 구약성서의 경우 이러한 본문에 대한 이상적인 경우가 주전 2세기의 시대에 해당된다. 비평장치에서 이본(異本)들이 언급될 뿐, 추정된 교정들(Konjekturen)은 기본적으로 제시되지 않는다.[73] 이러한 목적 아래 히브리대학 성서 프로젝트(Hebrew University Bible Project, HUBP)와 연합 성서공회(United Bible Societies)의 새로운 히브리어 성경 편집본(BHQ)[74]이 준비되고 있다. 그럼에도 불구하고 교정을 그렇게 단호하게 포기하는 것이 본문비평의 목적에 벗어나는 것은 아닌지 자문해 보아야 할 것이다. 왜냐하면 가장 초기의 사본들과 우리가 가지고 있는 마소라 본문 사이에는 여전히 수 세기의 시차(時差)가 존재하기 때문이다. 70인경-번역본들(개정들을 포함해서)은 주전 250년과 주후 150년 사이에 생겨났다. 대부분의 쿰란-사본들은 주전 1세기와 주후 1세기 사이에서 유래한 것이다. 이러한 시간적 간격에서 필사의 제한된 조건 때문에 생기는 본문의 손상이 단연코 있을 수 있으며, 이것은 추정된 교정의 도움으로 해소되어야 할 것이다.

---

73) 참조. Bqrthélemy, *Critique*. 지금까지 3권이 출간되었다. 이점에 대해서 또한 각주 45번을 참조하라.

74) 참조. Schenker, *Neuausgabe*, 58-61.

4. 여러 개의 정평 있는 본문들(anerkannte Texte)이 복원되어야 한다. 예컨대 차일즈(Brevard S. Childs)는 본문비평의 도움으로 어떤 원-본문(Ur-Text)에 이르는 것이 아니라, 어떤 신앙 공동체에 의해서 인정되었던 본문, 즉 경전적인 본문에 이르는 것을 시도한다. 이때 모든 신앙 공동체는 자신들의 본문을 작은 범위 안에서 자신들의 필요에 따라 조정한다는 사실을 전제한다. 이러한 과정은 단연코 상상할 수 있는 것이다. 이러한 정황에 맞게 오늘날도 루터성경(Lutherbibel)이나 엘버펠더 개정성경(Revidierte Elberfelder Bibel)과 같이 특정한 독자들의 기호에 맞는 번역들이 있다.

5. 본문비평은 여러 개의 평행적인 그리고 동등한 최종-본문들(parallele und ebenbürtige Ent-Text)을 복원해야 한다. 여기에는 정경에 있는 어떤 책이나 본문단락이 두 가지 혹은 여러 가지 동등한 독법을 가지고 있으며, 이런 것들은 본문이탈로 여겨질 수 없다는 통찰이 바탕에 깔려 있다. 발트케(Waltke)는 예레미야서의 그리스어 본문과 히브리어 본문 사이에 있는 잘 알려진 차이들을 지적한다. 그리스어 본문이 히브리어 본문보다 7분의 1 짧다는 사실은 잘 알려져 있다. 그러나 쿰란 제4동굴 예레미야 사본(4QJer)의 몇 가지 단편들은 이러한 이본(異本)들이 부분적으로는 히브리어 본문 안에서도 존재했었다는 사실을 보여 준다.75) 그러므로 우리는 이러한 이본(異本)들이 이 책의 다양한 초기의 편집들을 반영하고 있으며,

단지 개정에 관한 문제만은 아니라는 사실을 짐작케 한다. 이탈(離脫)된 최종-본문들은 줄곧 어떤 저자의 결과이거나 편집자가 취한 조치의 결과일 수 있다. 토브(Tov)는 여기에 본문비평(TK)과 문헌비평(LK) 사이의 회색지대(Grauzone)가 생겨난다는 사실을 적절하게 지적한다. 어떤 본문의 이본(異本)들이 여전히 문헌적인 성장(literarisches Wachstum)의 단계에 속하고 어떤 것들이 문서전승(schriftliche Überlieferung)의 단계에 속하는가?76)

뷔르트봐인(Würthwein)은 본문비평의 목적이 정경적인 "원문"(Urtextes)의 복원에 있지 않고, 훨씬 겸손하게 "... 가장 큰 내외적인 가능성을 가진"77) 본문의 재구성에 있다고 보았다. 토브(Tov)는 이러한 과제설정을 세밀하게 했다: "성서의 본문비평은 성서 기자들에 의해서 저작된 편집본문들이나 - 그러한 단계들이 존재했다 할지라도 - 구전적인 초기단계들을 목표로 하는 것이 아니라, 본문 자료들이 정보를 제공하는 편집의 각 단계들을 목표로 한다..."78) 이것은 본문의 전승과정에서 발생된 오류나 개정들이 인식되고 설명되고 수정됨으로써 이루어진다. 본문비평은 통상으로 원문의 초기형태에 대한 추정을 포기하는 것을 통해서 문헌비평과 구별된다.

---

75) 참조. Janzen, *Studies*, 173-184.
76) A.a.O., 349.
77) Würthwein, *Text*, 117.
78) Tov, *Text*, 240.

2.5. 본문비평의 실제[79)]

2.5.1. 전승된 본문의 확정[80)]

우선 히브리어 본문에 대한 이본(異本)들이 수집되고 일람된
다. 이것을 위해 히브리 성경(Biblia Hebraica)의 본문비평 장치가
사용된다. 중요한 약어들이 아래의 2.7항에 풀이되어 있다.[81)] 관련
된 본문의 70인경의 이본들을 점검해 보는 것이 추천할 만하다. 단
지 의미상 중요한 이본들만이 평가되어야 한다. 즉, 의미에 영향을
주지 않는 것이라면, 1, 2, 3인칭 등 인칭의 변화나 직접화법과 간접
화법의 교체 또는 단수와 복수 사이의 변경에 관한 경우엔 크게 신
경 쓰지 않아도 된다. 이러한 점은 인명의 쓰기 방식이나 야훼-이름
(Jahwe-Name)과 아도나이-칭호(Adonai-Titel) 사이의 변경의 경우
에도 마찬가지다.

이러한 작업단계에 오래된 본문비평 규칙이 적용된다:

> "Manuscripta ponderantur, non numerantur"
> (사본은 무게로 측정하지 셈하지 않는다)

그 사본들 안에서 확인되는 이본들도 똑같은 조치가 취해진
다. 이본의 수에 따라 결정되지 않고, 사본의 오래된 년수와 본문증
언의 무게에 따라 평가된다.

---

79) 이점에 대해서 참조. Würthwein, *Text*, 124-132; Tov, a.a.O., 5장
과 6장.

80) 또한 이것은 "외적인 본문비평"(Äußere Textkritik)이라고 불리
며, 고전적인 문헌학에서는 "Recensio"라고 부른다.

81) 이점에 대해서 또한 참조. Würthwein, *Text*, 253ff.; Wonneberger,
Leitfaden, 33ff.

2.5.2. 전승된 본문의 검토[82]

출발은 마소라 본문에서 한다. 왜냐하면 이것이 공인본문 (textus receptus)를 보여주기 때문이다. 이제 이본들을 평가하고 비교하며 서로 관련시켜 설명해야 한다. 이때 다음과 같은 사실 이 적용된다: 모든 이본들이 "기본본문"(Grundtext)을 대변하지 않을 지라도, 그것들은 함께 고려되어야 한다. 왜냐하면 그 이본 들은 성서이해와 각각 필사자/번역자/편집자의 해석을 조명해주 기 때문이며, 이러한 의미에서 이것은 성서본문의 영향사의 영 역에 속한다.

2.5.3. 본문비평적인 결정

뷔르트봐인(Würthwein)의 견해와 함께 다음과 같이 입증된 법칙을 따른다: "마소라 본문(ﬡ)이 언어상으로나 내용상으로 이의가 없을 때, 다른 어떤 번역보다 우선한다. 그렇지 않을 경우 이러한 본문변경에 대한 분명한 근거를 말해야 한다."[83]

다음과 같은 기본적인 원칙을 말할 수 있다:

"lectio difficilior lectio probabilior"
(더 어려운 읽기가 원문일 가능성이 크다)

---

82) 또한 이것은 "내적인 비평"(Innere Kritik)이라고 불리며, 고전적 인 문헌학에서는 "Examinatio"라고 부른다.

83) Würthwein, *Text*, 127.

이러한 원칙 뒤에는 필사자가 단순화하는 경향이 있다는 것이다. 어떤 어려운 읽기는 필사와 전승의 과정에서 단순화 되었을 가능성이 그 역보다 크다는 것이다. 물론 이 원칙은 더 어려운 본문이 뚜렷한 생각을 나타낼 때 유효하다.

세 번째 원칙은 다음과 같다:

> " lectio brevior lectio potior"
> (짧은 읽기가 원문일 가능성이 크다)

이러한 규칙 이면에는 전승과정의 특성상 설명적인 추가를 통해 어떤 본문이 확장되었을 가능성이 반대로 짧아졌을 가능성보다 클 것이라는 관찰이 있다.

뷔르트봐인의 견해에 의지해서 본문비평에서 본문증언의 중요도를 다음과 같은 순서로 평가할 수 있다.

> a) 𝕸 마소라 본문
> b) ℚ 쿰란 사본
> c) 𝔪 사마리아 오경
> d) 𝕲 70인경
> e) 70인경 개정들 - 아퀼라역(α'), 심마쿠스역(σ'),
> 　　　　　　　　　　　테오도시온역(θ')
> f) 𝕾 시리아역
> g) 𝕿 탈굼
> h) 𝖁 불가타
> i) 𝕷 고대 라틴역(Vetus Latina)

마지막으로 두 가지 개념이 그것의 범위와 한계 안에서 좀 더 정확하게 정의되어야 한다:

1. **교정**(Konjektur)은 현대적인 수정을 위한 제안이다.

그것은 **가정을 통해 추론된 독법**(hypothetisch erschlossene Lesart), 즉 **추정적인 본문재구성**(vermutende Textwiederherstellung)을 말한다. 종종 그것은 단지 자음의 위치이동, 다른 모음표기 또는 낱말이나 문장의 나눔 등으로 충분하다. 교정은 신중하게 실행되어야 한다. 그것은 바로 본문의 전승과정에서 의미 있는 본문이 더 이상 전달될 수 없을 때, 최종적인 선택(ultima ratio)이어야 한다. 그러나 또한 가끔 교정이 불가피한 경우들이 있다. 그 추정이 가능한 농후하게 히브리어 자음본문에 남아있어야 한다. BHK(1-3판)와 비교하여 볼 때 많은 교정에 대한 제안들이 BHS의 비평장치에서 삭제된 것은 기쁜 일이며, 과도한 사용은 피하여야 한다. 교정은 확보된 독법과 동일한 권위를 가질 수 없다: est conjectura, non vero scriptura ("그것은 교정이지 성서가 아니다").

2. 이해불가하며 해명할 수 없는 본문

형태가 어떤 의미도 주지 않아서 아무리 해도 본문을 해명할 수 없는 경우엔 "손상된"(korrupt) 구절이라고 말한다. 그것은 하나의 crux interpretum(해석자의 난제)에 관한 문제다.

2.6. 본문비평의 신학적 의미

의도적이거나 비의도적인 본문변경에 대해서 위에서 열거한 모든 예들은 - 고대 중동의 다른 문헌이나 고전문학과 비교해 볼 때 그러한 예들은 여전히 매우 적게 나타난다 - 우리에게 사53장을 상기시킨다. 거기에서 하나님의 종에 대해서 말해진 바가 어떤 면에서 보면 성서 본문의 인간적이고 지상적인 측면에 해당된다: "그는 모양도 없고 ...우리가 흠모할 만한 아름다움도 가지지 않았다." 그러나 구원의 하나님은 바로 이러한 언어적으로 완벽하지 않는 형태를 통해 자신을 계시하고자 하신다. 마치 그가 자신의 우주적인 구원을 "...메마른 토양에서 생긴 뿌리와 같이" 자라난 한 사역자를 통해 실행하신 것처럼. 그는 "복음의 어리석은 소식"으로 세상의 지혜를 부끄럽게 할 뿐만 아니라, 일관성 있는 본문에 대한 우리의 이상과 우리의 미학에 늘 부합하지만은 않는 본문형태를 통해 우리에게 전달하기를 즐겨하신다.

2.7. BHS의 약어들(일부선택)

1. 자료들, 사본들, 역본들과 편집본들

𐤔	사마리아 오경
α´	아퀼라역
ε´	오리겐의 헥사플라에 있는 다섯 번째 단의 그리스어역(70인경)

θ´	테오도시온의 개정
σ´	심마쿠스역
BHK	Biblia Hebraica, Rudolf Kittel (Hrsg.)
BHQ	Biblia Hebraica Quinta, Adrian Schenker (Hrsg.)
BHS	Biblia Hebraica Stuttgartensia, Karl Elliger/Wilhelm Rudolph (Hrsg.)
𝔅	"Bombergiana", 제2판, 1524/5년 이탈리아 베니스에서 Daniel Bomberg에 의해서 출판된 Jakob ben Chajim의 랍비성경
C	카이로 사본
ℭ	카이로 게니자-단편들
𝔊	70인경(LXX)
𝔊ᴬ	알렉산드리아 사본
𝔊ᴮ	바티칸 사본
𝔊ˢ	시내 사본
L	레닌그라드 사본
𝔐	마소라 본문
Ms(s), Ed(d)	Kennicott, de Rossi와 Ginsberg에 의해서 출판된 히브리어 사본들
Mur	와디 무라바아트(Muraba'at)에서 발견된 본문자료들

Orig	오리겐의 헥사플라(Hexapla)
⅏	쿰란동굴에서 발견된 본문자료들
⅏ᵃ	1 Q Isᵃ (쿰란 제1동굴에서 나온 첫 번째 이사야-두루마리)
⅏ᵇ	1 Q Isᵇ (쿰란 제1동굴에서 나온 두 번째 이사야-두루마리)
𝕾	페쉬타(시리아역본)
Syh	시리아-헥사플라(Syrohexaplaris)
𝕿	탈굼(아람어역본)
𝕿ᶠ	탈굼 요나단
𝕿ᴶᴵ	제1 예루살렘 탈굼(유사-요나단)
𝕿ᴶᴵᴵᴵ	제2 예루살렘 탈굼(단편탈굼)
𝖅	불가타(라틴어역본)

2. 마소라의 기호들

K	Ketib	기록된 본문
Mm	Masora magna	대(大)마소라(난외의 위와 아래에 표시됨)
Mp	Masora parva	소(小)마소라(본문의 옆 공간에 표시됨)
פ	Petucha	개방된 단락
פרש	Parasche	바벨론 전통에 따른 주간 읽기단위 구분

Q	Qere	읽혀져야 할 형태
ס	Setuma	폐쇄된 단락
ס̇	Seder	팔레스틴 전통에 따른 주간 읽기단위 구분
Tiq soph	Tiqqune sopherim	서기관들의 교정들

3. 헥사플라의 기호들

ast	asteriscus	별모양 표시. 기호 ※는 오리겐의 헥사플라(𝕲ᴼ)에 있는 70인경-개정에서 히브리어 본문과 비교해 볼 때 70인경에는 나타나지 않는 공백들을 표시한다. 이 부분은 다른 번역본들을 참조하므로 보충되었다. 이 삽입의 끝은 √ (meto-belos)로 표시되었다.
ob.	obelus	창모양 표시. 기호 ÷은 히브리어 본문에는 없지만 헥사플라의 70인경에 있는 추가들을 나타낸다

4. 본문비평적 지시들 또는 편집자의 판단들

add	additum, addit	삽입됨, 삽입한다.
crrp	corruptum	손상됨.
dl	dele(ndum), delet	삭제하라, 삭제되어야 함, 삭제한다

·dttg	dittographice	중복오기(Dittographie)에 의한
dub	dubium	의심쩍은
frt	fortasse	아마도
gl	glossa(tum)	방주(傍註), 방주로 기록된 것.
homark	homoiarkton	동일한 시작
homtel	homoioteleuton	동일한 마침
hpgr	haplographice	잘못보고 단순화된 필사를 함으로
l	lege(ndum)	읽어라, 읽혀져야 한다 (BHS 편집자의 제안)
m cs	metri causa	운율적인(박자) 이유로
prb	probabiliter	아마도
prp	propositum, proponit, -unt	제안된다(주석가들의 교정제안에 대한 BHS의 참조지시)
+	addit, addunt	삽입하라, 삽입한다.
>	plus quam, deest in	-보다 더 많은, -에는 빠진
*	textus (forma) conjectura probabilis	본문/형태가 하나의 추정적인 제안이다.
(𝕲), (𝕾) etc.		𝕲, 𝕾 등은 사실상 상응하는 본문을 가지고 있다.

5. 일반적인 표현들

acc	accentus	악센트
aeg	Aegyptiacum, -e	이집트어
aeth	Aethiopicum, -e	에티오피아어
akk	Akkadicum, -e	아카드어
al	alii	다른
alit	aliter	다르게
arab	Arabicum, -e	아랍어
aram	Aramaicum, -e	아람어
art	articulus	관사(Artikel)
ass	Assyriacum, -e	앗시리아어
bab	Babylonicum, -e	바벨론어
c	cum	-와 함께
cet	ceteri	나머지들
cf	confer(endum)	비교하라, 비교되어야 함.
cj	conjuge(endum), conjungit	연결하라, 연결되어야 함.
cod(d)	codex, dodices	코덱스(Kodex)
cop	copula	접속사
cp	caput	장(Kapitel)
dupl	duplum, dupliciter	이중의, 중복된
Ed(d)	editio(nes)	편집본(들)
etc	et cetera	그리고 다른 것들도(등등)

exc	excidit	생략하다, 생략된
extr	extraordinarius	특별한
fin	finis	끝(Ende)
hab.	habet, habent	가지고 있다
hebr	Hebraicum, -e	히브리어
hemist	hemistichus	반절(半節, Halbvers)
hpleg	hapax legomenon	단 한 번 쓰인 낱말
id	idem	동일한
inc	incertus	불확실한
incip	incipit, incipiunt	시작한다.
init	initium	처음(Anfang)
ins	insere(endum)	삽입하라, 삽입한다.
interv	intervallum	간격(Zwischenraum)
invers	inverso ordine	반대의 순서로
it	item	마찬가지로
lect	lectio	읽기, 독법(讀法)
leg	legit, legunt	읽는다.
maj	major	더 큰
marg	marginalis, in margin	난외에
min	minor	더 작은
mlt	multi	많은 사본들: 20개가 넘는 히브리어 사본들
mtr	metrum	운율(Vermaß)

nom	nomen	낱말, 명사, 이름
nonn	nonnulli	몇 개의 사본들: 11-20개의 히브리어 사본들
om	omittit, omittunt	무시한다, 지나친다.
omn	omnes	모두
orig	originalis, -e, -iter	본래(하지만: Orig=오리겐!)
p	partim, pars	부분
par	parallelismus	대구법(Parallelismus)
pc	pauci	소수의 사본들: 3-10개의 히브리어 사본들
permlt	permulti	매우 많은 사본들: (사무엘서에서) 60개가 넘는 사본들
plur	plures	여러 개의
pr	praemittit -unt, praemitte(ndum)	앞으로 보낸다, 앞으로 보내라.
pun	Punicum, -e	카르타고어(punisch)
punct	punctum, punctatio	구두점, 점으로 표시된 장소
raph	raphatum, non dagessatum	Raphe를 가진, 다게쉬(Dagesch)를 가지지 않은
rel	reliqui	나머지들

scl	scilicet	즉
sec	secundum	-을 따라, -에 맞게
sim	similis	비슷한
sol	solus	혼자서
sq(q)	sequens, sequentes	다음의, 뒤따라오는
stich	stichus	구절들(Verszeile)
syr	Syriacum, -e	시리아어
tot	totus	전부의
tr	transpone(ndum), transponit	옮겨라, 옮긴다
ug	Ugariticum, -e	우가릿어
v	versus	절(Vers)
var	varius, varia lectio	다양한, 다른 읽기
vb	verbum	낱말
verb	verbum	동사(문법적인 의미에서)
vid.	vide(n)tur	-처럼 보인다. 여겨진다

6. BHS의 비평장치에서 다음과 같은 것들이 구별되어야
   한다:

- 본문증거들의 독법(들)에 대한 참조지시들
- 주석가들의 교정제안에 대한 참조지시들(prp)
- 각 책들의 편집자들의 지시와 판단들. 여기에 속하는
  것들로는 독법(讀法)의 가능성에 대한 진술(frt, prb)
  과 본문의 특성에 관한 진술(gl, add), 또한 - 명령법으

> 로 이해되는 - 특별히 직접적인 지시들(dl, ins, l, pr, tr)
> 이 있다.84)

　　본문비평적 결정의 토대는 다양한 독법을 비교하는 것이다. 편집자의 교정제안들이나 지시들은 해석들로서 이런 독법들과는 구분되어야 한다.

---

　　84) 이점에 관해서 상세한 설명이 있는 다음 책을 참조하라: Wonneberger, *Leitfaden*, 62-65.

제3장
문학적 분석

1. 언어적 분석[85]

1.1. 기초들

주석의 목적은 어떤 본문의 본래적인 진술의도를 전달하는 것이다: 성서의 저자들이 첫 번째 청중 또는 독자들에게 말하고자 했거나 기록하고자 했던 것이 무엇인가? 그들의 메시지가 무엇이었던가? 이렇게 해서 본문이 확정되었다면(2장: '본문'을 보라), 이젠 언어적인 분석에 관심을 기울여야 한다.

성서언어는 그 자체로 거룩한 언어들이 아니다. 그러나 하나님은 자신의 계시를 위해 그것들을 사용하신다.[86] 히브리어에 독특성들이 있긴 하지만, 유사한 특징들이 다른 근접 언어들에서도

---

85) 이 문제에 대한 조망과 설명을 곁들인 참고문헌을 위해서는 Siebenthal, *Aspekte*를 보라. Willmes, *Bibelauslegung*도 유용하다. 언어적인 분석이 많은 방법론에 관한 서적에서 독자적인 영역을 확보하고 있지 못한 반면(예컨대, Steck, *Exegese*), 다음과 같은 책들에서는 그렇지 않다: Fohrer, *Exegese*, 57-81(문헌비평[LK]과 양식비평[FK] 사이에), Kreuzer, *Proseminar*, 49-54(본문비평[TK]과 문헌비평[LK] 사이에), Stuart, *Testament*, 34-36("양식과 구조" 다음에).

86) 히브리어가 "특별한 신학적인 정당성(Validität)"을 가지고 있다는 견해에 대해서 참조. Haacker, *Veritas*, 74ff.

발견된다. 대체적으로 볼 때 히브리어(또는 아람어)는 다른 모든 (북서)셈어와 마찬가지로 기능한다. 성서의 음운론, 형태론, 또는 통사론이 고유한 것이 아니라 전달되어야 할 내용이 그렇다.

성서언어에 대한 폭넓은 지식은, 저자들의 핵심적인 진술들이 줄곧 번역과 보조도구의 도움으로 추론될 수 있을 때에도, 본문의 철저한 이해를 위해 필수적이며 그러한 요소로 계속 작용한다.

경험상으로 볼 때 자연스런 독서과정은 전체문장에서부터 시작된다. 이러한 독서과정에서 방법상 언어적 분석이 다음과 같이 이뤄질 수 있다:

1. 전체 문장 속에서 개별적인 낱말들을 관찰하고 낱말과 발음에 관한 세세한 질문들에 대해 설명할 수 있다.
2. 문장 분석으로 돌아 올 때 이 결과물들은 문장이해를 위해 유용하게 된다.
3. 마지막으로 전체 본문단락이 연구의 대상이 된다.

세 가지 차원(낱말-문장-본문) 모두에서 각각,

1. 문법적인 형태(형태론과 통사론)와
2. 내용적-기능적인 측면(의미론)이 결정될 수 있다.

형식과 내용은 불가분의 관계이며 서로 의존한다. 형식적인 분석과 내용적인 분석의 상호작용 속에서 어떤 본문의 진술의도가 점점 더 가시화되며 이로써 좀 더 분명하게 규정된다.

1.2. 형태론과 통사론

형태론적 형식은 낱말 수준에서, 개별적인 통사론적 요소들은 문장과 본문의 수준에서 그 기능이 결정될 수 있다.87)

일반적인 의미에서 언어적 형태나 형태론의 분석, 그리고 특별한 의미에서 통사론은 그 자체가 목적이 아니라, 다음과 같은 목적을 가지고 있다.

1. 언어적으로 이해가 되지 않는 것을 설명하고,
2. 다의적인 의미에 경계를 설정하고,
3. 특별한 점들에 대한 관찰을 더 분명하게 한다.

이때 항상 주석적인 관련성에 대해 질문해야 한다: 저자나 본문이 무엇을 전달하고자 하는가? 아래에서는 문법적인 분석의 영역에서 제기되는 몇 가지 질문들이 예시적으로 열거된다.

1.2.1. 형태론적 질문들

1. 예컨대 동사의 경우 각각의 **시제**(Tempus)가 어떻게 관련되는지를 검토할 수 있다. 특별히 "내가 너희에게 이

---

87) 형태론의 조사를 위해 표준적인 사전들(Gesenius-Buhl, *Handwörterbuch*; Koehler, *Lexikon*; Gesenius, *Handwörterbuch*; Clines, *Dictionary*)과 문법서(Bauer, *Grammatik*; Brockelmann, *Syntax*; Gesenius-Kautzsch, *Grammatik*; Jenni, *Lehrbuch*; Joüon, *Grammar*; Meyer, *Grammatik*; Waltke, *Introduction*)들 외에도 수많은 전자 보조기구와 같은 도구들을 사용할 수 있다(예컨대, Mac이나 Quest을 위한 Accordance 또는 PC용 Bible Works, 이것들은 모두 수많은 번역들, 기초 본문들, 사전들, 성구색인 사전 등을 갖추고 있다).

땅을 준다"(예컨대, 신1:8)고 언명된 신명기 본문의 땅
수여에 대한 형식문구(Landgabeformel)는 선언형식의
완료형(das declarative Perfekt)으로 구성되어 있다. 이것
은 가나안 정복 이전에 **실제적으로**(de facto) 아직 땅이
소유되고 있지 않지만, **법률적으로**(de jure)는 이미 이 땅
이 이스라엘에게 속해 있음을 상기시키고자 하기 위함
이었다.

히브리말에는 본래적으로 시제의 구분이 없지만, 시간
의 단계를 표현할 수 있는 상이한 가능성들이 있다.[88]
그러니까 과거, 현재, 미래가 불분명한 단위인 것은 아
니다.

2. 낱말의 의미가 분명하지 않을 때에는, 우선적으로 어떤
동사 줄기(Verbalstamm)의 의미를 가지고 있는지가 고
찰될 수 있다. 전7:16상반절에서 "지나치게 의롭지 말며
지나치게 지혜롭지 말라"는 구절은 해석상의 어려움을
제공한다. 그러나 히트파엘형(Hitpael)은 삼하 13:5,6;
14:2("병든 **체하다**")[89]에서와 같이 '위장하다'는 의미
를 가질 수 있다. 따라서 여기에서 חכם의 히트파엘형은
"위선적으로, 과장해서, 바리새적인 경건을 보여주는"
이란 의미로 이해할 수 있을 것이다.

3. 작고 사소하게 보이는 **대명사**와 **불변사**들(부사, 전치사,

---

88) 발트게(Waltke, a.a.O.)는 30-33장에서 네 가지 "시제"(Tempora)
를 서술하기 전에, 29장에서 히브리어 동사체계에 관한 일반 이론들에
대하여 하나의 확실한 연구사적인 윤곽을 보여준다.

89) 참조. Joüon, *Grammar*, § 53i, 여기에 삼하19:4; 잠13:7; 25:6; 사
10:15 등이 예시되어 있다.

접속사)이 본문진술을 위해 종종 결정적인 의미를 지니
며 특별한 주의를 요구한다. 이러한 낱말들이 사용됨으
로 문장에서 어떤 사실이 강조되고 있지는 않는가?

1.2.2. 통사론적인 질문들

1. 개별적인 낱말들 사이에는 어떠한 통사적인 관계들이
   있으며(서술어, 주어, 목적어, 수식어, 부사적인 진술),
   어떠한 것들이 결국 하나의 문장을 이루는가? 그러므로
   신34:10의 관계절에서 주어는 모세가 아니라 야훼 자신
   이다: "모세와 같은 예언자가 다시 있지 않았다, 그는 야
   훼께서 (대면하여) 아시던 자였다(אֲשֶׁר יְדָעוֹ יהוה)."

2. **종속절**(부문장)은 독일어나 그리스어에서처럼 그렇게
   자주 나타나지는 않지만, 본문의미를 위해서는 결코 사
   소한 것이 아니다. 그러므로 접속사들이나 도입적인 불
   변사들을 세심하게 주의하면서 분석해야 한다(이유, 장
   소, 시간, 결과, 연속, 양보, 조건, 방법 등).

3. 일반적인 **문장배어법**(Wortstellung)에 어긋나는 일탈들
   이 있는가? 도치법을 통해 어떤 것을 강조할 수 있다. 그
   러나 이것이 일반적으로(특히 시문[詩文]에서) 과대평
   가되지 말아야 한다. 왜냐하면 그것이 변화에 대한 저자
   의 의도에서 기인할 수 있기 때문이다. 통상적인 어순은
   다음과 같다:

a) 동사문장에서: 서술어-주어-목적어-부사적 진술
b) 명사문장에서: 주어-서술어-목적어-부사적 진술
그러므로 신1:36에서 도치된 배어법([יתֶּנָּה] "그리고 그
에게 내가 줄 것이다.")을 통해서, 믿음 없는 정탐꾼들이
아니라 오직 갈렙만이 약속의 땅을 소유하게 될 것이라
는 사실이 강조된다.

4. 어떤 종류의 **문장연속(Satzfolge)**이 나타나는가?
   a) **연속적인** 문장연결의 경우엔(וֹ + 동사) 서술적인 문
      장연속(시제와 함께)과 명령적인 문장연속(화법이
      나 의지적으로 사용된 미완료)을 구분할 수 있다.
   b) **불연속적인** 문장연결(וֹ + 비[非]동사)[90]의 경우엔 상
      반, 상황, 또는 설명의 문장과 시작 또는 종결을 나타
      내는 문장으로 구분할 수 있다.
   서사(敍事)본문(Narrativtext)에서는 주문장의 나열이
   특정을 이루는 연속적인 문장연결이 우세하다. 이 문장
   들은 논리적이거나 연대기적인 인과관계로 서로 연결
   되어 있다. 번역할 땐 이러한 정황을 고려하여 "그리
   고...그리고... 그리고..."와 같이 '그리고'만 나열하지 말
   고, "그런후...그때...그리고나서..."와 같은 문장연속으
   로 표현하는 것이 좋다.

---

90) 흔히 방주(傍註, Glosse)로 해석되는 창12:6b와 같은 곳("당시 가
나안인들이 그 땅에 있었다.")도 아브라함이 하나님의 약속에도 불구하
고 평생토록 가나안에서 나그네로 거주하였다는 사실에 대한 설명문장
으로서 이해될 수 있다.

1.3. 의미론91)

낱말의 의미는 의미론을 다루는 언어학(Linguistik)의 영역이다. 아래에서는 낱말의 의미 연구에서 영향을 주는 단지 몇 가지 측면만을 소개할 것이다.

1.3.1. 다의성

언어적인 표현들은 그 자체로서 (아마도 모든 언어에서) 다의적이다. 맥락에 따라서 어떤 낱말은 상이한 의미를 가질 수 있다. 의사소통은 가능성 있는 두 가지 혹은 여러 가지 의미를 분명한 진술로 제한시키는 맥락에 의해 결정된다.

물론 예외적인 경우에는 그 의미를 가지고 장난할 수도 있고, 또는 의식적으로 다의성을 의도할 수도 있다. 전도서가 선호하는 낱말 הֶבֶל(전도서에서 38회 사용됨)은 전11:10에서 "헛된"(vergäng-lich)을 의미한다. 왜냐하면 그것이 "젊음과 검은 머리"를 수식하기 때문이다. 그러나 6:2; 8:10,14에서는 뒤집힌 상황에 대한 예들을 묘사한다(의인의 형편이 좋지 않고, 악인의 형편이 좋다). 따라서 여기에서는 "불합리한"(widersinnig)이란 말이 더 알맞다.

---

91) 이점에 관한 입문서로서 예컨대 다음 책을 보라: Kedar, *Semantik*; Silva, *Words*. Barr, *Bibelexegese*는 여전히 고무적이다. 사전 (각주 87전을 보라) 이외에 가장 중요한 보조도구는 성구색인사전이다 (Even-Shoshan, *Concordance*; Lisowsky, *Konkordanz*; Mandelkern, *Testamenti*; 또한 전자적인 성구색인사전, 각주 87번을 보라). 이 외에도 다양한 신학사전을 이용할 수 있다(예컨대, Botterweck, *Wörterbuch*; Jenni, *Handwörterbuch*; VanGemeren, *Dictionary*).

1. 중의어(重意語, Polysemie)

아마도 모든 언어에는 다의성의 현상이 있을 것이다. 하나의 낱말이 사전에서 한 항목 아래 구별되어 기록되며 혼동하지 말아야 할 상이한 의미들을 가질 수 있다. 그러나 맥락을 통해서 사전적인 의미의 범위가 각각의 구체적인 낱말의 의미로 제한될 수 있다. 그러므로 דָּבָר는 "말"(Wort)이나 "사물/사건"(Sache)을 의미한다. 그렇지만 사변적이며 이중적 의미로써 "역동적인 사건"(dynamisches Ereignis)이란 의미는 없다.[92]

실제로 다의성이 존재하는지 아니면 단지 번역을 통해 상이한 의미들이 자명하게 되는지는 항상 쉽게 구분되지는 않는다. 예를 들면 מַלְאָךְ는 독일말로 "(지상적인) 전령(傳令, Bote)" 또는 "(천상적인) 천사(天使, Engel)"로 번역될 수 있다. 그렇지만 이러한 구분은 소유관계에 있는 각각의 낱말이나 맥락을 통해서야 비로소 가능하다.

2. 동음동형이의어(同音同形異意語, Homonymie)

이와는 반대로 동음동형이의어는 상이한 어원론적인 배경을 가졌지만 동일하게 소리 나는 두 가지 낱말을 가리킨다. 이러한 낱말은 사전에서 상이한 어휘로 기입되어 있다(예컨대, בֶּגֶד[I] "속임", בֶּגֶד[II] "옷"). 물론 유사한 어근인 경우 다의어로 사용한 것과 동음동형이의어로 사용한 것 사이의 구별이 쉽지 않으며, 사전마다 다르게 적용되어 있다.

---

92) Barr, a.a.O., 133-143.

3. 동의어(同意語, Synonymie)

두 개 혹은 여러 개의 낱말이 비슷한 뜻을 가진 경우 동의어라고 말한다. 어떤 추상적인 개념이 언어적으로 상이하게 표현될 수 있다. 예컨대 말하다는 동사 אמר(qal)와 דבר(piel)는 대체로 서로 맞바꿀 수 있을 만큼 유사하다.[93] 두 개의 낱말이 완전히 일치하는 동의어는 정말 거의 없다. 그것은 항상 뜻이 중첩되는 부분적인 영역일 뿐이다(부분 동의어). 동의어가 되는 데에는 상이한 원인이 있다. 예컨대 시문에서는 산문에서와는 다른 낱말들이 선호될 수 있다;[94] 더 나아가 그것은 방언과 문체상으로 또는 문학양식을 통해서 그 이유가 설명될 수 있다.

1.3.2. 어원론

낱말들의 파생이나 전(前)역사는 낱말의 의미에 대한 역사적인 연구의 범위 안에 그 자리가 있다. 그러나 구체적인 의미에 대한 연구를 위해서는 그렇게 중요하지 않다. 당대의 낱말의미를 결정하는 데에는 어원론이 아니라 각각의 맥락이 더 중요하게 작용한다.[95] 그러므로 통시적인 연구보다 공시적인 연구에 그 우선성을 두어야 할 것이다.

---

93) דבר는 말하는 것 자체가, אמר는 전달되어야 하는 내용이 조망된다.

94) 예컨대, 부정어 בַּל은 לא대신 오직 시문에서만 나타난다(70회).

95) 바아(Barr, *Bibelexegese*, 111)는 다음과 같이 강조한다: "어원론은 당대에 사용하고 있는 낱말의 의미를 평가하기 위한 열쇠가 아니다 - 또한 그것을 제시하지도 않는다; 낱말의 가치는 낱말의 파생에서가 아니라 개별적인 언어사용에서 조사되어야 한다." 또한 다음을 보라: Barr, "Etymologien und Verwandtes", 111-163; Silva, *Words*, 35-51; Kaiser, *Introduction*, 54-64.

1.3.3. 실제적인 결과들

1. 낱말연구의 유용성과 제한성

아마 언어분석의 분야에서 낱말연구에서처럼 많은 오해를 불러일으키는 경우는 없을 것이다.[96] 특정한 구절과 맥락에서 정확한 사용법에 관한 질문 대신 그 정반대의 현상이 나타난다: 전체적인 어휘의 의미영역이 자의적으로 이 구절에 대입된다. "이 낱말은 또한 …을 의미할 수 있다."과 같은 표현들이 이러한 행동양식에서 큰 인기를 누린다. 아마 현대 외국어의 경우에는 그 누구도 사전을 이렇게 다루지 않을 것이다. 모르는 낱말이 나올 때 해당의미를 각각의 진술맥락에서 탐구하지 않을 수 없다. 그러나 현대 외국어로된 본문에서 설령 모든 낱말을 이해하지 못한다하더라도, 그 의미는 맥락에 기초하여 독자에 의해서 광범위하게 추정된다.

낱말연구는 과거에 대체로 과대평가되었다. 20세기의 60년대와 70년대의 주석에서 전성기를 누린 반면, 현재는 개별낱말연구는 오히려 그 맥락과의 관계 속에서 더 많이 고찰된다.

무엇보다도 낱말연구들은 신학적으로 중요한 낱말들이나 전체 단락을 이해하는 데에 결정적인 역할을 하는, 반복되는 중심낱말의 경우에 의미가 있다. 특별히 각 책을 연구할 때 유용하다. 왜냐하면 각각의 저자나 문학장르에 저마다 독특한 언어사용이 드러날 수 있기 때문이다(예컨대, 이사야서의 קְדוֹשׁ יִשְׂרָאֵל "이스라엘의 거룩한 자"나 시편에서 עָנִי "가난한 자"). 이때 이 낱말이 고유하게 가지고 있는 의미의 측면들(외시의[外示意, Denotation])과 맥락을 통해 동반된 의미의 측면들(공시의[共示意, Konnotation])을 항상

---

96) 낱말연구의 유용성과 제한성에 대해서 참조. Siebenthal, *Aspekte*, 127-139; Klein, *Introduction*, 189-199.

세밀하게 구분해야 한다.

낱말이 맥락을 통해 분명하게 정의되었다면, 기본적으로 낱말 연구를 그만두어도 된다. 다른 예는 구약성서에서 한 번 밖에 쓰이지 않았거나(이른바, *hapax legomena*) 매우 드물게 나타나는 낱말들의 경우에 나타난다. 이런 경우엔 비교 셈어학과 성서이후 시대의 히브리어 연구가 유용하다. 그렇지 않으면 예컨대 욥기의 몇 몇 낱말들의 의미는 아직 밝혀지지 않은 상태로 남아있으리라.[97]

2. 평행구절의 취급

많은 낱말들, 낱말연결들 또는 주제들이 다른 곳에서는 그 의미가 분명하게 나타날 수 있다. 그렇지만 이러한 "평행구절들"(Parallelstellen)을 이끌어 올 때는 본문의 다른 단락으로부터 낯선 의미들을 함께 가져오지 말아야 한다. 이런 방식이 되면 그것은 주석(Exegese)이 아니라 자의적 해석(Eisgese)이 된다. "평행구절"이라 할지라도 우선 그 구절들의 맥락 안에서 분석되어야 한다: 실제로 비교 가능한 낱말의 쓰임새가 나타나는가?

모든 성경 출판본들은 각각 다른 관련구절을 제시한다. 흔히 평행구절들의 선택은 낱말의 언어적 사용에 대한 빛을 던져주는 구절들을 제시하기보다는 편집자들의 신학적인 입장을 더 강하게 반영하고 있다. 예컨대, 렘49:1b에 관하여 설명할 때 "평행구절"로서 어떤 직접적인 관련성도 보여주지 않는 눅1:31이 제시된다. 차라리 비슷한 상황이 나타나는 렘1:5을 관련구절로 제시하는 것이

---

97) 구약성서에서 1300개가 넘는 낱말들이 *hapax legomena*이며, 단 2회 나타나는 낱말들이 대략 500개 정도이다. 구약성서에 등장하는 낱말의 수는 대략 8000개에 이른다(참조. Silva, *Words*, 42).

나을 것이다.

바로 신약성서에서 구약성서를 인용하는 경우들을 관찰할 때 역시 매우 상이하게 조치가 취해져야 한다: 인용자의 의도가 무엇인가? 구약성서의 진술에 대한 축소나 변경이나 확대가 나타나지 않는가? 대체로 신약성서의 인용은 특별한 사용을 보여주지만, 구약 본문의 의미론적 문제들을 규명하는 데에는 큰 도움이 되지 않는다.

평행구절을 섣부르게 사용할 때의 위험은 어떤 특정한 방향으로 조정되어 더 이상 공평하게 본문 자체를 탐구하지 않는 것이다. 그러므로 제시된 평행구절들은 비판적으로 그 근거를 물어야 한다.

1.4. 문체의 분석

1.4.1. 서론적 고찰

어법과 구조분석에서 의견이 일치한다 하더라도 그것에 대한 평가는 달라질 수 있다. 특별한 언어적인 독특성을 통해 어떤 점이 강조된다는 사실은 흔히 근본적인 것으로 여겨질 수 있다. 그러나 단순히 문체의 변화와 미학(Ästhetik)에 대한 욕구 자체가 자주자주 결정적인 요소가 되어 버렸다.

1. 시문과 산문의 구분

히브리어 본문에서는 시문과 산문을 구별하기 위한 분명한 기준이 없기 때문에 기계적인 구분이 별 도움이 되지 못한다.98) 책 전체가 되기도 하는 긴 서사(敍事)본문이 시문체의 단락들을 포함하기도 한다.99) 또는 그 자체가 고상한 언어로 저술된 것으로 보아 "시문적인 서술"(poetic narrative)100)이라고 말한다. 또한 서사(敍事)본문도 문학적인 예술작품이 될 수 있으며 그것의 미학적인 구조상 시문체적인 본문에 뒤지지 않는다.101)

2. 평행법(Parallelismus)

이전에는 오랫동안 운율(Metrum)이 기본 요소로서 고찰되었으나, 오늘날에는 평행법이 북서셈어로 된 본문의 시문체를 구별하기 위한 중심기준으로 평가된다. 평행법이란 보통 두 개의 문장 요소 또는 문장들의 내용과(또는) 문법적인 상응관계(Entsprechung)를 말한다.

그러나 평행법의 분석에서 많은 경우 이 평행법을 처음으로 상세하게 기술했던 로버트 로우쓰(Robert Lowth)102)의 분석결과에 머물러 있곤 한다. 동의(synonym) 평행법, 반의(antithetisch) 평행법, 종합(synthetisch) 평행법으로 구분한 그의 구분은 오늘날 논쟁의 대상이 되고 있다. 특별히 제임스 쿠젤(James Kugel)103)이 기

---

98) 겔44:9-20은 BHS에서 시문으로 기입되어 있으나, 이와는 달리 BHK에서는 산문으로 기입되어 있다; 겔28장은 정반대의 경우로 나타난다(BHS는 산문으로, BHK는 시문으로). 일반적으로 시문으로 된 본문에는 문장배어법이나 시제와 동사의 줄기 사용이 꽤 자유스럽게 나타난다; 생략법이 자주 사용된다(관사와 관계사가 생략될 수 있다).

99) 예컨대 사무엘서가 그렇다: 삼상2:2b-10; 18:7b; 삼하1:19-27; 3:33b-34a; 22:2-51 (평행본문 시18편); 23:1b-7.

100) 예컨대 창11:1-9; 12:1-3; 출19:3-6; 수23장; 24장; 삿13-16장; 룻기; 요나서 등.

101) 참조. Gunn, *Narrative*; Sternberg, *Poetics*.

102) Lowth, *Poesi*.

술한 바와 같이, 모든 평행법은 첫 번째 댓구(절)의 내용을 계속하거나 상승시키거나 또는 전개하는 기능을 가지고 있다.

3. 교차 배열법(Chiasmus)

교차 배열법은 주석가들 사이에서 점점 더 많은 인기를 누리고 있다.104) 거의 모든 성서의 책 안에서 작은 부분이나 심지어는 책 전체가 중심으로 모이는 순환구조들을 보여주고 있다.105) 이때 두 번째 부분은 첫 번째 부분의 음운이나 낱말들 또는 주제들을 첫 번째와 반대의 순서로 이어간다. 예컨대 아브라함에 대한 약속(창 22:16b-18)이 이러한 순환구조로 구성되어 있다.

כִּי יַעַן אֲשֶׁר עָשִׂיתָ אֶת־הַדָּבָר הַזֶּה / וְלֹא חָשַׂכְתָּ אֶת־בִּנְךָ אֶת־יְחִידֶךָ	A	근거제시: 순종 16b
כִּי־בָרֵךְ אֲבָרֶכְךָ	B	풍성한 복: 17aα
וְהַרְבָּה אַרְבֶּה אֶת־זַרְעֲךָ	C	후손의 번성: 17b
כְּכוֹכְבֵי הַשָּׁמַיִם	D	직유-별:
וְכַחוֹל אֲשֶׁר עַל־שְׂפַת הַיָּם	D'	직유-모래: 17aβ
וְיִרַשׁ זַרְעֲךָ אֵת שַׁעַר אֹיְבָיו	C'	후손의 번성
וְהִתְבָּרְכוּ בְזַרְעֲךָ כֹּל גּוֹיֵי הָאָרֶץ	B'	풍성한 복: 18a
עֵקֶב אֲשֶׁר שָׁמַעְתָּ בְּקֹלִי	A'	근거제시: 18b

---

103) Kugel, *Idea*; 또한 참조. Berlin, *Dynamics*; Clines, *Parallelism*, 95, 이음보(Bikolon)에 관하여: "전체는 부분의 총계와 다르다. 왜냐하면 부분들은 서로 영향을 주며 서로 어울려 새로운 내용을 형성하기 때문이다."

104) Welch, *Bibliography*; 동저자, *Antiquity*.

105) 예컨대 Marco, *Chiasmus*; Dorsey, *Structure*.

교차 배열법들은 미학적이며 구조적이며 기억술 기법(mne-
motechnisch)의 기능을 가지고 있다.106) 교차 배열법이 그렇다고
인지하는 데는 이론이 없다. 중심으로 모이는 구조는 시문체뿐 아
니라 산문체에서도 발견되는 고대 오리엔트적인 한 현상이다. 다
음과 같은 질문들이 교차배열법을 확정할 때 방법론적으로 문제가
없는 조치를 취하는 데 도움이 될 수 있다:

* 하위단락들의 크기들이 서로 상응하는가?
* 내용이 서로 일치하는가?
* 표제들이 실제로 내용에 적합한가?
* 또는 표제들이 그 구조에 적합하도록 전반적으로 선택되
   었는가?
* 되돌아가는 행동에 근거하여 자연스런 일치점들이 이미
   드러나는가(창6-8장의 홍수이야기; 욘 1장)?

1.4.2. 어법(Stilfigur)의 결정107)

비유적이고 전용된 언어사용은 시문에뿐 아니라 산문에서도
발견된다. 그것이 비록 시문에 비하면 적게 나타난다할지라도.

어법의 분석은 한편으론 과대평가되지 말아야 한다. 왜냐하면
문체적(stilistisch) 표현들은 일반적인 언어관습이기 때문에 대부분

---

106) 교차배열적인 구조의 서술은 어떤 단락의 통합성을 보여주는
근거가 될 수 있다. Klement, *Samuel*, 222-224는 삼하8:15-18에는 교차
배열적으로 삼하20:23-26에는 단선적으로 구성된 이중적인 목록을 보
여준다.

107) Bühlmann, *Stilfiguren*; Bullinger, *Figures*; Watson, *Poetry*;
Watson, *Techniques*.

저자에게 어떤 숙고도 필요치 않으며, 독자들도 즉각적으로 이해
할 수 있는 것들이기 때문이다. 그렇지만 다른 측면에서 보면 이러
한 분석은 어떤 본문의 수사학적인 측면에 대한 직감력(Gespür)을
키우고 언어적인 오해를 피는데 도움을 줄 수 있다.

우리는 이 어법을 낱말대치(代置, Wortersatz)와 비교, 누적
(Häufung)으로 구분할 수 있다:

1. 낱말대치(사용된 낱말들의 치환[置換, Substitution])
● **환유법**(換喩法, Metonymie)은 표면적-실제적인 관계성
    속에서 개념의 교환이다. 다음과 같은 환유의 변형들이
    있다:
    - 주제(Subjekt)의 환유(예컨대, 내용물을 말하는 대신 용기
      또는 기구를 말하고, 주민을 말하는 대신 장소나 공간을
      말함: 시23:5 "먹고 마심"을 말하는 대신 "식탁"이라고
      말함),
    - 부가어(Adjunktion)의 환유(예컨대, 추상적인 것을 위해
      구체적인 것 또는 구체적인 것을 위해 추상적인 단어를
      사용: Concretum pro abstracto oder Abstractum pro
      concreto: 삼하12:10 역동적인 적대관계를 나타내기 위해
      "칼"이란 단어 사용),
    - 결과를 말하는 대신 원인을 말함(예컨대, 완성품을 말하
      는 대신 원료를 말함: 애2:12 "빵"을 말하는 대신 "곡식"
      을 말함),
    - 원인을 말하는 대신 결과를 말함(예컨대, 사49:6에서 하
      나님이 보내신 구원의 전달자를 말하는 대신 "구원"이라

고 표현함).

● **제유법**(提喩法, Synekdoche)의 경우 어떤 개념이 더 좁
거나 더 넓은 의미의 개념으로 대치된다. 이때 다음과 같
은 변형들이 있다:
- 전체를 위한 부분의 사용(pars pro toto: 창22:17 전체 도시
  를 위해 "성문"을 말함),
- 부분을 위한 전체의 사용(totum pro parte: 창41:57 곡식 구
  매자를 말하기 위해 "모든 세계"라고 함),
- 일반적인 것을 위해 특별한 것을 말함(사40:5 모든 사람을
  나타내기 위해 "모든 육체"),
- 특별한 것을 위해 일반적인 것을 말함(레20:9 죄나 벌의
  의미를 위해 "피"라고 말함).

● **두 개의 양극적인 표현이 전체**를 나타낸다(Merismus, 창
1:1 "하늘과 땅"이 우주를 나타냄).

● 두 개의 동의(同意) 명사의 **강조적 병열**(Hendiadyoin/
Hendiadys): 한 낱말이 두 개 혹은 다소간의 낱말들에 의
해서 표현된다(시121:4: "절대 주무시지 않는다"는 표현
을 위해 "주무시지도 졸지도 않으신다"고 말함).

● **완곡**(緩曲)**어법**(Euphemismus)을 통해 불쾌감을 유발하
는 낱말들을 피할 수 있게 한다(삿3:24; 삼상24:3 "발을
가린다"는 표현은 용변을 본다는 것을 나타냄).

● **과장법**(Hyperbel)은 극대화이다(창11:4 "그 끝이 하늘까
지 닿은 탑").

● 이와 반대로 **완서법**(緩敍法, Litotes)은 축소화이다(삼상
24:14 "죽은 개, 벼룩").

2. 비교(같지 않고 관련성이 없는 말들)

● **직유법**(直喩法, Simile)은 비교의 불변사 כ("-과 같은")를 통해 표현된다(시90:5 "풀과 같은", 즉 일시적인/무상[無常]한 인간을 표현).

● **은유법**(隱喩法, Metapher)은 다른 맥락으로의 구상(具象)적인 전이, 또한 상이한 사물의 암시적인 비교다(시84:12[11] 하나님의 보호를 표현하기 위해 "하나님은 방패다"라고 말한다).

● **환입법**(換入法, Hypokatastasis)은 하나의 암시적인 은유다. 이때 단지 하나의 요소만 언급된다(시22:7 적을 표현하기 위해 "개들"이라고 말한다).

● **의인화**는 사물이나 추상적인 개념을 사람과 같이 표현한다(잠20:1 "포도주는 거만한 자이다").

● **신인동형론적 표현**(Antropomorphismus)은 하나님의 속성을 사람의 신체부분으로 묘사한다(시139:7 "당신의 면전에서"는 하나님의 현존을 의미한다).

● 신인동성(同性)론적 표현(Anthropopatheia)는 하나님의 행동을 사람의 감정을 빌어서 묘사한다(시2:4 "하늘에 계신 자가 웃는다").

3. 반복과 누적

● **평행법**(Parallelismus)은 히브리 시문의 가장 중요한 특징이다. 후반절은 전반절을 보충하고 상승시키며, 계속 전개시킨다. 그러나 다른 낱말을 갖고 단순하게 반복하는 것은 아니다(시34:2[1]). 한편 반의적인(antonym) 어절(Bikola/Stichoi)은 기본적으로 보충적인 기능을 한다(잠10-15장).

다른 차별화의 가능성은 제한되지 않으며 어떤 범주로 나누는 것이 거의 불가능하다.
- 세 어절로 구성된(Trikola) (호5:1)
- 생략법의(대부분 후반절에 어떤 요소가 빠져있다. 드물게 그 반대의 경우도 나타난다: 시32:1)
- 추가에 의한 변형(Ballast-Variante, 후반절이 생략되고, 그 절의 길이를 보존하기 위해 그 대신 어느 한 요소가 확장될 수 있다: 시135:2)
- 교차배열법적인(X자형의 배열: 사2:3)

● **동어반복**(Gemination)은 낱말들이나 단어군의 반복이다 (시47:7).

● **후렴**(後斂)(Refrain/Kehrreim)은 어떤 의미단위의 전체 표현이 (대체로 종결부에서) 반복된다(시107:8, 15, 21, 31; 시136편).

● **상승/클라이막스**는 어떤 것을 열거할 때 나타난다. 이 열거에서 낱말이나 문장이 어떤 특정한 방향으로 발전된다 (시1:1).

● **포괄구조**(Inclusio)는 개별적인 낱말에서 문장에 이르기까지 좀 더 큰 단락을 둘러싸기 위한 괄호치기다(시8:2, 10).

● **유음중첩법**(Paronomasie)은 각기 다른 낱말들이 가지고 있는 발음의 유사성을 통해 뜻이 강조된다(사5:7).

● **어원수식법**(語原修飾法, Figura etymologica)은 대부분의 경우 어떤 동사가 동일한 어간을 가진 명사를 목적어로 사용하여 표현된다(욘1:10; 역자 추가: 왕하20:3).

2. 구조분석

2.1. 과제

구조분석은 다음과 같은 이중적인 목표를 가지고 있다:

1. 그것은 단락을 구분하는 데에 기여한다.
2. 그것은 존재하고 있는 구조를 탐구한다.

원칙적으로 이 분석은 모든 차원에서 수행될 수 있다(문장, 단락, 책). 언어적 분석(1.1을 보라)에서처럼 구조분석에서도 다음과 같은 역동적인 이중운동을 권장할 수 있다:

1. 우선 큰 단위를 고찰한다(예컨대, 어떤 책 전체).
2. 그런 다음 세부적인 내용에 관심을 기울이고,
3. 마지막으로 다시 큰 단위로 돌아온다.

어떤 단락이나 범위의 경계설정이 주석의 결과에 영향을 미칠 수 있다는 사실을 유념해야 한다.

오늘날 구약성서의 장절구분은 주후 13세기에서야 비로소 생겨났으며, 불가타로부터 히브리어 사본에 이르는 길을 발견했다. 그것은 스테판 랑톤(Stephan Langton) 주교에게서 유래하였다 (1150-1228년경). 16세기부터 장들(Kapitel)이 계속적으로 계수되었다. 절구분은 마소라 이전 전통에까지 소급된다.[108]

현대어 번역에서 단락구분은 자의적이지는 않지만, 서로 상이
하게 나타나며, 종종 혼란을 주기도 하고 어떤 특정한 신학의 결과
로 나타나기도 한다. 동일한 사실이 표제에도 적용된다. 그것들은
종종 도움이 되기는커녕 잘못된 길로 이끌기도 한다. 그러므로 단
락구분과 표제는 검토되어야 하며 본문에 대한 관찰을 방해해서는
안 된다.

2.2. 단락의 구분

어떤 단락(Perikope)은 주제·내용상으로 의미의 단위가 되어
형식상으로도 주변본문과 확연히 구분된다. 다른 면에서 본다면,
하나의 단락은 고립된 채 관찰되어서는 안 된다. 왜냐하면 그것은
더 큰 본문상황에 속해 있어서 전체로부터 이해되어야 하기 때문
이다(4. '주변본문과의 관계'를 보라). 어떤 단락을 앞과 뒤로 구분
하기 위해서는 다양한 기준들이 사용될 수 있다:

1. 본문 자체에 있는 언어적-형식적 기준들, 예컨대:
● 시간과 장소에 대한 언급들(창17:1; 왕상6:1)
● 주어와 목적어의 교체(창16:1; 삼상29:1)
● 관용적인 표현들(창22:1; 전4:1)
● 문장상의 주목할 만한 변화들(전4:17 + 5:6: 포괄구조
[inclusio]로서 명령법)
● 또한 어떤 단락이 어떤 새로운 본문양식을 통해 특징화

---

108) 제2장: '본문'의 단락 2.2.2을 보라.

될 수 있다. 특별히 큰 양식의 경우 단락과 양식이 종종 일치한다.

2. 또 다른 구분법을 말한다면, 내용적인 기준들에 따라서 그 단락이 자체 안에서 완결된 하나의 단위를 형성하는 지의 여부를 물을 수 있다. 흥미로운 것이 히브리 성서에 나타나는 읽기단락(Leseabschnitte)의 구분109)이다. 이 것은 마소라 이전의 논리적인 본문구분을 반영한다.110)

3. 마지막으로 상이한 번역과 주석서들에 소개된 단락구분 을 비교하는 것도 유용하다. 주석서에는 주석자의 사역 뿐만 아니라 종종 자신들의 본문구분에 대한 근거들이 제시되어 있다.

2.3. 본문구조

지금까지 고찰했던 형식과 내용상의(통사론적, 의미론적, 시 적-문체상의) 분석의 표지(標識)들은 이제 구조분석에 합류된다.

1. 구절 차원에서 볼 수 있는 구조적인 단락구분을 위한 표 지들에는 어떤 것들이 있는가?

---

109) "읽기단락"에 대해서 제 2장의 단락 2.2.2를 보라.

110) Oesch에 따르면 그것들은 이미 최종본문의 구성요소였다고 한 다: Oesch, *Petucha*, 335-358, 또한 Korpel, *Delimination*에 들어있는 논 문들을 참조하라.

- 도입구, 도입적인 요약, 표제들(창22:1; 출21:1)
- 동일한 형식구들, 전형적인 반복들(암1:3-5, 6-8, 9f., 11f., 13-15; 2:1-3, 4-16)
- 이음구, 전환들(창18:22; 시90:12)
- 생략(대상20:1,2), 분위기 전환(시22:22b), 단절(출4:24; 역자 추가: 수5:13) 등에 의한 단락구분
- 중심적인 진술, 신학적 요약(Bündelung)(창19:29; 합2:4-5)
- 개방된 종결, 수사학적 질문(애5:22; 욘4:10-11; 합1:17)
- 종합과 종결구절(창11:9; 삿5:31a)

2. 다음과 같은 질문들이 전체적인 본문구조를 분석하는데 유용할 수 있다:

- 이 단락이 어떻게 나누어지는가? (장면전환, 3인칭 관찰자의 서술인가 아니면 대화인가 또는 독백인가?, 시간과 장소에 대한 진술, 주어와 목적어의 전환, 관용적 형식구들, 표제어, 종합적 진술 등)
- 어떤 단락이 어떤 다른 평행적인 단락(전4:17-5:2//5:3-6)이나 교차배열적인 구조(사52:13-53:12; 욘1:3)를 보여주는가?
- 서사적인 본문에서는 이야기의 "줄거리"(Plot)(희곡작법 [Dramaturgie], 시간이나 논리의 긴장곡선)가 어떻게 전개되는가를 탐구해야 한다: 제시, 갈등의 묘사, 상승, 절정, 해결.
- 서술과 독백과 대화의 관계가 어떠한가? 그것이 요약이나

연장, 생략이나 독특한 배열을 보여주고 있지는 않은가?

- 중요한 핵심어의 연결이나 주요낱말과 주요주제가 나타나지 않는가?
- 무엇이 강조되고 있는가? 무엇이 왜, 어떤 방식으로 진술되는가?
- 등장인물들이 어떻게 묘사되고 평가되는가?
- 하나님에 관하여 어떻게 진술되는가(예컨대 "이야기의 주인공으로서")? 어느 정도나 그분이 능동적 혹은 수동적으로 참여하시는가?
- 본문의 메시지가 직접적인가 아니면 간접적인가?[111]
- 주변세계나 특정한 관례/풍습/법률에 관한 지식이 전제되는가?
- 본문이 나타내고자 하는 의도가 무엇인가? (정보전달, 설명, 상대화시킴, 적용, 동기부여, 경고, 요청 등)
- 본문이 어떤 역사적, 신학적, 송영적, 교육적, 윤리적, 또는 미학적인 기능을 하는가?

구조분석은 본질적인 것에 주목하고 주변적인 것이 중심적인 것이 되지 않도록 방지하는데 도움이 될 것이다. 서사(敍事)본문의 본문분석에서 범하는 가장 흔한 오류들이 다음과 같은 것들이다:

---

111) 그러므로 중혼(重婚, Bigamie)이나 일부다처제(Polygamie)가 서사(敍事)본문(예컨대, 족장사나 다윗과 솔로몬의 이야기)에서 항상 명시적으로 거부되고 있지 않다는 정황을 바탕으로 그것이 용납되었을 것이라는 반대의 결론을 도출해서는 안 된다. 많은 서사(敍事)본문들에 윤리적 관심이 나타나지 않는다. 그러나 중혼(重婚)은 이것을 통해 나타나는 문제들에 대한 기술을 통해 항상 부정적으로 묘사된다.

1. 주변적인 것들에 대한 집중. 단지 그것이 낯설게 보이거나 또한 그런 것을 언급하고 있다는 이유로, 분명한 본문의 진술을 외면하고 어떤 "이색적인"(exotisch) 특별함이나 (추정적인) 특이한 지식을 중요하게 취급해서는 안된다.
2. 서술목적에 중요하지 않기 때문에 그 답변이 본문에 나타나있지 않는 많은 틈새들(이른바 "공백들")이 있다. 이러한 상황에서 주석가의 자유로운 상상이 본래적인 본문의 진술 자체가 되어 중요한 역할을 하기도 한다.
3. 본문이 대답하고자 하지 않는 바를 질문한다(예컨대, 적절치 않는 심리학적 분석을 통해).
4. 일반적인 독자에게는 숨겨져 있는 깊은 의미를 얻기 위해 알레고리적 해석을 한다.

통상적으로 어떤 본문의 외형적인 모습으로부터 저자의 의도를 추론할 수 있게 하는 분명한 형식-내용의 관계가 있다. 법률적인 본문들조차도 자주 함축적인 구조들을 제시한다. 서사본문에서 기록자는 구조와 행위의 진행방식을 통해 자신의 의도를 분명하게 표현한다: 어떤 절정이나 핵심어가 그려진다거나(예컨대, 창50:20; 삿9:56-57), 때론 자세한 묘사를 통해 어떤 사실이 강조되거나(예컨대, 창20:3; 창38:12b에 있는 유다의 신속한 애도와 대조적으로 창37:33-35에 있는 야곱의 애도는 상세하게 묘사되어 있다.), 긴장을 증가시키기 위해 요약을 통해 시간을 연결시킨다(예컨대, 본문을 네 개의 단락으로 구조화시키는 창38:1, 12, 24, 27의 시간에 대한 진술).

2.4. 본문모형도(Textschaubild)

본문모형도(문장모형도)는 어떤 단락을 시각적으로 구분하는 좋은 가능성을 제공한다. 이것을 통해 해석자(독자)는 본문의 구조를 숙고하도록 한다. 이때 컴퓨터는 탁월한 도구가 된다. 조금만 연습하면 들여쓰기와 본문의 구조화를 통해 본문의 심층적인 읽기가 가능해진다. 이 방법은 언어 기호들을 주의 깊게 관찰하는 훈련을 하는데 크게 기여하며, 주석의 도구로서 강력하게 추천할 수 있다. 컴퓨터를 다루지 못하는 사람은 본문을 크게 복사하여 자른 다음 다시 붙이는 방법으로 할 수 있다(이때 선호되는 히브리어 본문은 시문체의 단락들이 이미 구조적으로 배열 정리된 편집본문이다).

모든 사람이 동일한 문장모형도를 갖게 할 수 있도록 어떤 본문을 통사적으로 구조화할 수 있다. 이런 방법에는 자의적인 분석이 설 자리가 없다. 그럼에도 불구하고 특별히 시문에서는 수많은 생략을 그것에 상응하는 관점에서 고려하기 위해 통사적-의미론적 모델이 적절하다. 이렇게 함으로써 평행법이 곧바로 관찰될 수 있다. 물론 이러한 구조분석이 항상 분명하게 제시될 수 있는 것은 아니다. 아래는 개별적인 경우에 적용될 수 있는 자극과 제안들이 열거되어 있다:112)

- 주요 진술들이 각각 같은 수준에서 나란히 기록되어야 한다. 이때 모든 문장이나 종속절은 새로운 줄에 표기된다.
- 부차적인 것들(종속절, 인용, 직접적인 발언 등)은 그것

---

112) 신약성서에 관해선 참조. Siebenthal, *Aspekte*, 110-124.

의 하위성(Unterordnung)이 드러나도록 각각 한 단계 뒤로 들여쓰기를 해야 한다.

● 여기에 평행법은 괄호로써 표시될 수 있다.

● 반복되는 중심낱말들이 괄호로써 혹은 굵게 하거나 색깔을 통해 표시될 수 있고, 선으로 연결될 수도 있다. 또한 접속사나 특별한 문장기호도 마찬가지로 구별하여 나타낼 수 있다.

시1편의 문장모형도(가로형식)는 불필요한 혼동을 피하기 위해서 몇 가지 특정한 관점만 고려하였다. 그래서 단지 두 가지의 대조적인 집단("의인"과 "악인/죄인/오만한 자"), 즉 명사로 표현된 핵심개념들만이 짙은 배경색으로 표시되어 있고, 직접적인 대조사항들이 이중화살표로 예시되었다. 이와 마찬가지로 동사들, 주제적이거나 통사적인 관련구절, 또는 문법적인 상응관계 등이 표시될 수 있다.

시1편에서 다음과 같은 낱말들의 반복이 주목을 끈다: רְשָׁעִים "악인" V.1aβ, 4a, 5a, 6b; חַטָּאִים "죄인" V.1aγ, 5b; צַדִּיקִים "의인" V.5b, 6a; יהוה "야훼" V.2a, 6a; דֶּרֶךְ "길" V.1aγ, 6a, 6b; תוֹרָה "율법" V.2a, 2b; כִּי "정말, 왜냐하면" V.2a, 4b, 6a; כְּ "-처럼" V.3a, 4b; לֹא "-이 아닌" V.1aβ, 1aγ, 1b, 3a, 4a, 5a.

구조분석은 시1편의 깔때기 모양의 구조를 보여준다: 하나님이 기뻐하시는 품행(Lebenswandel)에 대한 묘사가 이 시편의 가장 큰 부분을 차지한다(1-3절). 이와는 대조적으로 악인의 품행이 4-5절에서 묘사된다. 6절에서는 두 가지가 비교되고 있다.

1-3절:	의인의 길
4-5절:	악인의 길
6절:	두 길의 대조

"복 있는 사람은"이라는 행복선언은 세 가지 점층적이며 부정적인 의미를 가진 문장에 의해서 전개된다. 여기에서 어떤 것이 의인들이 취하지 않는 행동인가 하는 점이 내용상으로 서술된다. 이와 달리 2절에서는 그를 긍정적으로 나타내는 것, 즉 토라연구가 언급된다. 3절은 그렇게 묘사한 사람을 시냇가에서 물을 공급받아 항상 푸르른 나무와 비교한다. 4-5절은 1-3절과 대조적으로 악인의 삶을 묘사한다. 의인의 성공과는 반대로 악인의 삶은 일시적(4절에 언급된 겨의 모습)이며 심판(5절)을 받게 된다는 사실로 특징 지워진다. 마지막으로 두 가지 삶의 방식이 다시금 비교되며 신학적으로 평가된다.

시1편의 본문모형도 / 통사구조와 문체의 특징들

시1편의 본문모형도		통사구조와 문체의 특징들
(히브리어 본문 구조 도표)	1절	행복선언, 표제어 세 부분으로 구성된 평행법 (부정어가 세 번 나타나고, 동사와 연계형을 통해 점층법이 구사된다)
	2절	대조되는 문장, 두 개의 양극적인 표현으로 전체를 나타냄 (Merismus, "רשׁע, צדק")
	3절	그림: 직유법(כ) 세 부분으로 구성된 평행법 (1절과 대조적으로 이제 세 번 긍정적으로 표현한다) 과장법
	4절	1-3절에 대한 대조 그림: 직유법(כ), 대조법, 교차배열법(3절 이하와 함께)
	5절	원인문장
	6절	확언적 진술(1-5절을 요약한다), 원인에 대한 환유법 (כי), 교차배열법, 1절(רשׁע)과 함께 포괄구조 (Inclusio)를 이룸, 6절 하반절은 역접문장.

3. 양식(Form)과 장르(Gattung)

의사소통은 우리가 의식하고 있는 것보다 훨씬 다양한 양식들을 통하여 결정된다. 연애편지는 (예상컨대) 업무용 서신과는 다른 양식을 갖게 될 것이다. "어떻게 지내니?"라는 질문에 우리는 건강이나 감정상태의 진단서를 기대하지 않는다; "그밖에 다른 것은 어때?"라는 질문이 새로운 대화의 주제로 이행하기를 바라는 것과는 달리, 이 질문은 단지 어떤 대화를 시작하는데 기여할 뿐이다. 리모콘을 이용해 텔레비전 방송 프로그램을 검색할 때, 우리는 대부분의 경우 몇 초안에 그것이 어떤 종류의 방송인가를 알 수 있다: 다큐멘터리인지 아니면 오락프로그램인지 아니면 동물세계에 대한 방송인지를. 또는 그것이 범죄영화, 액션영화, 혹은 서부영화인지와 그것이 코메디인지 아니면 공상과학영화인지를.

이와 마찬가지로 모든 성서 본문들도 특정한 상황에 적합한 하나의 특정한 양식이 있다. 양식분석은 어떤 단락의 특징들을 보는 눈을 뜨게 할 수 있다. 고대의 청취자나 독자들은 각각의 양식들에 익숙했기 때문에, 그들은 어떤 본문이 어떤 양식을 갖고 있는지, 또한 각각의 양식이 가지고 있는 특별한 점들은 무엇인지를 인지하였다.

3.1. 양식비평이란 무엇인가?[113]

---

113) 양식비평(FK)에 관하여 일반적으로 다음 책들을 보라: Koch, *Formgeschichte*(비평적인 기본서); Hayes, *Testament*(폭넓은 방법론에 대한 서술); Müller, *Formgeschichte*(개요); Sandy, *Cracking*(장르에 대한 개관과 함께 일반적인 이해를 위한 책).

우선 개념에 대한 몇 가지 설명을 살펴보자. "장르"(Gattung)
와 "양식"(Form)은 통일성 있게 사용되지 않는다. 때때로 두 용어
는 교체가능하다. "장르"는 상위개념을 나타내고 "양식"은 상이한
표현들(Ausprägungen)을 나타낸다.114) 어떤 사람들은 "양식"을 우
위에 있는 개념으로 사용했다.115) 그러나 대부분의 경우 "양식"은
구체적이며 개별적인 본문단위의 언어적 형태(sprachliche Gestalt)
를 의미한다. 이에 반해 "장르"는 바탕에 깔려 있는 추상적인 전형
(典刑, Muster)을 말한다(예컨대, 개인 탄원시).116)

또한 단지 언어적 특징들만이 양식분석에 속하느냐117) 아니
면 내용도 함께 고려되어야 하는가의 문제가 논쟁점이 되고 있다.
그러나 이러한 내용과 형식의 구분은 인위적인 것일 뿐 의미 있는
것이 아니다. 그래서 양식에 대한 개관(3.4)에서 형식뿐 아니라 내
용상의 특징들 또한 양식비평을 위하여 고려된다.

과거에는 종종 "양식-/장르 **비평**"(Form-/Gattungs*kritik*)과 "양
식-/장르 **역사**"(Form-/Gattungs*geschichte*)가 동의어로 사용되었
다.118) 오늘날에는 "비판"(Kritik)이란 말로써 분석적 측면이 표현
된다. 이러한 비판에서는 양식이 서술적으로 묘사되고 그 양식의
사회문화적인 자리가 탐구된다. 이와 달리 "역사"는 문헌사적인 생
성과 발전의 종합적인 측면을 포괄한다.119)

---

114) Crüsemann, *Studien*, 13f. 각주 1.
115) Hermisson, *Studien*, 138 각주 1.
116) Richter, *Exegese*, 131f.의 견해를 모범으로 하여.
117) 예컨대 다음을 보라: Richter, a.a.O., 41-43, 75-78, 114, 119,
127f.; 이와 반대로 Steck, *Exegese*, 99 각주 84; Vieweger, *Proseminar*,
74f.
118) 또한 Kuhl, *Formen*, 996을 보라.
119) Koch, *Formgeschichte*, 49-71에서 어떤 문헌의 생성으로부터

3.2. 양식비평의 과제

위에 말한 양식비평의 정의에 상응하게(3.1) 양식비평의 과제가 다음과 같이 간략하게 요약될 수 있다:

1. 어떤 문헌 단락의 형식적인 언어형태에 대한 분석.
이것은 언어 분석(1장)과 구조 분석(2장)을 통해 이루어진다. 특정한 형식구들과 저자에 의해 독특하게 각인된 표현법들에 특별한 관심을 갖는다.

2. "삶의 정황"의 결정
여기에서 어떤 장르가 생성된 본래의 사회문화적 정황에 대해 질문한다. 이 특정한 장르 배후에 어떤 구체적인 삶의 상황이 있는가? (예컨대, 성문[城門]에서의 사법적 판결, 제의적인 축제, 제사장의 구원신탁 등)

3. 장르의 결정
다른 본문 단락들과 비교할 때, 어떤 유사한 형식이나 내용상의 구조와 유사한 사회문화적 정황이 드러난다면, 장르라고 말할수 있다.

최종적인 책의 형태를 갖기까지의 과정을 고찰하는 어떤 문헌 단락의 역사 연구는 전승사(Überlieferungsgeschichte)로서 지칭된다.

4. 양식과 장르의 생성과 역사에 대한 기술

마지막으로 처음 사용에서부터 나중의 사용에 이르는 양식과 장르의 역사가 모사(模寫)된다.

3.3. 양식비평의 가능성과 한계들[120]

1. 차별화된 본문분석 방법의 필요성

양식비평 방법과 장르비평 방법에 대한 차별화된 조치방식은 환영받을 수밖에 없다. 그것은 우리가 본문의 특성들을 잘 이해하게 하고, 따라서 메시지 또한 더 잘 이해할 수 있게 한다. 장르에 대한 조망(3.4)은 큰 틀에서 보면 서술적이며 양식비평적인 분석에 도움이 될 것이다.[121]

다음과 같은 경우에 이 개관은 언제나 장르의 조정이 가능하다: 성서 본문이 어떤 하나의 양식에 대한 강제 아래 놓여있거나 혹은 그 양식의 생성과 역사적 발전에 대한 추정이 본문들 자체가 드러내고 있는 그림과 대립되어서 불가능하게 되는 경우에.

---

120) 또한 부록 I: '양식사'(Formgeschichte)를 보라.

121) 예컨대 영어권에서 언급될 수 있는 저서로서는 장르들을 순전히 서술적으로 전개하는 Longman, *Form*; 동저자, *Approaches*, 76-83이다. 또한 FOTL시리즈도 유용하다. 이 시리즈에서는 장르에 대한 개관(3.4)의 경우 각 권에서 소개되고 있다. 시편과 예언서에 관해서는 Westermann, *Grundformen*; 동저자, *Lob und Klage*; 동저자, *Prophetische Heilsworte*를 참조하라. 이러한 점에서 그는 서술적인 기술에 성공하였다.

2.   적절한 이해를 돕는 양식에 대한 주의

기본적으로 서사(敍事)본문들은 서사본문으로서, 시문은 시문으로서, 예언적 본문은 예언적 본문으로서 인식되고 해석되어야 한다. 여기에서 양식비평(FK)은 개별 장르들을 찾아내고 규정하는 데 유용할 수 있다. 시문체의 진술들이 여과 없이 자연과학을 위해서 이용되어서는 안 된다. 그러므로 욥26:11("하늘의 기둥들이 흔들린다.")을 추정적인 고대 세계상의 재구성을 위해 사용하거나 그것의 네 구절 앞에 있는 욥26:7b("그[하나님]가 땅을 허공위에 걸어두신다.")를 창조론을 위한 근거로 사용하기 위해 끌어와서는 안 될 것이다.

3.   다른 문학양식들에도 포함되어 있는 개별적인 장르들

몇몇 장르들은 하나의 문학양식에 국한되지 않고 다른 문학양식 안에서도 발견될 수 있다. 예컨대 찬양시가 시편 외에 서사적 본문(삼상2:2b-10)과 지혜문헌(욥28장)과 예언적 본문(사12장)에서도 나타난다. 탄원시도 마찬가지다. 특히 작은 양식일수록 장르의 경계를 넘나드는 경우가 더 많다.

때때로 어떤 양식은 의도적으로 "오용된다". 예컨대 조소의 노래 가운데 있는 애가(Leichenklage)는 본래의 기능 외에 다른 기능을 한다(사14:4b-23 바벨론 왕의 종말). 또는 자칭 "회개의 노래"라는 것이 단지 백성의 표면적 행위만을 증명하기도 한다(호6:1-6). 저자들은 의도적인 긴장을 유발하기 위해서 독자들의 기대를 이용한다. 형식적인 구조는 종종 내용을 반영한다. 형식과 내용은 하나의 통일체를 이룬다; 형식은 내용을 전달한다.

4. 개별본문의 독자성

모든 본문단락은 개별적이다. (재구성된) "순수양식"(Rein-form)은 거의 또는 전혀 만날 수 없다. 양식비평은 프로크루스테스의 침대(Prokrustesbett)[122]가 되지 않아야 한다. 이때 필요한 질문들은 다음과 같은 것들이다: 어떤 요소가 생략되었고 보충되었으며 어떤 요소가 특별히 길게 나타나는가, 또는 어떤 요소가 변형되거나 위치가 변경되었는가, 그리고 이런 것들을 통해 본문이 의도하는 바는 무엇인가?

이처럼 시18:8-16에는 하나의 신현현(Epiphanie)이 기술되어 있다. 그 이유는 아마도 개인적인 구원사건에서 하나님의 개입을 인식하기 때문일 것이다. 시90편("공동체의 탄식")에는 영원하신 하나님이라는 진술과 함께 확신의 고백이 처음에 언급된다(시 90:1b-2). 이로써 인간의 무상함에 대한 탄식이 이것과 원만하게 이어진다.

3.4. 개별 장르들에 대한 개관[123]

기본적인 문학양식으로서 또는 (언어학적인 표현을 하자면) 구약성서의 "본문의 자리들"(Textsorten)로서 서사(敍事)본문, 사

---

122) 역자 주 - 그리스 신화에서 아테네로 가는 여행객을 쇠침대에 눕혀 키가 침대보다 크면 사지를 자르고 짧으면 잡아 늘려 죽였다는 강도의 침대. 융통성 없는 규칙(형식, 체제)을 의미한다.
123) 많은 구약성서 개론서에 장르에 대한 개관들이 소개되어 있다. 예를 들어 Eißfeldt, *Einleitung*, §2-16; Fohrer, *Einleitung*, § 8-15, 39-42, 47, 53; Kaiser, *Einleitung*, § 5f., 25, 29; Klein, *Introduction*, 259-322; Koch, *Formgeschichte*, 325-331.

법적 본문, 시편, 지혜문헌, 예언적 본문 등이 고찰된다.

물론 이 개관은 중요하고 특징적인 양식과 장르에 대한 한 가지 선택만을 제공하고 있을 뿐이다. 이러한 사실은 특별히 형식어구들(짧막하게 정형화된 관용구들)에서 두드러진다.

개별 문학양식의 소개는 큰 것으로부터 작은 것 순으로 이루어진다. 큰 단위, 즉 문장의 범위를 넘어서는 양식들이 각각 선두에 위치해 있다. 그 다음으로 문장 수준에서의 양식들이 소개되어 있다. 마지막으로 짧은 형식어구들이 나온다.

3.4.1. 서사(敍事)본문들124)

산문체의 본문(구약성서 분량 중 40%가 넘는다)은 과거에 일어났던 사건들을 보도한다. 처음 보기에는 그것들이 단순하게 구성되어 있는 것처럼 보이나 종종 문학적으로 까다롭게 구성되어 있다. 서술자는 시인으로서 다른 문학적 도구들을 마음껏 다룬다. 예술성 높은 구성과 역사성은 서로 배타적이지 않다. 이러한 점에서 중요한 사례가 삿4장과 5장이다. 여기에는 시스라에 대한 승리를 서사적으로 기술한 후에(삿4장) 동일한 사건을 대상으로 한 시적인 묘사가 뒤따라 나오고 있다(삿5장).125)

---

124) 서사본문들에 대한 양식비평에 관하여 참조. Coats, *Genesis*; 동 저자, *Saga*; Long, *1 Kings*; Westermann, *Arten*; Utzschneider, *Arbeits-buch*, 150-186.

125) 또한 다음과 같은 예들을 참조하라: 출15장과 함께 나오는 출14장의 출애굽에 대한 묘사; 또는 삼하12:1-4의 나단의 비유나 삿9:7-15의 요담의 우화(두 가지 모두 그 내용에 상응하는 보도된 사건들과 함께 나타난다).

1. 서사적인 산문양식들

● **이야기**(Erzählung)는 하나의 짧은 서사적 본문이다. 여기
   에는 대체로 두 명 혹은 세 명의 등장인물이 나타나고,
   하나의 장면과 한 가지 단순한 "줄거리"(Plot, 드라마적
   인 행동의 진행과정)가 있다(창2:4b-3:24; 4:1-16; 11:1-
   9).126) 각각의 경우 "줄거리"는 다음과 같은 요소들로 구
   성된다(예제본문: 대하12:1-12):

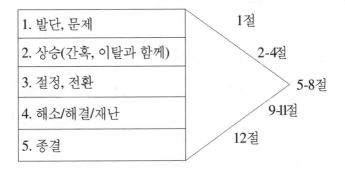

1. 발단, 문제	1절
2. 상승(간혹, 이탈과 함께)	2-4절
3. 절정, 전환	5-8절
4. 해소/해결/재난	9-11절
5. 종결	12절

● **보도**(Bericht, 영어로 report)는 이야기와 반대로 행동의
   연결이나 "줄거리" 혹은 등장인물의 묘사에는 관심이 거
   의 없고, 개별적인 사건을 간명하게 보고한다(창1:1-2:4a;
   14:1-24; 23장; 37:5-11). 아주 드물게 **자서전적인 보고**
   (느1:1-7:5; 11:1-13:31)가 나타난다.

● **단편소설**(Novelle)은 하나의 이야기보다 길고, 인물, 주
   제, 장면, "줄거리" 면에서 더 복잡하다. 그것은 자기 자

---

126) 이야기들 안에서 다시금 다음과 같은 더 작은 단위들이 인식될
수 있다: 연설, 대화, 설교, 기도 등.

신의 세계를 구축하는 수준 높은 서사예술을 보여준다. 그러나 이것은 이미 그 자체로서 자주 주장되듯이 비역 사적이지 않다(창37-50; 룻기).

● **역사기록**(Geschichtsschreibung)은 서사본문의 많은 부분을 차지한다(삼하9-20장; 왕상1-2장). 물론 그것은 항상 해석적이고 선택적이며 잘 손질된 묘사이며 신학적인 서사목적을 가지고 있다. 그것은 단순히 건조한 사실이나 "본래 있었던 일 그대로"의 역사(Leopold von Ranke)만을 보도하려 하지 않는다.[127]

● 구약성서에 나타나는 **서신**(Briefe)과 **문서들**(Urkunde)은 대부분 관공서의 지시문들이다. 이것들은 역사적인 자료로서 열거될 수 있지만, 항상 그 책의 신학적인 메시지에 통합되어 있다(삼하11:14f; 아람어 본문: 에스라4:8-16, 17-22; 7:12-26).

● **어원론적 설명**(Ätiologie)은 독자에게 어떤 이름(창32: 2-3, 29; 수5:9)이나 관습(창32:33), 또는 특별한 몸짓에 대한 정보(창29:26)나 언어의 혼란(창11:9) 등의 문제들의 유래를 해명(解明)한다.

2. 목록작성

● **연대기/연감**(Chroniken/Annalen)은 "줄거리"에 의해서가 아니라, 역사적 사건들의 시간적인 확정에 의해서 좌우

---

127) 덧붙여 말하면 이러한 사실은 고대오리엔트의 역사자료들에게도 똑같이 적용된다. (선전에 이르기까지) 그 자료들의 경향성이 있다 하더라도, 그것들은 그 자체로서 역사적으로 진지하게 받아들여진다. 또한 모든 현대의 역사서술도 물론 해석적이며 선택적이다.

된다(왕상9:15-23; 대하11:5-12).

● **목록/이름목록**(Listen/Namenverzeichnisse)은 가족의 구
  성원이나 도시의 주민 등을 열거한다. 이때 모든 경우에
  개인에 대한 짧은 추가정보가 들어 있다(창36:31-39;
  46:8-27; 느11장; 12:1-26).

● **여행안내**(Itinerar)는 도로목록으로서 여행루트를 보도한
  다. 이때 모든 지명이 다 언급되지는 않는다(민33장).

● **족보**(Genealogien)에서는 부계의 후손을 순서대로 열거
  하고 있는 단선적인 후손명부(대상1:1-3, 24-26)와 한 세
  대 안에서 또한 옆으로 퍼진 분할된 (세분화된) 후손명
  부(대상1:4-23)를 나란히 발견할 수 있다. 가계(家繼)도는
  (여행안내의 경우와 마찬가지로) 공백 없이 기록되지 않
  아도 된다.

  3. 비교

● **수수께끼**(Rätsel)는 그것의 숨은 뜻(예컨대 한 가지 은유)
  을 풀어내야 하는 지혜문학적인 격언이다(삿14:14b, 18).

● **우화**(Fabel)는 교육적인 혹은 논쟁적인 이야기이다. 그
  안에서 동물이나 식물이 행위자들로서 사람을 대신하여
  나타난다(삿9:8-15; 왕하14:9).

● **비유**(Gleichnis)는 비교와는 다르게 그림의 차원을 모사
  (模寫)한다. 그러나 거기에는 특징에 걸맞게 단지 한 가
  지의 비교점(Vergleichpunkt)만 있다(삼하12:1-14; 14장).

● **알레고리**(Allegorie)의 경우엔 비유와는 달리 (함축적인)
  은유들의 연결을 통해 그림과 사물의 차원 사이에서 여
  러 가지 관계성을 보여준다(시23:1-4은 야훼를 선한 목

자와 비교하고, 5-6절에서는 주인과 비교한다).

4. 형식어구들

● **서약/맹세**(Eid/Schwur)는 어떤 약속이나 언약체결, 증언
등에 대한 공식적인 확인이다. 이것은 1인칭 명령형
(Kohortativ, 자기요청)이나 직설법(사실묘사를 위한 직
설형태)으로 발언되고 (자기)저주와 연결될 수도 있다(창
42:15,16; 47:29-31).

● **저주형식구**(Fluchformel)는 אָרוּר "저주받을"이란 형용사
로 시작되고 그 뒤에 저주의 대상이 뒤따라 나오는 명사
문장이다. 렘20:14f.은 제외하더라도 저주는 항상 직설법
적(소원이 아닌 사실로서)으로 이해된다. 계속되는 근거
제시나 내용적인 전개가 이어질 수 있다. 저주는 사람이
나 하나님과의 관계로부터 단절을 겨냥한다(수9:23; 삼
상26:19).

● **축복형식구**(Segensformel)는 저주형식구와 대조되며 마
찬가지로 명사문장이다. 이것은 "복이 있는/축복된"이란
형용사로 시작되고, 그 뒤에 축복의 대상이 뒤따라 나온
다. 대부분 כִּי "왜냐하면"으로 시작되는 원인절이나 אֲשֶׁר
로 시작되는 관계절이 이어진다. 여기에 사용되는 문장
어법(法, Modus)은 명령법/지시법(imperativ/jussiv, 명령
혹은 소원의 형식)(창24:60; 27:29)이거나 직설법(직설적
인 발언형태)(민24:5-9)이다. 축복은 사람들과의 연대
(Solidarität)나 구원을 가져다주는 하나님의 능력을 목표
로 한다.

3.4.2. 율법본문들[128]

율법본문들은 오경에서 발견된다. 부연 설명하면, 민수기에서
는 율법본문들이 서사본문에 의해서 둘러싸여 있는 반면, 출애굽
기, 레위기, 신명기에서는 큰 수집물(아래를 보라)의 형태로 존재
한다. 그러니까 민13-14장에는 하나님의 심판의 동기가 된 정탐꾼
의 파송과 보고 그리고 백성의 불신앙적인 반응이 서술되어 있다.
민15:1-31에는 이 이야기에 이어서 제사규정이 기록되어 있는데,
이것은 이러한 앞의 두 장에 대해서 희망적인(verheißungsvoll) 대
조를 이룬다: 약속의 땅에선 죄 혹은 다양한 이유로 인해 드려지는
제사들이 정결(Reinigung)과 용서(Vergebung)를 가능하게 할 것이
다. 마지막 단락은 용서를 받지 못하는 "높이 든 손으로 지은
죄"(Sünde mit erhobener Hand)(민15:30f.)와 함께 15:32-36로 이어
진다. 여기에선 안식일을 범하는 자를 돌로 칠 것을 말하고 있는데,
이것은 바로 용서받지 못할 죄의 사례로서 이해될 수 있다.

1. 큰 본문구성체
- **연속들**(Reihen)(십계명 출20:2-17//신5:6-21; 이른바 "윤
  리적 십계명" 출34:14-26; 저주연속 신27:15-26; 또한 참
  조. 레18:6-17; 19:2-18; 20:2-21; 겔18:5-9; 시15:2-5)
- **법전들**(Rechtssammlungen)(언약서 출21-23장; 성결법전
  레위16-27장; 신명기법전 신12-26장)
- 계약구조는 개별 장(창17장)에서부터 더 큰 단락들(출

---

128) 율법본문들에 대한 양식비평(FK)에 대해서 예컨대 다음 책들
을 참조하라: Alt, *Ursprünge*; Liedke, *Gestalt*; Boecker, *Redeformen*;
Sonsino, *Motive*.

19-24장)이나 책 전체(신명기)에 이르기까지 다양한 범위에서 나타난다. 이 구조는 주전 20세기의 헷족속의 종주계약형식들(Vasallenverträgen)과 매우 흡사하며, 동시에 본문의 고대(古代)성을 증명하기 위한 논거로서 인용될 수 있는 주전 10세기의 앗시리아의 언약본문들과는 구분된다.

언약구조	신명기
1. 전문(前文, Präambel), 저자의 이름과 함께	1:1-5
2. 역사적인 서문	1:6-4:40
3. 언약체결	5-26장
a) 원칙적 규정들	5-11장
a) 개별규정들	12-26장
4. 문서에 대한 진술들	
a) 보관	10:1-5; 27:1-8; 31:9, 24-26
b) 규칙적인 낭독	30:10-13
5. 증인목록(주변세계에서: 신[神]들)	4:26; 30:19; 31:19-22, 28; 32:1
6. 축복과 저주	28:1-14(참조. 11:8-32) 28:15-68(참조. 27:11-26)

2. 법조항과 동인(動因)문들(Motivsätze)

a) **정언적인**(apodiktisch) **법조항**은 두 가지 종류로 형성될 수 있다:

● 2인칭으로 된 '너'-형식(Duform)의 주관적인 직접화법으

로 긍정적인 계명/부정적인 금지(금지화법[Prohibitiv])가 표현됨: 십계명 출20:2-17//신5:6-21; 출23:1-9; 레위18: 7-17.

- 3인칭으로 표현된 객관적인 진술들(예, 신27:15-26의 저 주연속); 분사구분이나 관계절이 행위자나 행위를 자세 하게 설명하기 위해 사용될 수 있다: "이런 저런 행위를 한 자는, 그는 ..." 또는 "-한 자는, 그는 ...해야 한다."

b) **결의론**(決疑論)**적인**(kasuistisch) **법조항**은 다음과 같이 요 약된다(출21:1-11; 21:18-22, 16):

- 이른바 "(범죄의) 사실 구성요건의 정의"("Protasis")는 도입적인 조건문에 의해서 이루어진다. 여기에 구체적인 사례묘사가 나타나 있다(그러나 이것은 후행문에 등장할 수도 있다). 이러한 핵심사례(Hauptfall)는 כִּי "만약"으로 도입되는 반면(항상 3인칭 단수의 미완료형으로), 경우 에 따라서 나오는 주변사례(Unterfall)는 אִם(וְ) "경우에" 로 시작된다(미완료형으로, 드물게 완료형이나 명사문장 으로); 새로운 단락은 כִּי와 함께 시작한다(출21:7-11에서 7절은 핵심사례이며 8-9절은 주변사례들이다; 9절은 8절 에 대한 주변사례고 11절은 10절에 대한 주변사례다).
- 이른바 "법률효과규정"("Apodosis")이 나타난 후행문은 동사가 선두에 올 때(출21:8aβ, 11b) 와우연속법 완료형 ("그러면"[dann/so])으로 도입된다. 그렇지 않은 경우엔 미완료형으로 표현된다(출21:7b, 8b, 9b, 10b).

c) **동인(動因)문**은 경고, 격려나 설명을 위해 하위에 있으나 완전한 문장이다. 이것은 어떤 (대부분 선행하는) 지시의 동기를 제시하며, 특별한 접속사들을 통해 도입되거나(가장 흔한 경우가 원인절을 이끄는 כִּי와 결과절을 이끄는 לְמַעַן 또는 פֶּן־이다) 혹은 접속사 없이도 나타난다. 법률문서에서 360개가 넘는 동인문들이 발견된다(출20:5b-6, 7b, 11, 12b).

3. 형식어구들

● 동태복수법은 신체상해의 법률사건에만 나타나며, 처벌 기능 외에도 위협의 기능을 가지고 있는 듯하다(출 21:23-25; 레위24:18, 20; 신19:21)

● מוֹת יוּמָת-**형식구**("그는 반드시 죽여야 한다")는 구체적인 개별사건에 나타나지 않고, 범해서는 안 될 경계를 설정하는 완전히 기본적인 법률사건인 경우에 들어있다(출 21:12, 15-17; 22:18).

● בִּעַרְתָּ-**형식구**는 종종 הָרַע מִקִּרְבְּךָ와 연결되어 등장하며 ("너는 그 악을 네 가운데서 제하여야 한다"), 결의론적인 법조항의 후행문에 딸려있다(신13:6; 17:7).

● תוֹעֵבָה-**형식구**("[야훼께] 가증한 것")는 레위18:22-30; 20: 13에서뿐 아니라 신명기 율법(신7:25; 17:1; 23:19 등)에서 자주 발견된다. 즉 이것은 우상이나 나쁜 윤리적 범죄들을 부적격이라고 선언하라는 요구에 이어서 대부분 나타나며, 잠언서에서는 위협의 기능을 가진 채 10회 발견된다. 물론 잠언에서는 다양한 상황에서 사용되었다.

3.4.3. 지혜문헌[129]

지혜문헌은 시적이며 교훈적인 문학이다. 그것은 어느 특정한 형식에 국한되지 않고, 다양한 문학적 표현가능성들을 마음껏 취한다. 이뿐 아니라 지혜 본문들은 다른 문학장르에서도 발견된다. 개별 형식에 대한 용어들은 차이가 많이 난다. 독특한 어법들은 매 구절에서 발견된다(1.4.2를 보라).

1. 큰 단위

● **대화/논쟁**(Dialog/Disputation)은 (철학적인 깨달음과 거의 유사한) 인식의 진보를 목표로 하는 전형적인 교훈의 형식이다(욥4-27장; 아가; 합1-2장).

● 이와는 달리 **독백**(Monolog)에는 숙고적인 요소가 더 강하게 나타난다(욥29-31; 32-37; 38-41).

● **자서전적인 서술**(autobiographische Erzählung, 전1:12-2:26)은 지혜와 생의 실현을 향한 전도자의 탐구과정을 자기경험의 형식으로 서술한다.

● **교훈시/교훈연설**(Lehrgedicht/Lehrrede)은 대부분 이분법적으로(dichotomisch) 구성되어 있다(잠1:8-19, 20-33; 2장; 3:1-12, 13-35).

● **아크로스티크**(Akrostichon)는 각 행(혹은 각 연)의 첫 글자가 22개의 히브리어 문자로 시작하는 알파벳 교훈시다(잠31:10-31; 시111; 112; 119).

● **탄식**(Klage)은 거의 모든 문학장르에 나타난다. 특히 시

---

129) 지혜문헌의 양식사(FK)에 관하여 참조. von Rad, *Weisheit*, 특히 39-73; Murphy, *Wisdom*.

편에 잘 나타난다(아래 3.4.4의 3항을 보라). 그러나 비판
적인 지혜문헌(욥3장)뿐 아니라 서사본문이나 예언서 본
문에도 나타난다.

● **찬양**(Loblied)은 탄식의 대척점에 서 있다. 아래 3.4.4의
2항을 보라(욥28장; 사12장).

● 아가서에 나오는 **사랑의 노래**(Liebeslieder)는 그리움의
노래들이다. 우리는 이것을 노래들의 수집이라고 생각해
서는 안 되고, 개별적인 대화의 장면들이 주도면밀하게
고려된 전체를 위해 구상되었음을 알아야 한다(아가4:
9-5:1; 5:2-6:3).

2. 문장을 넘어서는 비교의 양식들
비유(Gleichnis)(전9:14-15)에 관하여 3.4.1의 3항을 보라.

알레고리(Allegorie)(잠5:15-23; 전12:1-7) 상동.

사례설명(Beispielerzählung)의 경우, 대체로 어떤 교훈을 전
달하기 위해서 만들어낸 부정적이거나 긍정적인 사건을 열거한다
(잠7:6-23; 24:30-34; 전4:13-16).

3. 문장단위
● **격언/금언**(Sentenz/Weisheitsspruch)은 통상 직설법으로
표현되어 있으며 경험에 근거하고 있다(잠10-29장). 격언
(Sentenz)과 권고(Mahnwort)는 잠언서의 기본적인 두 형
식이다. 내용상으로 다음과 같이 세분화될 수 있다:[130]

---

130) Murphy, *Wisdom*, 4f. 격언과 충고의 "삶의 자리"가 다르다는

- **속담**(Volksspruch/Sprichwort)(מָשָׁל, 겔18:2을 보라)은 통
  용되는 관용구를 재현하거나 경험으로부터 어떤 결론을
  끌어내어 이것을 다루기 좋은 방식으로 표현한다. 몇몇
  속담들은 여러 책에서 발견되거나(잠26:27a=전10:8a; 참
  조. 시57:7[6]b; 렘31:29=겔18:2), 주변세계의 본문들과
  밀접한 관계를 보여주기도 한다(전4:9-12).
- 이와는 달리 **경험적인 금언**(金言)(empirischer Spruch)은
  실제적인 고찰의 결과들을 더 강하게 재현하며, 그것으
  로부터 독자들이 결론을 이끌어 내도록 위임한다(잠
  11:24; 18:16).
- **교육적인 금언**(didaktischer Spruch)은 행동이나 행위의
  방식이 어떻게 평가되는가 하는 것을 통해 독자들에게
  영향을 끼치고자 한다(잠14:31; 15:33).
- **권고**(Mahnwort)는 계속되는 동인(動因)문(잠3:2, 4, 6b,
  8, 10, 12)과 함께 계명(명령형/지시형, 잠3:1b, 3aβ-b, 5a,
  6a, 7b, 9)이나 금지(Vetitiv, 잠3:1a, 3aα, 5b, 7a, 11)로
  구성된다: 동인문에 대해서 3.4.2의 2항을 보라.
- **축복/행복선언**(Makarismus/Seligpreisung)은 אַשְׁרֵי로 시작
  되며(잠3:13; 전10:17), 그 뒤에 주어와 더 자세한 서술이
  이어진다(이것은 흔히 אֲשֶׁר-관계절로 표현된다). 복된 상
  황이나 하나님을 기쁘시게 하는 삶의 태도 때문에 어떤
  개인이나 집단에게 축복이 선언된다. 3.4.1의 4항을 참조
  하라. 이것에 대한 부정적인 상응관계가 아래의 내용에
  서 나타난다.
- **탄식의 선언**(Wehruf)은 אִי로 시작되며(예언서에서는 אֹי/הֹוֹי

베스터만의 가설은 논거가 불충분하다.

"화로다"로 시작된다) 특정한 행위나 (하나님이 싫어하
시는) 행동방식이 비판된다(전4:10; 10:16). 아주 드물게
행복선언과 대조되어 나타난다(전10:16f.).

- **"-보다 낫다"**는 מִן טוֹב로 표현되는 비교문장이며 상대적
인 강점을 나타낸다. 종종 두 가지 일이 서로 비교된다
(잠16:8, 32; 17:1; 19:1; 전4:6; 7:1-3, 8; 9:4b, 18).

- **숫자잠언(Zahlenspruch)**은 수수께끼에 가깝다. 그것은 교
육학과 기억술 기법에 관계되거나 분류법을 익히게 하는
목적을 가질 수 있다(잠6:16-19; 30:15-33; 전11:2).

- **요약적인 종결형식구**(zusammenfassende Abschlussfor-
mel)는 대부분 כִּי "그러므로"나 지시대명사로 시작된다:
그것은 선행하는 단락을 교육적인 방식으로(대체로 2운
율 형식으로) 숙고하며 묶는다(욥8:13; 18:21; 20:29; 잠
1:19).

3.4.4. 시편[131]

시편은 인간의 지각과 경험의 모든 영역을 하나님과 함께 숙
고하는 기도다. 시편집에는 찬양과 탄식의 양극성(Polarität)이 우
세하게 나타난다. 탄원시(Klagepsalmen)는 단지 탄식으로만 구성
되어 있지 않고, 대부분 찬양서약이나 확신의 고백, 보도형식의 하
나님에 대한 찬양, 응답의 확신과 같은 요소들을 포함하고 있다. 반
대로 많은 찬양시에는 곤경에 대한 회고와 구원에 대한 보도와 같

---

131) 시편의 양식비평(FK)에 관하여 참조. Gunkel, *Einleitung*;
Crüsemann, *Studien*; Westermann, *Lob*; Gerstenberger, *Psalms*; 사각 괄
호 안에 있는 것들은 단지 조건부로 각각의 장르에 포함될 수 있는 시편
들을 나타낸다.

은 요소들이 발견된다.

1. 찬송시(Hymnen)

찬송시에는 고백과 하나님에 대한 찬양이 핵심이다. 내용적으로 볼 땐 찬송시는 대부분 어떤 주제 주위를 맴돈다(예컨대, 창조, 역사, 야훼의 왕적 통치). 우리는 명령적인 찬송시(아래를 보라)와 분사구문에 의한 찬송시를 구분할 수 있다(예컨대, 시103:3-6; 104:10-15; 145:14-16, 20; 146:6-9). 찬송시의 구조는 일관되지 않는다.

● **명령형 찬송시**(Imperativpsalmen)는 복수 명령형에 의해서 압도된다. 이것은 한편으로 하나님의 위엄과 다른 한편으로 하나님의 선하심에 대한 직설법적인 진술 앞에 나온다(כִּי는 대부분 원인의 의미로 "왜냐하면"이라고 번역되지만, 이것은 찬양 서창(敍唱)의 도입구로서 이해될 수 있다: "찬양하라 야훼를: 그의 선하심은 영원하다", 시136편). 종종 찬양에 대한 요청으로 시편이 끝난다. 내용적으로 보면 명령형 찬송시는 서술적인 찬양이다(시95A편; 96편; 98편; 100편; 113편; 117편; 135편; 136편; 145편; 147-150편; 참조. 출15:21).

명령형 찬송시의 구조	시100편	시95A	시148편
1. 명령적인 찬양요청	1-2절	1-2절	1-5a+7-13a
2. 하나님의 위엄	3절	3, 4-5절	5b-6+13b
3. 명령적인 찬양요청	4절	6절	14b
4. 하나님의 선하심	5절	7a절	14a

● 대부분의 **할렐루야-시편**은 명령형 찬송시에 속한다. 이
시편을 포괄구조(Inclusio)로써 감싸고 있는 처음과 마지
막의 "할렐루야"라는 명령이 들어있는 것이 특징이다(시
111-113편; 115-117편; 135편; 146-150편).

● **야훼-제왕시**(Jahwe-Königs-Psalmen)는 야훼를 우주적인
왕으로 찬양한다. יהוה מָלָךְ "야훼는 왕이시다"이라는 형
식구는 이스라엘과 메소포타미아에서 있었던 즉위식 축
제에 대한 가설의 진행과정에서 많은 논의가 있었다.
"야훼가 왕이 되셨다"는 번역은 언어적으로 보나 신학적
으로 보나 주장될 수 없다; 게다가 그러한 제의적인 축
제의 존재가 이스라엘의 주변세계에서도 분명하게 증명
될 수 없었다(시24편; 47편; 93편; 96-99편).

● **창조시**(Schöpfungspsalmen)는 자연이 아니라 창조주를
찬양한다(시8편; 19A편; 33편; 104편).

● **역사시**(Geschichtspsalmen)에는 자신의 백성과 함께 있었
던 하나님의 구원사중에서 개별적인 국면들이 서술된다.
예컨대, 족장사, 출애굽, 광야유랑, 가나안 정복, 왕정, 멸
망(시78편; 95편; 105편; 106편; 114편; 135편; 136편).

● **시온시**(Zionspsalmen)는 순례시(아래 5항을 보라)의 유형
에 속한다. 그것은 예루살렘을 하나님의 거주지로서 찬
양한다(시48편; 76편; 84편; 87편; 122편; 137편; [46편;
132편]).

2. 찬양시(Lobpsalmen)

찬양시/감사시는 하나님의 행동에 반응하며 그의 개입에 대한
공통적인 감사를 겨냥하고 있는 기도다. 찬송시에서는 하나님의

속성이 그 중심에 있는 반면, (보도적인[berichtende]) 찬양시 속에서는 하나님의 행동이 직설법적으로 찬양된다. 찬양의 말 뒤에("내가 당신을 찬양합니다.") 하나님의 찬양의 주체가 되는 문장들이 이어진다. 대부분의 찬양시에서 개인의 차원을 넘어서 신자들의 공동체를 시야에 두고 있는 사법적인 요소가 독특하다. 단/복수와 다른 형식적인 구조를 통해서 보도적인 찬양시의 경우에 공동체적 찬양시와 개인 찬양시를 구분할 수 있다.

● **공동체의 보도적인 찬양시**(시124편; 129편; [46편; 65편; 67편; 75편?])

공동체 찬양시의 구조	시124편	시129편
1. 예고	1b절	1b절
2. 도입적인 요약	1a, 2a절	1a, 2절
3. 곤경에 대한 회고	2b-5절	3절
4. 찬양요청	6a절	4a절
5. 하나님의 행동에 대한 보도	6b-8절	4b절
		5-8절 시온의 적들에 대한 소원

● **개인의 보도적인 찬양시**(시9편; 30-32편; 34편; 40A편; 52편; 66B편; 92편; 107편; 116편; 118편; 120편; 138편)

개인 찬양시의 구조	시30편	시66B편	시18A편
1. 예고	1-2절	13-15, 16	2-3절
2. 도입적인 요약	3-6절	17절	4절(?)
3. 곤경에 대한 회고	7-8절	18절	5-6절

4. 구원에 대한 보도	9-12절	19절	7, 17-20
5. 찬양서약	13a절	20a절	28-32, 50f.
6. (서술적인) 찬양	(5-6절)	20b-c절	
			+8-16신현현

3. 탄원시(Klagepsalmen)

탄원시/청원시는 시편집에서 가장 두드러진 장르를 형성한다. 이 형식에 구성적인 두 요소는 결코 빠진 적이 없는 청원의 요소와 탄식이다. 모든 탄원시는 어떤 방식으로든 자신을 넘어서며 청원에 머물러 있지 않는다(예컨대, 확신의 고백, 찬양서약, 응답의 확신 등을 통해서).

● **공동체의 탄원시**(시44편; 60편; 74편; 77편; 79-80편; 83편; 85편; 90편; 94편; 123편; 126편; 129편; 137편)

공동체 탄원시의 구조	시79편	시90편
1. 말걸기(와 도입적인 도움 요청; 하나님의 이전 행동)	1a절	1a절
2. 탄식	1a, 3, 5절	3-11절
3. 확신의 고백	13a절	1-2절
4. 청원	6-12절	12-17절
5. 찬양의 서약(또는 찬양)	13b절	14b절

● **개인의 탄원시**(시3편; 6편; 13편; 22편; 31편; 35편; 38편; 39편; 42-43편; 51편; 57편; 61편; 63편; 71편; 86편; 88편; 102편; 109편; 120편; 130편; 139편; 140-143편)

개인 탄원시의 구조	시142편	시51편
1. 말걸기(와 도입적인 도움 요청; 하나님께로 향함)	6(2-3)절	3a절
2. 탄식("대적-나-당신")	4b-5절	3b-4절
3. 확신의 고백	4a, 6절	5-8절 죄의 깨달음/고백
4. 청원	7-8a절	9-14절
5. 찬양서약(또는 찬양)	8b절	15-19절
6. 응답의 확신	8c-d절	20-21절 새로운 청원

개인 탄원시는 다양한 원인에 의해서 촉발될 수 있다:

- **병자의 탄원시**(시30편; 38편; 39편; 41편; 69편; 88편; 102 편; [6편; 13편; 32편; 51편; 77편; 91편?]
- **피고인과 박해받는 자들의 탄원시**(3편; 4편; 5편; 7편; 9-12편; 17편; 23편; 25편; 26편; 27편; 42-43편; 54-57편; 59편; 62-64편; 70편; 86편; 94편; 109편; 140편; 142-143 편)
- **참회시**(6편; 25편; 32편; 38-40편; 51편; 102편; 130편)
- **신뢰시**(4편; 11편; 16편; 23편; 27편; 62편; 63편; 91편; 121편; 125편; 131편)

아래의 시편들은 어떤 특정한 양식이 아니라 통일성 있는 주제나 동일한 동기에 의해서 구별된다. 그래서 그것들은 찬송시나 찬양시나 탄원시의 상이한 장르에 배열시킬 수 있다:

4. **제왕시**(Königspsalmen)(2편; 18편; 20-21편; 45편; 72편; 89편; 101편; 110편; 132편; 144편), 이 가운데서 45편, 72편, 89편, 110편은 제왕시임이 분명히 드러나고, 2편, 16편, 18편은 경우에 따라서 메시아 시편으로 분류하기도 한다.

5. **순례시**(Wallfahrtspsalmen)(84편; 120-134편); 1항의 시온시편을 참조하라.

6. **교훈시/지혜시**(Lehrgedicht/Weisheitspsalmen)(34편; 36편; 37편; 49편; 73편; 90편; 111-112편; 127편; 128편; 133편; 139편). 몇 몇 시편의 경우 아래와 같은 특별한 특징들이 나타난다:
   - **토라시**(1편; 19B; 119편)
   - **알파벳시**(9-10편; 25편; 34편; 37편; 111-112편; 119편; 145편); 2.4.3의 1항: 아크로스티크(Akrostichon)를 참조하라.

3.4.5. 예언적 본문[132]

예언자들은 특별한 상황에서 심판과 은혜 안에 있는 하나님의 언약법령들을 선포한다. 그들은 시대사건을 진단하는 좋은 관찰자들이다. 그들은 하나님과 그분의 말씀에 서서 하나님의 계시를 전달하므로 개인이나 하나님의 백성의 현재 상황을 평가한다. 그들

---

132) 예언적 본문의 양식비평(FK)에 관하여 예컨대 다음 책들을 참조하라: Sweeney, *Isaiah*; Westermann, *Grundformen*; Westermann, *Heilsworte*.

에게서 문학적 양식들의 다양성이 가장 크게 나타난다. 그들은 자신들의 메시지를 전달하기 위해서 모든 양식을 웅변적으로 (wortgewaltig) 사용한다.

　1.　예언적 발언 장르들
● 예레미야와 에스겔의 경우 자신들의 활동이 시작될 때 **소명환상들**(Berufungsvisionen)이 나타난다. 이 소명환상들은 그들의 전체 선포에 결정적으로 작용한다(렘18:7, 9; 24:6; 31:28은 예레미야가 렘1장에 기록된 자신의 소명에서 받았던 위탁내용에 소급된다). 헤이블(Norman C. Habel)[133]에 따르면 소명보도문에는 6가지 요소들이 나타난다: (렘1장; 겔1-3장; 참조. 출3장; 삿6장; 왕상 22:19-23. 연대기적, 형식적, 신학적인 이유로 사6장은 새로운 위임으로 이해하는 것이 더 낫다.)

소명환상들의 구조	렘1장	출3장	사6장
1. 하나님과의 만남	4절	1-6절	1-2절
2. 도입적인 말씀	5a절	7-9절	3-7절
3. 위임	5b절	10절	8-10절
4. 항변	6절	11절	11a절?
5. 하나님의 대답, 격려	7-10절	12a절	11b-13절
6. 징표	11-12절	12b절	렘7:10-17(?)

● **자서전적인 예언자서술**(biographische Propheten erzähl-

---

133) Habel, *Form*, 297-323.

ungen)은 그 책의 신학적 메시지 안에 편입되어 있다(렘 36-37장; 렘20장; 28장; 단1-6장; 호1장; 암7:10-17; 욘1 장; 3-4장).

- **표징행위들/ 상징적 행위들**(Zeichenhandlungen/ symbolischen Handlungen)을 통해서 예언자들은 때론 대담한 상징적 행동으로 자신들의 메시지를 눈에 보이게 하기도 한다. 예언자에게 하신 하나님의 지시에 따라 행위의 수행이 보도되고 그 행동이 해석된다(렘13장; 16장; 18장; 19장; 27장; 32장; 겔4-5장; 12:1-20; 호1-3장; 슥11:7-16).

- **역사회고**(Geschichtliche Rückblicke)는 그 자체만을 위해 결코 서술되지 않고, 과거에 있었던 하나님의 성실과 이스라엘의 불성실에 대한 안목을 열어주며 심판발언이나 구원선포로 합류된다(겔16장; 20장; 23장; 호11:1-4; 미 6:4-5).

- **회개촉구/경고**(Umkehrrufe/Mahnworte)는 종종 שוב "돌아오라"는 명령으로 이루어지고 구원이나 재난에 대한 근거제시까지 이어진다. 이것을 통해 예언자들은 타락한 백성이 완전히 새로운 방향설정으로 나아가도록 동기부여를 한다(렘3:1-4, 4; 호14:2-4; 암5:4-5, 6-7, 14-15; 습 2:1-3).

- **율법/토라/목록**(Weisung/Tora/Katalog)은 율법이 수여될 때 명시되었던 다양한 핵심적인 윤리적 요구들까지 소급시키는데, 이것은 부정적이거나 긍정적인 행동방식들을 제시하거나 금지하기 위함이다(사1:11; 겔18:5-9, 10-13; 미6:8).

- **시/노래**(Psalmen/Lieder)를 통해 시편에 의해서 잘 알려

져 있는(위의 3.4.4를 보라) 다양한 양식들이 예언적 선
포 안으로 통합된다(사5:1-7; 42:10-13; 54:1-3; 욘2장; 합
3장).

- 다섯 개의 **예레미야 고백록**(Kofessionen Jeremias)에서
이 예언자는 자신의 내적인 갈등과 하나님과의 개인적인
씨름에 대한 자성(自省)적인 통찰을 제공한다. 이때 예레
미야는 개인 탄식시의 형식(위의 3.4.4의 3항을 보라)을
이용한다. 그러나 그는 이것을 여기저기에서 형식적으로
나 내용적으로 변형시킨다(렘11:18-23 + 12:1-6; 15:10-
21; 17:14-18; 18:18-23; 20:7-18).

- 이사야서에 있는 **하나님의 종/ 야훼의 종의 노래**(Gottes-
Knecht-Lieder)는 둠(Bernhard Duhm)에 의해서 규정되었
고 본문의 맥락으로부터 격리되었다(사42:1-4; 49:1-6;
50:4-9; 52:13-53:12). 오늘날에는 이것과 견줄만한 본문
이 더 있으며 그 범위가 더 크다는 사실이 인정된다
(42:5-9; 42:19-21; 48:14-16; 49:7-13; 50:10-11; 51:4/6-8;
51:9/12-16; 61,1ff.). 해당되는 본문들은 그 맥락으로부터
분리될 수 없고, 이사야서 전체 안에서 이해되어야 할 것
이다.

- **장례애가/키나**(Leichenklage/Qina)(삼하1:17-27; 3:33f.)는
예언자들에게서 이스라엘의 대적(사14:4-21; 47장; 겔
19:1-4)뿐 아니라 이스라엘 자체(암5:1f.)에 대해서도 조
롱의 노래로 사용될 수 있다.

- **논쟁**(Streitgespräch/Disputationswort)의 말에서 예언자는
말한다는 동사로 시작되는 피고자의 특징적인 발언들을
인용하며, 그것을 통해서 청중들에게 그들의 잘못된 태

도를 버리고 그 대신 예언자 또는 하나님이 요구하는 입
장을 취하라고 설득하고자 한다(사40:12-17, 18-20,
21-24, 25-26, 27-31; 렘3:1-5; 미2:6-11; 학1:2-11).

● **심판예고**(Gerichtsankündigung)는 흔히 발언형식구로 둘
러싸여 있고 다가오는 야훼의 징벌심판을 알린다. 그것
은 다양한 형태로 나타나지만, 흔히 1인칭 단수로 표현
된다. 그것이 신학적으로는 언약법에 기초하고 있으며
언약에 따른 저주에 해당된다(참조. 호8장).

- **이스라엘 백성 또는 그 지도자들에 대한 심판예고**(사
  30:12-14; 암2:4-16; 미3:1-4, 5-8; 말1:6-2:9):

이스라엘 백성에 대한 심판발언의 구조	렘7장	암4장	미2장
1. 도입부	16절	1a절	1a절 (הוֹי "화로다")
2. 근거제시			
a) 고발	17절	1b절	1b절
b) 고발의 전개	18-19절	1c절	2절
3. 전달자양식 (לָכֵן "그러므로")	20a절	2a절	3a절
4. 예고			
a) 하나님의 개입	20b절	2b절	3b절
b) 개입의 결과	20c절	2c-3절	4절

- **열방예언**(Fremdvölkerreden)

다메섹/아람   (사17:1-11; 렘49:23-27; 암1:3-5; 슥9:1)

블레셋   (사14:28-32; 렘47장; 겔25:15-17;

	암1:6-8; 습2:4-7; 슥9:5-7)
두로(와 시돈)	(사23장; 렘25:22; 겔26-28장; 암1:9-10; 슥9:2-4)
에돔	(사[21:11-12]; 34:5-17; 렘49:7-22; 겔5:12-14; 35장; 암1:11-12; 옵1:1-14)
암몬	(렘49:1-6; 겔21:33-37; 25:1-7; 암1:13-15)
모압	(사15-16장; 렘48장; 겔25:8-11; 암2:1-3)
암몬과 모압	(습2:8-11)
앗수르	(사10:5-19[-34]; 14:24-27; 나1:2-3; 습2:13-15)
애굽	(사19장; 렘46:2-26; 겔29-32장)
구스	(사18장; 습2:12)
애굽과 구스	(사20장)
아라비아	(사21:13-17; 렘49:28-33)
바벨론	(사13:1-14:23; 21:1-9; 렘50-51장)
엘람	(렘34:39; [겔32:24-25])
세계전체	(사24-27장; 30:27-33; 34:1-4; 렘25:11-38 등 다수)

- **개인에 대한 심판예고**(사7:10-16; 22:15-25; 37:22-30; 38:1; 39:3-7; 렘20:1-6; 22:10-12, 13-19, 24-27[28]; 28:12-16; 29:[21-23], 24-32; 36:29f.; 37:17; [겔17:11-21]; 암7:14-17)

개인에 대한 심판발언의 구조	사7장	렘20장	암7장
1. 도입부 a) 전달자로 위임	10-12절	1-3a절	
b) 들을 것을 요구	13a절		16a절
2. 고발	13b절	3b절	16b절
3. 전달자양식 (לָכֵן "그러므로")	14a절	4a절	17a절
4. 예고	14b-16절	4b-6절	17b절

- **사법논쟁**(Rechtsstreit, רִיב)에서는 하나의 재판절차가 묘
  사된다: 야훼-이스라엘의 소송사건이 논의되며 이스라
  엘의 언약파기가 질책의 대상이 된다(사1:2-31; 렘2:4-13;
  겔33:10-20; 호2:4; 4:1-4; 12:3; 미1:2; 6:1-8).

사법논쟁의 구조	사1장	사31장	미6장
1. 증인소환	2a절		1-2a절
2. 개시		1a절	2b절
3. 소송사건	2b-4절		
4. 고발	11-15절	1b절	3-5절 하나님의 자기고발
5. 대응			6-7절
6. 판결	18-20절	2-4절	8절 토라

- **예언자의 예증발언**(prophetisches Erweiswort)은 예언자

의 징벌예고와 인식형식구(Erkenntnisformel)로 구성된
다; 종종 징벌명령을 위한 도입적인 근거제시나 לָכֵן "그
러므로"와 같은 전환어구가 선행한다. 이것은 특별히 에
스겔서에서 자주 발견된다(사41:17-20; 49:22-26; 겔
25:3-5, 6-7, 8b-11, 12-14, 15-17; 26:2-6).

● **예언자의 구원예고**(prophetische Heilsankündigung)는 심
판예고의 반대가 되는 것이다. 해방과 축복에 대한 예고
가 근본적인 것으로 나타난다. 내용적으로 보면 (메시아
적인) 왕에 대한 약속, "원시-종말-구조"(Urzeit-Endzeit-
Schema) 또는 "새로운 출애굽"이 중심에 놓일 수 있다.
이때 בַּיּוֹם הַהוּא "그 날에" 또는 יָמִים בָּאִים "날들이 이른
다"와 같은 관용구들은 확정되어 있지 않은 미래를 가리
킨다. 구원약속은 아주 간략히 하나의 미래적인 전환을
약속하거나 형식적으로 더 각인된 표현을 쓸 수 있다:
그러므로 경우에 따라서 나타나는 אַל־תִּירָא "두려워하지
말라"라는 "격려"의 말 다음에 완료적/명사적 근거제시
와 미래적인 구원예고가 근거제시로서 이어질 수 있다.
베스터만(Westermann)은 예언자들의 구원예고를 다음
네 가지 부류로 나눈다:

- 본래적인 의미에서 구원예고(이사야서의 70개 본문; 예
  레미야서의 38개 본문; 에스겔의 15개 본문; 12소예언서
  (Dodeka) 34개; 예컨대, 호2:1-3; 3:1-5; 미2:12-13; 4:1-5;
  5:1-3[5])
- 양면적인 예고(대적의 멸망과 이스라엘을 위한 구원) (39
  개 본문, 예컨대, 욜3:1-5; 4:13, 9-14, 15-17, 18-21; 옵

1:15a, 16-17; 슥9:13-16; 10:3-6a; 12:1-8; 14:1-19; 말
3:19-21)

- 조건부의 구원예고(34개 본문, 예컨대, 렘3:19-4:4; 습2:3;
슥8:18-19)

- 경건한 자와 악인의 운명 (16개 본문, 그러나 베스터만 스
스로가 이것을 더 이상 예언자적 구원선포에 포함시키지
않는다. 예컨대, 사1:27-28; 29:19-21; 33:14-16; 32:6-8;
합2:4[5]; 습3:11-13; 슥13:1-2a; 14:20-21)

● **상징적 환상**(symbolische Visionen)은 대부분 전기적이
며, 예언자에게 보여진 말이나 사건을 대화를 통해 해석
한다(렘1:11-12, 13-19; 호14:5-9; 암7:1-3, 4-6, 7-9; 8:1-3;
또한 스가랴의 "밤의 환상"(Nachtgesichte): 슥1:7-2:9;
3:1-6, 8).

상징적 환상의 구조	슥1장	렘1장	암7장
1. רָאָה "보다"로써 환상을 예고	7절	13a절	1a절
2. 도입형식구: וְהִנֵּה "그리고 보라"	8a절	13b절	1b절
3. (간략한) 환상의 묘사	8b절	13c절	1b절
4. 대화를 통한 환상의 설명	9-17절	14-19절	2-3절

● **신현현**(Theophanie)과 **공현**(公顯, Epiphanie)은 하나님의
출현으로서 종종 동의어처럼 유사한 것으로 취급된다.
그렇지만 내용적인 기준에 근거하여 양자를 구분할 수
있다(Westermann):

	신현현(Theophanie)	공현(Epiphanie)
1. 목적	하나님의 계시	자기 백성의 구원
2. 방법	화산현상들 (불, 연기, 지진, 구름, 땅이 완전히 녹아버림)	악천후 현상들 (천둥, 번개, 비)
3. 보기들	출19:16-19; 20:18; 삿5:4-5; 사6:1-4; 겔1-2장	시18:8-16; 68:8-9, 34; 77:17-20; 114편; 나1:3b-6; 합3:3-15; 슥9:14

● **묵시**(Apokalyptik) 또한 독자적인 문학양식 혹은 장르로서 자격이 주어진다. 그러나 묵시는 주로 예언의 형식을 차용하며, 무엇보다 내용상의 특징들을 통해 두드러진다. 종말과 묵시는 대립이 아니라 유동적인 이행과정 속에서 두 개의 양극성으로 간주될 수 있다.

종말(Eschatologie)	묵시(Apokalyptik)
1. 내재적	초월적
2. 지상적-국가적 차원	우주적 차원, 이원론 (인간과 천사의 세력, 선과 악, 천사를 통한 상호작용, 천상과 지상의 계속되는 의사소통
3. 구원사, 이스라엘 중심적(원시-종말-구조, 새로운 출애굽 등)	세대적 시대구분, 두 시대, 역사 구상, 천상적 예정설

4. 언어를 문자적 또는 회화적으로 사용 (통상적인 어법의 사용)	공상적인 상징들, 상징들 속에 은닉된 교리들, 언어가 감정적 기능을 수행함.
5. 지상적-다윗왕조의 메시아	천상적-초지상적인 메시아
6. 보기들: 사40-66장; 렘30-31장; 겔40-48장; 호2:1-3, 16-25; 14:5-9 등	부분적으로 사24-27장; 겔38-39장; 다니엘; 스가랴; 부분적으로 아모스와 요엘

2. 문장단위

● **탄식의 선언**(Wehruf)은 예언서에서 הוֹי/אוֹי "화로다"로 시작되며, 뒤이어 행동이나 행동방식을 비판받는 분사/사람주어 혹은 사람집단이 나온다. 그런 다음 그것에 대한 징벌이 예고된다(참조. 3.4.1의 4항) (사5:8-33; 호7:1 3; 9:12; 미2:1; 나3:1; 합2:6-20; 습3:1; 슥2:10-11; 11:1).

● 반면, 예언자들에게서 **축복/행복선언**(Makarismus/ Seligpreisung)은 드물게 나타난다(단지 사30:18; 32:20; 56:2; 단12:12).

● **숫자잠언**(Zahlenspruch)은 지혜문학에서도 나타난다(3.4.3 의 3항을 보라) (암1:3, 6, 9, 11, 13; 2:1, 4, 6; 미5:4).

3. 발언 형식구들

● **말씀사건의 형식구**(Wortereignisformel) (הָיָה/וַיְהִי דְבַר־יְהוָה אֶל "야훼의 말씀이 누구에게 임했다.")는 약 90회에 걸

쳐 구원예언 또는 심판예언의 도입구가 되며, 그것들은 하나님의 계시로 나타난다. 이 형식구는 수신자로서 예언자의 이름을 포함하고 있으며, 그것이 새로운 메시지일 경우엔 단순히 אֵלַי "나에게"라는 말로 표현한다. 종종 그것은 시간과 장소에 대한 언급을 통해 더 자세하게 규정된다. 그러나 계시의 방식 자체는 명확치 않다(겔6: 1; 7:1; 렘1:2, 4, 11, 13; 호1:1; 욜1:1; 미1:1).

- **전달자 형식구**(Botenformel) (כֹּה אָמַר [אֲדֹנָי] יהוה "[주] 야훼께서 이렇게 말씀하신다", 이것은 예언서에서 약 360회 나타난다.)도 마찬가지로 구원예언이나 심판예언 서두에 나타난다. 그러나 때로는 심판예고를 시작하기 위해 심판의 말씀 중간에 나타나기도 한다. 또한 이 전달자양식은 하나님의 이름과 위임 속에서 말해진 것으로 예언자의 말에 권위를 부여한다(렘2:2, 5; 겔5:5, 7; 6:11; 7:5; 암1:3, 6, 9, 11, 13; 학1:7; 슥8:4, 7, 9, 14, 20, 23).

- **하나님의 발언 형식구**(Gottesspruchformel) ([אֲדֹנָי]נְאֻם יהוה "[주] 야훼의 말씀이다", 예언서에서 350회 이상 나타난다.)는 특히 하나님의 발언 마지막에서 발견된다. 그러나 이동, 중단, 주제전환의 경우에도 나타난다. 이것은 야훼가 어떤 예언자가 전달하는 메시지의 장본인(Urheber)임을 밝혀주며, 또한 그분이 이 메시지의 실행에도 책임이 있다는 사실을 나타난다(사43:10, 12; 렘1:8, 15, 19; 호2:15, 18, 23; 11:11; 암2:11, 16).

- **주의요청/들을 것을 촉구/교훈시작 형식구**(Aufmerksam-keitsruf/Aufforderung zum Hören/Lehröffnungsformel)는 공개적인 선포를 이끌며, 청중의 관심을 일깨우고자 한

다. 이것은 1)들음으로의 초청, 2)수신자에 대한 언급, 3) 들어야 할 것에 대한 예고 등의 요소로 구성된다(사1:10; 겔6:3; 호4:1; 암3:1; 미6:1).

● **파송형식구**(Aussendungsformel)는 어떤 메시지를 전달해야 하는 전달자에게 파송자가 주는 위임의 명령이다. 그것은 דבר/אמר 동사의 명령형("말하라")으로 형성되며, 여기에 움직임을 나타내는 동사(대부분 הלך)의 명령형이 앞서 나온다("가서 말하라..."). 여기에 목적어(수신자)와 전달내용(전달자 형식구과 함께)이 뒤따른다(사7:3; 36:4; 37:6; 38:5).

부록 I
양식사(Formgeschichte)

1. 연구사에 관하여: 헤르만 궁켈(Hermann Gunkel)

구약성서에 대한 양식사(FG) 연구의 아버지는 헤르만 궁켈이다(1862-1932). 그의 목표는 구약성서의 "문헌역사"를 재구성하는 것이었다. 다시 말하면, 그것은 종(縱)단면들 속에서 수백 년에 걸친 장르들의 발전을 모사(模寫)하는 것이다. 이러한 면에서 볼 때 양식사 연구는 순전히 문헌비평에 집중된 벨하우젠-학파에 대한 반(反) 진행(Gegenbewegung)이다. 벨하우젠-학파는 본문의 이전 역사가 아니라 최종산물에 관심을 가졌기 때문이다. 양식사와 문헌비평은 근본적으로 서로를 배제한다. 궁켈은 이스라엘 종교에 대하여 벨하우젠과 완전히 다른 그림을 보여준다. 왜냐하면 야휘스트들과 엘로힘 기자들의 서술들은 훨씬 오래된 전통에 소급될 수 있기 때문이다.

궁켈의 공헌은 최초로 검증 가능한 기준들을 가지고 상이한 양식들을 규명한 것이다. 그의 창세기 주석[134]과 시편개론[135]이 구약성서 연구에 가장 오랫동안 영향을 끼쳤다. 그가 제시한 개별 양식과 장르들을 위한 범주들은 오늘날까지 연구를 위해 폭넓게 영향을 미치고 있다.

---

134) Gunkel, *Genesis*, 특히 VII-LVI.
135) Gunkel, *Einleitung*, 특히 1-292.

2. 삶의 자리(Sitz im Leben)

궁켈의 장르분석은 어떤 사회문화적인 배경, 즉 "삶의 자리"에
분류시키는 것과 항상 결합되어 있다:

> "오래된 모든 문학적 장르는 본래 이스라엘 민족의 삶에 존
> 재한 어느 특정한 곳에 자신의 자리를 가지고 있다... 이 장르
> 를 이해하고자 하는 사람은 매번 이러한 전체 상황을 분명히
> 해야 하고 다음과 같은 질문을 해야한다: 화자는 누구인가?
> 누가 청중인가? 이 상황에서 어떤 분위기가 지배적인가? 어
> 떤 효과가 열망되고 있는가? 종종 이러한 장르는 그 장르를
> 특색 있게 하는 어떤 상태(Stand)를 통해 대변된다."136)

삶의 자리에 대해 불확실한 결정을 보여주는 예로서 제왕시편
을 살펴보자. 이것은 양식비평적 분석에서 매우 중요한 역할을 했
다. 궁켈은 시47편; 93편; 96편; 97편; (98편); 99편을 "야훼의 즉위
에 대한 노래들"로 분류했고, יהוה מָלַךְ(오류로)를 즉위식의 외침으
로서 "야훼가 왕이 되셨다"("야훼가 왕이시다"가 아니라)고 번역
했다. 그러나 모빙켈(Sigmund Mowinkel)은 무려 64개의 시편을 이
러한 장르로 분류했다. 그는 창조의 신 마르둑의 즉위식을 드라마
형식으로 재현하던 바벨론의 신년축제와 상응하게 매년 이스라엘
의 가을축제에서도 야훼의 즉위식을 거행했다고 주장했다. 이와는
달리 바이저(Artur Weiser)는 이러한 시편들의 "삶의 자리"가 "언
약갱신축제"(Bundeserneurungsfest)라고 주장했다. 한스 요아힘 크
라우스(Hans-Joachim Kraus)에 따르면 그것은 "왕실의 시온축

---

136) Gunkel, *Grundprobleme*, 33.

제"(königliches Zionsfest)로 대체되었다. 이러한 축제들은 구약성서에 언급되지 않고 있으며 이스라엘 주변세계에서도 분명하게 볼 수 있는 것들이 아니다. 더구나 이러한 것들은 야훼의 불변하고 영원한 왕권을 전제하고 있는 구약성서의 신관(Gottesbild)과도 맞지 않는다(이스라엘의 왕정이전에 벌써: 출15:18; 민23:21; 또한 참조. 대상17:14).

3. 역사성의 질문

궁켈은 창세기 주석의 서두에서 도발적인 논제를 제기한다: "창세기는 영웅담(Saga)의 수집물이다." 그는 "족장들의 영웅담들이 다루고 있는 영웅담의 소재들은 전체적으로 역사적이거나 원인론적인(ätiologisch) 출처를 가지고 있지 않다"(S. XXVI)고 평가한다. "아브라함의 종교가 실제로는 그것을 아브라함에 귀속시키고 있는 영웅담 설화자들(Sagenerzähler)의 종교이다"(S. LXXIX). "이러한 인물들의 역사적 가치는 이러한 영웅담들 안에서 기술된 상황들의 역사성 안에서 존재하며, 그들의 종교적-도덕적 가치는 이러한 이야기들을 말하는 사고 속에 존재한다"(S. LXXX). 몇 가지 이야기의 이면에는 민간설화자와 제사장에게 소급될 수 있는 시문으로 된 원양식들이 있다는 것이다. 그리고 이러한 민간전승으로부터 영웅담들이 생성되었다는 것이다. 이 영웅담들은 이미 문서 이전의 형태에서 "영웅담의 반열"(Sagenkränzen)에 올라 있었을 것이라고 주장한다.[137]

---

137) Gunkel, *Genesis*, VII. 참조. 4장: 역사적인 문제들, 여기에서는 역사성에 대한 다른 평가에서 출발한다.

4. 양식사의 문제점에 관하여

양식과 장르에 대한 분석이 크게 유익함에도 불구하고 다음과 같은 비판적인 의문이 제기된다:

a) 역사적인 이해관계를 진술하는 단락의 역사성은 단순히 어떤 장르의 서랍 안에 넣어버림으로써 부정되어서는 안 된다. "영웅담"(Sage), "동화"(Märchen), "전설"(Legende)과 같은 가치평가가 들어있는 범주들은 아예 사용하지 않는 것이 바람직하다.

b) 저자의 인격성에 대한 소멸은 문제가 있다. 벨하우젠은 여전히 (익명의) 저자를 전제하고 있는 반면, 궁켈의 경우엔 기록에 관여한 저자는 더 이상 의미가 없다; 창조성이 이제는 집단적인 민족정신에 귀속된다.

c) 어떤 양식을 어느 특정한 사회문화적인 "삶의 자리"에 연결시키는 것은 문제가 될 수 있다.[138] 그것이 하나의 가설이면서 성서의 진술 자체와 대립되어 나타날 때 그렇다. 많은 양식들이 상이한 본문의 자리에서 발견되며 다른 기능을 가지고 있다.

d) "장르들의 역사"는 물론 각 책이나 단락들의 연대설정과 직접적인 관련을 맺고 있다.

e) 단순한 양식에서 복잡한 양식으로 발전했을 것이라는 가정은 성서 본문 자체에 대한 세밀한 분석에서라기보다는 19세기의 발생학적 사고에서 기원한다. 단순하게 구성된 양식들

---

138) Steck, *Exegese*, 117에 반대하여; 또한 참조. **Kreuzer**, *Proseminar*, 77.

도 마찬가지로 사상적인 압축의 결과를 훌륭하게 묘사할 수 있다.

f) 어떤 장르의 "순수양식"은 인위적 일반화의 결과이다. 이러한 양식으로는 거의 존재하지 않거나 아예 그런 적이 없다. 그러므로 "본래적인" 양식, 후대의 확장과 보충, 생략이나 이른바 "훼손된" 단락에 대한 가정과 같은 비판적인 추정들과는 거리를 두어야 한다.

g) 유사한 구조를 가지고 있는 비교 가능한 본문들이 충분한 경우에만 어떤 "장르"에 대해서 논할 수 있다.

h) 오랜 구두 전승의 과정에 대한 추측은 의문시된다. 고대 중동은 문자 문화 세계이다. 경험에 근거한 모델들은 고대 중동에 있었던 전승과정의 높은 신뢰성을 확인해 준다.

4. 본문의 상황과의 관계

구조분석에서 (크거나 작거나) 어떤 본문단락의 주석을 위해 경계설정의 근거를 밝히고 그것을 실행하였다면, 이제 이러한 본문단락이 보여주는 주변본문(상황)과의 관계가 중요해진다.[139]

4.1. 근거제시

1. 정당한 근거 하에 설정된 어떤 본문단락(3장 2.2: '본문의 경계설정'을 보라)은 그 자체로 고립되어 있지 않다. 그것은 범위가 더 큰 본문맥락의 일부이다. 어떤 본문이 처음부터 또는 의도적인 배열을 통해 이러한 본문의 맥락에 소속되어 있다.[140]

2. 어떤 본문의 본래적인 진술 의도는 통상적으로 본문의 상황과의 관계 속에서만 결정될 수 있다. 개별본문의 주석에서 낱말과 문장과 전체 단락의 언어적이며 신학적인 의미가 탐구된다. 이렇게 확정된 의미는 주어진 본문의 상황에서 강조되고 구체화된 본문의 의미를 획득한

---

139) Söding, *Schriftauslegung*, 119는 이 두 개의 단계를 "상황분석"(Kontextanalyse)이란 장에서 종합하며 그 과제를 다음과 같이 묘사한다: "그러므로 그것(상황분석)은 첫째로 본문의 상황으로부터 개별본문의 경계를 설정해야 하고, 둘째로 주석되어야 하는 본문의 위치와 가치를 가깝고 먼 본문의 상황 안에서 결정해야 한다."

140) A.a.O., 117: "그러므로 어떤 본문의 주석의 과정에는 그 본문의 상황에 대한 분석이 항상 포함된다."

다. 이러한 본문의 의미는 고립된 본문의 관찰에서 반드시 드러난다고 볼 수 없다.

3. 역사적인 배열(Einordnung)도 어떤 경우는 본문의 전후 맥락(상황)에 대한 관련성 안에서 비로소 분명해지고 또는 그렇게 할 때야 비로소 가능해진다.

4.2. 전제조건

주석의 출발점은 정경적으로 확정된 문헌적 상황이다. 이러한 방법론은 정경적인 본문의 상황에 우선적인 관심을 두지 않고, 새롭게 확정된 자료나 문서층에 우선적인 관심이 있는 전통적인 역사-비평적 방법과는 구별된다. 역사-비평적 방법론 안에서 다양한 본문층의 합생(合生, Zusammenwachsen)에 관한 질문은 구성사(Kompositionsgeschichte) 또는 편집사(Redaktionsgeschichte) 안에 자리하고 있다.

4.3. 방법적 조치들(Vorgehen)[141]

1. 이 연구는 가깝거나 먼 본문의 상황(미시상황[Mikro-kontext]과 거시상황[Makrokontext])을 포괄한다. 이때 해석자는 본문단락의 좁은 범위에서 출발하여 더 넓은 범위로 옮겨간다.

2. 본문의 상황은 통상, 주석의 대상이 되는 본문의 단락과

---

141) 이점에 관한 상세한 설명은 참조. a.a.O., 121-125.

동일한 주석적 노력을 들여 고찰될 수 없다. 그것은 "개별본문의 주석에서와 같이 다양하고 자세하게 고찰될 수 없고, 다만 기본적이며 기초적으로 고찰될 수 있다. 따라서 이 과정을 통해 거시적이며 미시적인 본문상황에서 가장 강력하게 작용하고 있는 의미의 흐름이 분명해진다."[142]

3. 다음과 같은 과제설정이 수행된다:
● 주석되어야 하는 본문단락 안에서 본문상황에 대한 암시들을 확인한다.
● 선·후행하는 본문과의 관계를 밝혀낸다(미시상황).
● 거시상황에 대한 본문단락의 의미나 미시적인 본문상황의 의미를 찾아낸다.

본문의 이해를 위한 미시적이거나 거시적인 본문의 상황과의 관계는 본문에 따라 그 중요도가 달라진다.

4.4. 실제적인 수행

1. 본문에 내재된 상황에 대한 암시들
● 본문자체로부터는 이해가 되지 않고 선행하는 정보들이 전제되어 있는 개념, 전문지식(Realien), 이름, 진술들이 있는가?
● 본문의 시작과 끝이 본문의 상황에 대한 이해를 얼마나

---

142) A.a.O., 119.

뚜렷하게 적시(摘示)하고 있는가?

● 본문 자체가 선행하거나 후행하는 본문과 명확하게 관계되고 있는가?

2. 가까운 상황에 대한 본문의 관계(미시상황)

● 본문의 시작과 끝이 새로운 시작이나 중단 또는 계속을 나타내고 있는가?

● 본문이 직접적으로 연결된 본문의 상황으로부터 무엇을 전제하는가?

● 본문이 선행하는 것을 어느 정도나 계속하는가?

● 선행하는 본문에서는 여전히 개방되어 있는 질문들에 대해 본문이 답변하는가?

● 본문이 후행하는 본문에서 답변되는 질문들을 던지고 있는가?

3. 먼 상황에 대한 본문의 관계(거시상황)[143]

● 이 단계는 몇 가지 단계를 거치는 더 넓은 본문의 상황과 관련이 있다: 좁거나 넓은 주제의 관련성, 전체로서의 성서의 각 권, 구약의 분류에 따른 정경의 일부분(예, 오경, 예언서, 성문서 등), 구약성서 전체.

● 예: 아브라함의 족장사에서 뽑은 본문인 경우 그 관계는 우선 아브라함에 대한 보도 전체와의 관계를 살필 수 있고, 더 나아가 족장사 전체, 창세기 전체, 오경 전체, 경

---

[143] 이 과제수행을 위해 폭넓은 사전지식이나 광범위한 연구가 필요하다는 사실을 인지해야 한다.

우에 따라서는 구약성서 전체와의 관계를 살필 수 있다.
- 더 큰 본문의 맥락이 어떻게 구분되는가?
- 어떤 주제가 더 넓거나 좁은 본문의 맥락을 결정하는가?
- 이러한 맥락 속에서 본문은 어떤 위치를 차지하며 어떤 의미를 가지고 있는가?

4. 연구결과 확보
- 이 본문이 더 좁거나 넓은 맥락에서 있어서 어떤 의미가 있는가?
- 이 본문은 더 좁은 본문의 맥락에 있어 더 큰 의미가 있는가 아니면 더 넓은 본문의 맥락에 있어 더 큰 의미가 있는가?

5. 본문의 상황과의 관계를 결정하기 위한 언어적 도움들
- 의미론적인 차원: 낱말의 의미범위(Wortfeld), 신학적 중심개념들
- 구조적인 차원: 핵심어 연결, 논리적 연결, 본문의 전후 참조(Vor-/Rückverweis) 또는 상호참조(Querverweis), 서술과 사건의 관련성, 인물과 장소들의 관련성.

4.5. 주석사와 연구사

1. 본문상황을 고려치 않음
사람들은 교회의 신앙생활에서 또한 신학적인 서술에서도 신학적 진술의 근거를 제시하거나 주제와의 관련성을 보여주기 위해

성서본문의 개별적인 어절이나 문장을 적지 않게 사용한다. 특별히 구약과 신약의 관계성 속에서 사용되는 예언과 성취의 도식 안에서 이러한 사용이 선호된다. 이때 특히 구약성서 본문에 대한 상황이 종종 고려되지 않는다.

성서본문 사용의 이러한 형식은 기본적으로 의문시될 수 없다. 그러나 다음과 같은 사실은 재고(再考)되어야 한다:

- 어떤 본문이 성서본문으로 사용될 때 단지 어떤 특정한 주제 아래에서만 고찰되고 있지는 않는가?
- 흔히 어떤 본문이 단지 성취의 기능을 위해서만 고려되고 있는지 않는가?
- 본문의 역사적 의미가 소홀히 다루어지고 있지 않는가?

본문의 상황에 대한 관련성을 찾는 것이 주석이나 적용을 반드시 수월하게 하지는 않는다. 그러나 이와 반대로 그것은 본문의 역사적인 차원을 보여주고 - 가능한 경우 - 그 본문을 어떤 구체적인 상황에 뿌리내리게 한다.

또한 경우에 따라서는 본문의 상황에 대한 고찰이 본문에 대한 잘못된 이해를 막아줄 수 있다.

2. 상황으로서의 문헌층

역사-비평적 성서해석은 본문의 상황에 대한 질문에서 우선적으로 그 관심을 다양한 자료나 본문층 안에서의 관계성에 둔다. 이러한 관점이 구약주석 방법론을 다루는 책들에 서술되어 있다.[144]

---

144) 참조. Kreuzer, *Proseminar*, 64; Steck, *Exegese*, 58.

이러한 관심은 구성사 또는 편집사에서 본문의 합생(合生)과 편집자의 의도에 그 초점이 맞춰진다. 그러나 이 과정에서 정경적인 본문의 내용적인 관련성에 대한 고려가 종종 전혀 이루어지지 않는다.145)

3. 정경적인 본문에 대해 새롭게 일깨워진 관심

본문의 상황분석과 관련하여, 지난 몇 십 년 동안 역사-비평적 해석에서 일어난 하나의 커다란 변화를 고찰할 수 있다. 문헌비평과 편집사의 가설(假說)성에 맞서 정경적인 본문과 상황이 다시 의도적으로 주목을 받고 있다.146) 이것은 우리의 관점에서 볼 때 환영해야 할 일이다. 물론 이러한 접근에서 정경적인 본문은 (포로기 이후의) 후대의 본문으로서 간주되며, 서술된 사건에 대한 관심이

---

145) 창세기에서 자료구분을 거부하는 Jacob, *Genesis*, 1048은 이점에 대해 다음과 같이 확인한다: "오경비판은 시지푸스의 일로 고생하지만, 그것은 실제로 현존하는 관계성과 종속성을 인식하지 않았거나 고려하지 않았다."

Söding, *Schriftauslegung*, 118이 공관복음서의 상황분석의 맥락에서 수행한 내용이 구약성서에도 적용될 수 있다: "문헌비평 학파는 자료 찾기에 … 양식사 학파는 작은 전승단위들을 찾는 것에 … 그리고 편집사 학파는 최종-편집을 통해 이러한 전승들의 개작을 찾는 것에 완전히 고착되어 있다. 이러한 통시성에 대한 고착에서 풀려나고 복음서 기자들이 (다시) 진지하게 여겨져야 할 저자로서 발견된 후에야, 공관복음서-주석에서도 상황분석이 다시금 중요한 방법론적 단계로서 확고한 위치를 차지하게 될 것이다(상황분석이 방법론에 관한 문헌에서 아직 거의 언급되지 않고 있듯이)."

146) 예컨대, Rendtorff, *Theologie*는 본문의 생성에 관한 문제에 대해 단지 주변적인 관심만을 보이며, 본문의 정경적인 최종형태를 중심에 놓는다. 이러한 점이 제목("구약신학. 정경적인 구상")에서 분명히 드러난다.

이차적인 것이 되거나 완전히 포기된다는 사실이 간과되어서는 안 된다.

5. 본문의 통일성

5.1. 본질적인 질문

우리는 본문의 통일성에 대한 질문과 함께 근대의 성서해석에 결정적으로 작용하는 본질적 질문에 도달한다. 어떤 해석 방법론 이 수행될 때, 어떤 본문이 본문의 해석을 위한 출발점이 되는가?

역사-비평적 성서해석에서 본문의 통일성에 대한 질문은 매우 중요하다. 어떤 본문이 상이한 본문층들로 구성되지 않았을 때, 그 본문은 통일성을 가진다. 통일성에 대한 질문은 역사-비평적인 방 법의 틀 안에서 "문헌비평"의 과정에서 탐구된다(부록 II: '문헌비 평'을 보라).

역사-비평적 성서해석에서 많은 본문들이 통일성을 갖추지 못 한 것으로 간주된다. 그 본문들은 본래 상이한 독립적인 본문들이 병합되어 구성되었거나, 어떤 본문이 시간이 지나면서 편집자들에 의해 계속적으로 개정되었으며 이 과정에서 다소간의 신학적인 진 술들도 강하게 변경되었다. 그러므로 이러한 성서해석 작업을 위 한 출발점은 다양한 본문층들이거나 개정본문들이다.

이와는 달리 우리는 성서해석의 모든 단계에서 현재 주어진 정 경적 본문을 출발점으로 삼으며, 이로써 본문의 통일성을 전제한다.

5.2. 본문의 통일성에 대한 근거들

1. 모든 단계에서 주석작업을 위한 출발점은 정경적인 본
   문이다. 이 본문은 현재 주어진 형태로 유대교나 예수와
   초기 교회에 의해서 구속력 있는 하나님의 말씀으로서
   인정되었다. 기독교 신학의 틀 안에서 주석작업은 이러
   한 근본결정 뒤로 후퇴할 수 없다.

2. 따라서 주석작업을 위한 출발점은 우리 앞에 놓여 있는
   본문이지 가설에 의해서 추론된 초기형태(Vorform)가
   아니다. 여기에서 본문의 통일성에 대한 본질적인 질문
   은 본문을 다루는 방식에 대한 질문으로 확장된다. 현재
   적 형태의 본문 자체가 우리에게 전달되었고 정경 안에
   수용된 형태로서의 본문을 해석의 근거로 삼아야 한다
   는 주장을 가장 강력하게 대변해 주고 있지 않는가?[147]
   이 점은 바로 오늘에 이르기까지 소위 초기형태와 본문
   층들임을 입증할 만한 분명한 표지(標識)들이 없고 단지
   현재의 본문들로부터 역추론한 결과들일 뿐이라는 사실
   을 고려할 때 그러하다.

3. 최근에는 문예학적인 연구가 본문을 문학적인 관점들
   속에서 통일체로서 이해할 수 있도록 많은 도움을 주었
   다.[148]

---

147) 그러므로 우리는 다음과 같은 코흐(Koch, *Formgeschichte*, 66)
의 견해에 동의할 수 없다: "어떤 성서 본문을 실제로 이해하기 위해서
는 현재의 형태 이면에 대해서 전승사적으로 되묻는 것, 즉 그것의 이전
단계들을 찾는 작업이 불가피하다."

148) 부록 III: '새로운 해석학적 방법론들'을 보라.

5.3. 본문생성에 관한 설명을 위한 결론들

1. 물론 본문의 통일성에 근거한 출발점이 본문의 생성사
   를 배제하지 않는다.
- 그러므로 예컨대 예언선포의 많은 부분이나 시편에서와
  같이 처음엔 분명히 구두로 전달되었을 양식들의 경우
  에, 구두 형태에서 본문의 문헌적인 기록에 이르는 과정
  과 본문의 수집이나 병합을 통해 책이나 두루마리가 되
  는 단계들이 있음을 알 수 있다.
- 예컨대 창세기나 사무엘서, 열왕기서, 역대기서와 같이
  긴 시간에 걸친 내용을 보도하는 책들에서 여러 단계에
  걸쳐 이루어졌을 본문의 수집과 선택이 있어야 했다. 그
  러나 구약성서의 책들은 이러한 생성과정에 대해 대체로
  직접적인 진술을 하지 않고 있기 때문에, 정경을 기준으
  로 하는 성서해석에서 이러한 생성과정을 본문 이해의
  전제조건으로 만들 수 없다.
- 역사-비평적인 성서해석은 자신의 역사 속에서 본문의
  생성에 대한 **하나의** 견해를 전개했다: 즉 본문들은 긴
  성장의 과정을 통해 생성되었고 이러한 성장과정은 이것
  에 상응하는 방법론을 통해서 확인될 수 있다는 것이다.
  이러한 일방적인 관점은 몇 가지 고찰과 숙고들을 통해
  수정되어야 한다.
- 본문의 증거에 근거하여 볼 때 우리는 전승 과정에서 본
  문의 성장뿐 아니라 본문의 집중을 고려하지 않으면 안
  된다. 구약성서 안에서 안타깝게도 더 이상 이용할 수 없

게 된 다른 자료들에 대한 지시가 계속해서 언급된다.[149] 그러니까 수용되지 않은 본문들이 있었다. 따라서 오늘 우리에게 전달된 본문들은 의도적으로 선택된 것임을 말해 준다.

● 통상 성서본문들이 그들의 권위에 귀속되는 개별적인 인물들로부터 구약성서에 전승된 것보다 훨씬 더 많은 구두 및/또는 문서 자료가 있었다고 가정할 수 있다. 그러므로 예컨대 예언자 미가에게 그의 선포가 단지 7장뿐이었다는 사실은 가정하기 어렵다. 시편의 수집도 마찬가지다. 이스라엘에는 분명히 시편집 안에 수집된 것보다 훨씬 더 많은 영적인 노래들이 있었다. 동일한 사실이 지혜문헌으로 분류할 수 있는 본문들에게도 적용된다(참조. 왕상5:12). 역사적인 사실에 대한 지식의 공백 때문에, 현재 주어진 본문을 선택했다는 이유만으로 어떤 본문이 어떤 특정한 저자로부터 유래된 것이라는 사실을 부정하는 것은 불가능하다.

● 언어사적인 관점에서 볼 때 구약성서에는 후대의 히브리어 용법이 폭넓게 관찰된다. 그러므로 구약성서의 많은 부분이 언어적인 개정이나 현재화를 경험했다는 사실을 전제할 수 있다. 이러한 사실은 현재 주어진 본문 이전의 모습을 탐구하거나 개별적인 본문들을 어떤 본문층에 배열하는 것을 현저하게 어렵게 한다.

2. 의심할 여지없이 여러 자료들과 인용들이 선포나 본문

---

149) 예컨대 출17:14; 수10:13; 삼하1:18; 왕상11:41; 14:19,29.

안으로 수용되었다. 이러한 자료들은 부분적으로 명료하며, 부분적으로는 추론할 수 있고,150) 때로는 현재의 본문에서 더 이상 인식되지 않는다. 그러나 본문에 수용된 자료들은 본문 안에 통합되었고 본문의 일부가 되었으며, 따라서 현재 주어진 본문의 상황 안에서 해석되어야 한다.

5.4. 신학적 해석을 위한 결론들

본문의 통일성을 고려하면서 신학적 해석을 위해 내리는 결정이 가장 중차대한 결과를 가져온다.

주석이 다양한 본문의 단계들을 해석의 출발점으로 삼는다면, 서로 모순의 관계에 있거나 인간적인 경험의 범주 안에서 계속적인 발전을 보여주는 다양한 신학적인 이해들이 드러난다. 그 결과는 개별 본문 안에서 수집되어 있는 신학적으로 상이한 목소리들의 합창이다.

예: 창1-3장을 다양한 시대에서 생성된 다양한 자료들에 할당한다면,151) 이것은 몇 가지 신학적인 결론들을 내포한다.

---

150) 그러한 예들을 부록 II: '문헌비평,' 2. 문헌비평의 전제조건들에서 보라.

151) 창 1-3장에 대한 전통적인 역사-비평적 해석모델에서는 창 1:1-2:4a가 포로기의 제사장문서로 간주되고, 창2:4b-3:24은 주전 10-9세기로 그 연대가 설정되는 야휘스트의 문헌으로 여겨진다. 최근에는 야휘스트 자료의 존재에 대해 광범위하게 의문시되고 있으며, 이것과 함께 창2:4b이하도 더 후대로 그 연대가 설정되고 있다. 참조. Zenger, *Einleitung*, 119-122.

한편으로 거기에는 부분적으로 일치하지 않는 창조이해가
대립되어 있다. 이러한 것들은 각각 다른 본문을 기록한 저자
들의 표현이며 어떤 특정한 시대의 시각을 보여준다. 신학적
인 구속력을 가진다 해도 그것을 단지 제한적으로 가질 뿐이
다. 다른 한편으로는 타락(창 3장)은 단지 하나의 창조보도에
만 관련되어 있다(창 2장). 한편 창1:1-2:4상반절의 창조보도
는 본래 타락에 대한 이야기를 알지 못했다.152) 결론적으로
창 1-3장은 더 이상 "매우 좋다"는 수식어가 달린 창조와 타
락의 역사적 연속을 보여주지 않는다.153)

현재 주어진 정경의 형태 안에서 본문의 통일성에 기초한 출
발점을 가질 때 다른 그림이 그려진다. 해석자에게 긴장관계에 있
는 것으로 보이는 신학적인 진술들이 있다 하더라도 그것이 다양
한 생성 단계를 거쳤기 때문에 나타난 현상이라고 설명되지 않고,
오히려 그것들이 역사적인 상황과 신적인 계시에 근거하여 획득된
본문의 신학적인 특징으로써 동시에 고찰될 수 있다.

예: 창 1-3장을 하나의 통일체로서 읽으면, 상이한 점들 안에
서 두 개의 모순되는 구상(Konzeptionen)들이 아니라 창

152) Von Rad, *Theologie*, Bd. 1, 170는 다음과 같이 단언한다: "그러
나 P기자가 죄의 현상에 대해 거의 관심을 갖고 있지 않았다는 사실은
정당하다."

153) Westermann, *Genesis*, 374-380은 창2-3장에서 어떤 역사적인
연속성도 보지 않는다. 거기에는 인간의 피조성뿐만 아니라 인간의 제
한성이 표현되어 있다는 것이다. "창 2-3장의 서술 목적은 그 이전의 상
태에 상반되게 나타나게 되는 어떤 상태가 아니다... 인간은 범죄한다는
사실이 인간 자체에 내포되어 있다; 그는 이러한 범죄의 가능성을 가지
고 있는 인간 이외의 어떤 존재가 아니다."(377f.)

1:1-2:3과 창2:4-3:24의 상이한 강조점들을 통해 제한적으로
의도된 진술의도를 인식하게 된다.[154] 창1-3장의 두 부분은
서로 모순되는 것이 아니라 서로 해석한다. "창 1-3장은 창조
에 대한 가장 상충되게 경쟁하는 신학들을 제공하는 것이 아
니라, 성경에 근거한 규범적인 창조론의 토대를 형성하는 동
형(同形)의 창조신학을 제공한다."[155]

---

154) 창1:1-2:3은 전체 세계의 창조에 관한 보도를 제공하고 있는 반
면, 창2:4-3:24에서는 인간이 중심에 서 있다. 그러나 그것은 인간의 창
조를 고려할 때뿐 아니라 하나님과의 관계에서 볼 때도 그렇다.
155) Albrecht, *Ende*, 146.

부록 II
문헌비평(Literarkritik)

1. 문헌비평이란 무엇인가?

문헌비평의 출발점은 본문비평을 통해서 확인된 본문의 형태이다. 문헌비평의 과제가 상이하게 정의된다.

피베거(Vieweger)에 따르면 그것은 다음 세 가지 과제를 충족시켜야 한다:156)

1. 본문단락의 경계설정;
2. 어떤 본문의 통일성 또는 비통일성의 확정(본문의 연관성 검사);
3. 더 큰 문헌층에 대한 어떤 본문(독립적인 부분들)의 종속성.

슈텍(Steck)도 이와 유사하게 문헌비평의 과제를 서술한다.157)

리히터(Richter)는 문헌비평의 과제를 더 좁게 규정했다. 즉 문헌비평은 단지 경계설정과 통일성 여부를 검사하며, 조사한 본문 안에 있는 작은 단위들의 서로에 대한 관계를 결정할 수 있을 뿐이라는 것이다.158) 포러(Fohrer)의 연구서는 이러한 입장과 뜻을 같

---

156) Kreuzer, *Proseminar*, 55.
157) Steck, *Exegese*, 46-53.

이 한다.159)

　결정하기 어려운 것이 문헌비평과 편집비평 사이의 경계이다. 이점이 리히터나 포러에 의해서 수행된 문헌비평의 경계설정에선 분명하다. 여러 가지 방법론을 다룬 책들이 문헌비평과 편집비평 사이를 구분하고, 문헌비평을 분석적인 작업과정으로, 편집비평을 종합적인 작업과정으로 설명한다. 이러한 점이 슈텍(O.H. Steck)의 도표에서 그림으로 묘사된다:160)

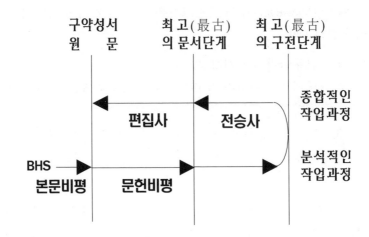

　다른 사람들에 의해서 이러한 구분이 비판된다. 슈미트

---

158) Richter, *Exegese*, 64-66. 리히터의 경우 문헌층의 종속성은 방법론의 마지막 부분에 있는 "구성과 편집들"이라는 장에서 설명된다.
　159) Fohrer, *Exegese*, 47f. 리히터의 경우처럼 문헌층의 종속성은 방법론의 마지막 부분에 있는 "전승비평, 구성과 편집비평, 시대와 저자의 문제"라는 항목에서 조사된다.
　160) 참조. Steck, *Exegese*, 17.

(Schmidt)는 다음과 같이 단정하여 말한다: "그러므로 내가 보기엔 분석과 종합이 문헌비평의 대상이다."161) 카이저(Kaiser)는 하나의 장에 "문헌과 편집비평"을 요약한다.162)

슈미트는 문헌비평에 대한 정의에서 방법론적인 질문의 좁은 영역을 넘어서 다음과 같이 규정한다: "문헌비평은 구약성서의 기록들을 생성시기와 저자에 따라 조사한다... 그러므로 문헌비평은 그 바탕에 깔려 있는 문헌적인 작품들을 찾아내야 하고, 보충된 것들을 구별해야 하며, 경우에 따라선 개별 작품들의 편집적인 연결을 조사하고 문헌 전승의 다양한 시기에 대한 연대를 결정해야 한다."163) 방법론적인 도구는 여기에서 문헌사 연구의 포괄적인 목표에 기여한다. 코흐(Koch)도 이와 유사하게 그 과제를 설정한다: "문헌비평이란 생성 장소와 시간과 같은 개별 저자나 편집자의 참여부분을 정확하게 구분하려는 목표를 가지고, 사고 연결의 단절, 중복, 모순, 개인적인 언어습관 등을 고려하면서 성서의 책들을 분석하는 것이다."164)

요약:

a) 문헌비평의 과제에 대한 좁은 이해와 넓은 이해가 있다.

b) 좁은 의미에서 문헌비평은 어떤 본문의 통일성이나 비통일성에 대한 방법적인 규명이다.

c) 넓은 의미에서 문헌비평은 구약성서의 문헌사 전체에 대한 규명된 개별결과들의 평가다.

---

161) L. Schmidt, *Literarkritik*, 211.
162) Adam, *Einführung*, 51-55.
163) L. Schmidt, *Literarkritik*, 211.
164) Koch, *Formgeschichte*, 87.

2. 문헌비평의 전제들

어떤 본문의 통일성이나 여러 부분으로 이루어진 본문의 구성을 규명할 때 본문 자체에 언급되어 있거나 직접 언급되어 있지 않더라도 매우 높은 가능성을 가지고 추정될 수 있는 저자가 수용한 자료들이 우선적으로 다루어지지 않는다.[165] 이와는 반대로 다양하게 본문에 내재된 고찰들[166](아래 4번를 보라)을 근거로 많은 구약본문들에 대한 비통일성이 주장된다.

비통일성은 다음과 같이 규명된다: 고대에는 저작성에 대한 다른 이해가 있었다. 한 사람의 저자가 어떤 작품을 저작하거나 그 작품에 자신이 가지고 있던 자료나 본문이나 인용들을 삽입한 것이 아니다. 오히려 본문들은 수 백 년에 걸친 긴 성장과정 속에서 생성되었다. 본문들은 현재적인 상황에서 다른 해석이나 새로운 해석뿐만 아니라 보충의 과정을 계속해서 경험했다. 이러한 견해에 따르면 우리는 단지 본문 자체가 기술하고 있는 시대에서 생성된 본문과 관련되어 있지 않고, 본문들이 역사적인 여러 상황 속에서 설명될 수 있다. 문헌비평이나 주석의 과정 전체가 - 이러한 이해를 전제할 경우 - 본문의 역사와 이에 상응하는 본문의 해석을 검증해야 하는 과제를 안고 있다.[167]

---

165) 예컨대, 출15:1-21에 모세의 노래와 미리암의 노래가 들어있다거나, 삿5장에 드보라와 바락이 불렀던 노래가 있다는 주장과 같은 것들이다. 또한 사2:2-4과 미4:1-3에서 매우 유사한 두 개의 본문이 있을 경우, 한 예언자가 이 본문을 다른 예언자로부터 (변경을 가하여) 넘겨받았다거나 또는 알려지지 않은 어떤 제3자의 본문이 두 예언자에 의해서 사용되었다고 가정한다.

166) 참조. Utzschneider, *Arbeitsbuch*, 216f.

167) 예컨대 이러한 이해는 슈텍의 책(Steck, *Exegese*, VII)에서 더

이러한 저자에 대한 이해가 구약성서 본문을 위해 실제로 전제될 수 있으며 논증될 수 있는지, 또는 오히려 그것이 역사-비평적인 생성모델로부터 불가피하게 나온 결론이며 따라서 그것이 가정에 그치는 것은 아닌지에 대한 의문이 제기된다(4장: '역사적인 문제들', 3. '본문과 저자'를 보라).

3. 문헌비평의 자리

역사-비평적 방법의 행동원칙을 말할 때 문헌비평은 대부분의 역사비평 방법론에 관한 서적 내에서 본문비평 다음에 자리한다.168) 이것은 이어지는 모든 주석적 작업 단계들이 문헌비평 위에서 있다는 결론에 이르게 한다. 따라서 이 작업의 단계에서 내리는 결정들이 중심적인 의미를 지니게 된다. 우리는 다음과 같이 말할 수 있을 것이다: 문헌비평은 역사-비평적인 방법론 안에서 다른 모든 단계들이 수행되는 관문이 되었다.169) 이때 각각 뒤 따라오는

자세한 근거제시 없이 목차와 머리말 전에 이미 "제언"(Zum Geleit)이라는 표제어 아래에서 전제된다. 그는 다음과 같이 말한다: "저작권(copyright, Unheberrecht)이란 것이 고대에는 없었다. 짧은 본문에서 다양한 시대에서 기원한 진술들이 나란히 들어 있을 수 있다. 그것은 고대본문의 결핍이 아니라 부요함이다. 이러한 본문을 인지한다는 것은 본문 안에 있는 진술들을 구분하는 것이요, 언젠가 분리되어 있었던 것을 분리하는 것이며, 다양한 시대에서 유래한 본문 안의 목소리들을 그 자체로 듣는 것이다. 이것은 그 본문을 언젠가 자신이 속했던 구약성서의 다양한 문학작품의 한 단면으로서 이해하는 것이다." 참조. Richter, *Exegese*, 49; Kreuzer, *Proseminar*, 55f.; Utzschneider, a.a.O., 226-228.

168) 참조. Steck, a.a.O., XI; Fohrer, *Exegese*, 7; Richter, a.a.O., 7f.

169) 그래서 양식사에 관하여 슈텍(Steck, a.a.O., 103)은 다음과 같이 말한다: "주석적 실천에서 양식사는 무엇보다도 특별히 **개별 본문단락**

단계들을 통해서 수정이 가해질 수도 있다는 사실이 허용된다. 이
러한 문헌비평의 중심적인 위치 때문에 생겨난 결과들이 간과되어
서는 안 된다. 전체로서 현재의 정경적 상황 속에 있는 본문은 종종
더 이상 인지되지 않는다. 각각의 문헌층이나 편집단계가 해석을
위해서 결정적인 것이 된다.

지난 수 십 년 동안 이러한 관점은 부분적으로 수정되었다. 전
체 본문의 언어적인 분석이 더 강력한 의미를 얻게 되었다.[170] 본
문의 통시적인 고찰 외에도 공시적인 고찰이 다시 높은 평가를 받
게 되었다. 그럼에도 불구하고 많은 방법론에 관한 서적들과 해석
자들에게서 통시적인 분석이 결정적인 것으로 남아 있다.[171]

의 언어적인 형태를... 각각 그것이 파악된 성장단계에서 찾아낸다." 이
와 동일한 사실이 전통사(TG)(a.a.O., 128)와 마지막 작업 단계인 해석
에 적용된다: "... 해석은 ... 원칙적으로 파악된 모든 성장단계에 걸맞게
별도로 취급하여 시행하는 것이다"(Steck, a.a.O, 159).

170) 크로이처(Kreuzer, *Proseminar*)의 책에서는 "언어적인 설명"
(sprachliche Beschreibung)이 문헌비평이 소개되기 전에 나오는 별도의
장에 위치한다. 포러(Fohrer, *Exegese*)의 경우엔 "언어적 분석"(sprach-
liche Analyse)이 그 전부터 문헌비평 뒤에 자리하고 있다.

이러한 고전적인 역사-비평 방법론과 대조되는 새로운 구조가 우츠
쉬나이더(Utzschneider, *Arbeitsbuch*)의 책에서 나타난다. 문헌비평이 개
괄적인 해석 바로 앞, "§ 7 본문의 역사"에서 와서야 논의된다. "§ 3 본문
비평"에 이어서 §§ 4-6까지 본문분석, 양식비평, 전통비평과 전통사
(Traditionsgeschichte)가 아주 상세하게 다루어진다. 문헌비평은 방법론
의 거의 마지막으로 옮겨져 있다. § 7에서 "전승사"(Überlieferungs-
geschichte)외에도 "편집적인 개정들"과 "구성", 그리고 모든 단계에 걸
친 본문의 전체 역사 문제가 논의된다.

171) Steck, *Exegese*, 22는 단언한다: "예나 지금이나 이 교재는 언어
학적인 연구의 수용문제에 있어서 신중하다... 그러므로 본서는 주석작
업을 어떤 단락의 언어적인 분석이나 구조에 대한 설명으로 시작하지
않고, 포기할 수 없는(!) 이 과제를 첫 번째 고찰의 단계에 배분한다...
그리고 어떤 본문의 개별적인 성장요소들에 나타나는 언어적 형태에

4. 문헌비평의 방법적인 조치

문헌비평은 역사-비평적인 설명모델의 차원에서 대체로 본문의 생성과 성장에 관한 어떤 분명한 출처에 대한 언급도 없이 수행되기 때문에, 그것은 거의 대부분 본문 자체에 내재되어 있는 근거들에 의존하고 있다.

슈텍(Steck)은 본문의 비통일성을 입증할 수 있는 표지들을 다음과 같이 열거한다:172)

- 중복(Dubletten): 동일한 내용의 필적이 같은 단락 안에서 두 번 표현되어 있다.
- 이중적 혹은 다중적인 전승들: 동일한 부분이 더 큰 본문단위에서 (다양한 판본으로) 여러 번 나타난다.
- 이차적인 괄호묶기(Verklammerung)
- 원문 안에서의 긴장들, 특히 본문의 진행에서 나타나는 모순과 단절들
- 발언 방식과 문체에서 드러나는 차이들
- 역사적인 배경의 상이함
- 특정한 문헌층이나 자료들을 암시하는 신학적인 진술들, 관용적 표현들과 언어적 특성들.
- 내용적인 긴장들과 장르에 맞지 않는 요소들과 같이 고르지 못한 점들.

대한 방법적인 분석을 양식사의 범위 안에 둔다." 다른 말로 표현하면: 슈텍은 언어적인 분석을 분명히 문헌비평 아래 배열한다.

172) A.a.O., 54.

피베거(Vieweger)가 이것보다 좀 더 일목요연하게 4가지 기준을 제시한다:[173]

- 중복과 반복
- 긴장과 모순
- 언어선택과 문체
- 논증(Argumentation)

범위가 좀 작은 오경에 대해서 베스터만(Westermann)은 아래의 기준들을 가지고 상세하게 논의했다:[174]

- 문체와 언어(낱말)사용
- 다양한 신명(神名)들
- 모순과 불균형의 기준
- 중복과 반복의 기준
- 신학적이거나 그 외의 견해나 통찰에서 나타나는 상이성들

물론 이런 기준들이 그렇게 간단하게 적용될 수 없다. 슈텍(Steck)은 이런 기준들에 상세한 설명을 덧붙인다. 여기에서 그는 개개의 기준들을 때론 더 자세하게 그 특징을 설명하고, 때론 상대화시킨다. 또한 많은 기준들에 관하여 말하기를, 그 기준들이 단지 다른 기준들과의 연관성 속에서만 유효하다는 사실을 촉구하며, 더 나아가 많은 기준들의 경우 그 기준들에 대한 정당성의 확인이 계속되는 방법론의 단계들에 종속되어 있음을 밝히고자 한다.[175]

---

173) Kreuzer, *Proseminar*, 60-62.
174) Westermann, *Genesis*, 764-776.
175) 참조. Steck, *Exegese*, 55-57.

5. 연구사에 관하여

본문비평, 문헌비평, 그리고 다른 단계들 순으로 되어 있는 역사-비평적인 방법론의 기준은 또한 역사-비평적 성서해석의 역사적 생성과정을 반영한다.176)

대략적으로 말하면, 19세기는 문헌비평의 세기라고 말할 수 있다.177) 이 시기의 마지막은 특별히 율리우스 벨하우젠(Julius Wellhausen, 1844-1918)이라는 이름과 관련이 있다.178) 이러한 관심의 중심엔 오경이 서 있었다. 오랜 기간 동안 그라프(K.H. Graf), 쿼넨(A. Kuenen), 벨하우젠(J. Wellhausen)의 이름과 관련된 신(新)

결과에서는 유사하게도 베스터만(Westerman, 같은 곳)은 오경의 자료구분을 위한 다섯 가지 기준에 대해서 상세한 논의를 전개한다. 그는 근본적으로 다음과 같은 견해를 가지고 있다: "크고 전체적으로 볼 때, 전반적인 새로운 오경연구가 고전적인 자료구분 기준들을 아주 조심스럽게 사용하고 있고, 일반적으로 그 안전성을 상실했다는 사실을 보여준다"(764). 그는 모든 기준들에게 있어서 그것들이 더 이상 절대적인 기준으로서 적용될 수 없음을 보여준다. 그래서 그는 예컨대 중복과 반복의 기준을 다음과 같이 적용한다: "그것은 더 이상 절대적인 기준으로서 적용될 수 없다. 즉 중복의 현상이 나타난다 해도, 우리는 더 이상 거기에 두 개의 문헌적인 자료가 존재한다고 단순하게 결론지을 수 없다"(772). 이 기준들에 대한 비판적인 논의에 대해서 참조. Houtman, *Pentateuch*, 377-419.

176) 참조. Kreuzer, *Proseminar*, 56-58; L. Schmidt, *Literarkritik*, 211-2113; Smend, *Epochen*, 11-32; 매우 상세하게 Kraus, *Geschichte*; Houtman, *Pentateuch*.

177) L. Schmidt, a.a.O., 212는 1850-1920년을 문헌비평의 전성기라고 표현하고 있다.

178) L. Schmidt, ebd.는 아이스펠트(Eißfeldt, 1922)의 육경-개관 (Hexateuch-Synopse)와 함께 이 시대가 끝났다고 본다.

자료가설(neuere Urkundenhypothese)이 확고한 기반을 가지고 있
었다. 그것은 오경이 네 개의 자료로 구성되어 있다는 사실을 출발
점으로 삼는다: 주전 9세기에 생성된 야훼 자료(J), 주전 8세기에
생성된 엘로힘 자료(E), 주전 7세기에 생성된 신명기 자료(D), 주전
6세기에 생성된 제사장계 자료(P). 이러한 기본모델은 개별적인 연
구자들의 수정들을 논외로 한다면 독일어권에서 일반적인 지지를
얻었다.[179]

대략 1920년부터 전승사, 양식사, 전통사와 함께 새로운 방법
들이 추가되었다. 그러나 그것들은 신 자료가설 위에 세워지거나
그것과 함께 병합되었다.

일반적인 지지에도 불구하고 신 자료가설에 대한 비판적인 질
문들이 제기 되었다. 그래서 엘로힘 자료(E)가 독자적인 자료였다
는 사실이 상대적으로 일찍 의문시 되었다. 연대설정 문제에서 대
략 1970년부터 야훼 자료(J)가 가장 오래된 자료라는 주장이 점점
더 많은 연구자들에 의해서 포기되었다. 이와 관련하여 네 가지 자
료의 생성시기를 후대로 보려는 일반적인 경향과 함께 연구에서
결정적인 변화가 일어났다.[180]

이러한 상황에서 하나의 중요한 관점에 대해서 관심을 기울일
필요가 있다. 우선적으로 문헌비평의 방법을 통한 본문의 주석적
작업이 이스라엘의 진실한 역사를 규명하려는 목적을 위해 사용되
었다.[181] 19세기는 역사주의 시대였다. 신학적인 문제가 아니라 역

---

179) 참조. Zenger, *Einleitung*, 107-109; Kap. 1: Einführung, 2.10.
180) 간략한 연구사에 대한 개관을 참조. Zenger, a.a.O, 109-204.
181) 이점에 대해서 W.H. Schmidt, *Grenzen*, 23은 다음과 같이 말한
다: "예컨대 문헌비평은 역사기술을 위해 문헌적으로 확정되고 시대설
정이 가능한 자료들을 획득하기 위해 우선적으로 추구되었다."

사적인 문제가 전면에 부각되었다. 그것은 무엇보다도 성서의 보도에 대한 역사적인 회의였다. 이것이 바로 역사비판의 방법론을 산출시켰던 것이다. 문헌비평을 통해 확정된 시대에 적용된 본문들에 근거하여 진정한 이스라엘의 역사가 기술되어야 한다는 것이다. 다시 말하면: 개별적인 자료들, 예컨대 오경의 자료들은 더 이상 그 자료들 안에 기술된 시대와 사건들의 보도로서 이해되지 않는다. 다만 이러한 자료들은 자칭 그 자료들이 생성된 시대의 역사와 신학을 반영한다고 전제한다. 그러므로 야훼 자료 안에서 인식할 수 있는 것은 다윗과 솔로몬의 통치아래 있었던 이스라엘 대제국 시대의 이해와 신학이라는 것이다. 반면 신명기의 율법본문과 제사장 문서(특히 제의에 관련된 계명들)는 후대의 증언들이라는 것이다. 벨하우젠은 율법이 예언서들보다 더 후대로 그 연대가 설정될 수 있다는 기본적인 가정을 내세웠다. 이러한 조치에서 다윗 이전의 이스라엘 초기에 대해서 역사적으로 더 이상 많은 것을 말할 수 없는 것은 자명하다. 역사적 비평은 말 그대로 역사 비판(historische Kritik)이었고 지금도 그렇다. 이러한 방법들의 적용은 내용을 위해서도 이와 상응하는 결과는 낳는다. 코흐는 "문헌비평의 역사상(像)"이라는 표제 아래 벨하우젠에 대해서 이렇게 말한다: "그의 본래적인 업적은 문헌비평적인 결과들을 이스라엘 역사(와 원시기독교)에 대한 완전히 새로운 그림과 연결시키는 것이었다. 이 새로운 그림은 성서의 역사에 대한 전통적-교회적인 그림을 허사가 되게 만들었다."182)

---

182) Koch, *Formgeschichte*, 87; 제1장: '서론,' 2.10.2를 보라.

6. 문헌비평의 문제점에 관하여

문헌비평의 방법적인 조치는 여러 가지 이유로 그 근거에 대해 비판적으로 질문되어야 한다:

a) 자료들이나 문헌층은 본문의 내재적인(textimmanent) 고찰들을 통해서 도출된다. 이러한 자료들이나 문헌층에 대한 외부적인 증거들이 없다. 이런 이유로 야콥(Benno Jacob)은 창세기에 대한 책에서 다음과 같이 단언한다: "이 책은 문헌적인 통일성을 가진 것으로 여겨지고 있으며, 그 반대주장이 반박의 여지없이 증명되기 까지는 그렇게 취급되어야 한다. 우리는 그것이 전체이든 그 중 한 부분의 형태로든, 이른바 자료들 중 어느 하나를 별도로 가지고 있거나 그것이 언젠가 존재했었다는 역사적인 정보를 가지고 있지 않다. 그러므로 자료들로 나누는 것은 순전히 가설일 뿐이며 외부적인 증거가 없는 이론이다."[183]

b) 문헌비평에 적용된 기준들이 본문해석에 대한 근대적인 이해에서 기원한 것이 아닌가 하는 의문이 제기된다. 문헌비평의 틀 안에서 본문에 수행된 고찰들은 그 자체로는 다양하게 실감된다.[184] 그러나 문제는 과연 그 결과까지 연구의 대

---

183) Jacob, *Genesis*, 949.
184) 만약 W.H. Schmidt, *Grenzen*, 23가 역사-비평적 방법들에 대해서 "이 (역사-비평적) 방법들이 이 방법론을 거부할 때도 여전히 존재하고 설명이 필요한 것으로 남아 있는 본문고찰 결과들의 다양성에 근거한다"는 사실을 확인한다면, 그의 의견은 동의를 얻을 수 있다.

상에 적절한가 하는 것이다. 수행된 고찰들이 반드시 본문
의 비통일성을 입증하고 있으며, 따라서 다양한 시대로부터
기원한 다양한 문헌층이 있다고 가정해야 하는 것인가? 이
러한 고찰들이 당시의 표현방식들로 이해되거나 다른 설명
으로 해명될 수는 없는가?

c) 지난 수 십 년 동안 문헌비평 내에서도 분명히 그 전보다 훨씬
신중하게 접근하게 되었다. 베스터만은 다음과 같이 말한다:
"전체적으로 살펴볼 때, 새로운 오경연구가 전반적으로 고전
적인 자료구분의 기준들을 아주 조심스럽게 사용하고 있고,
줄곧 그 안전성을 상실해 왔다는 사실을 보여준다."[185] 이뿐
아니라 다음과 같은 질문이 제기된다: 만약 개별적인 기준들
이 충분치 않다면, 개별적인 것으로서 의문시되는 기준들의
묶음이라고 해서 안전한 결과들을 가져올 수 있을까?

d) 역사-비평적 해석의 틀 안에서 이 방법의 사용에 대해선 대
체로 그 의견이 일치한다. 그러나 개별적인 결과들 안에서
는 점점 더 의견일치가 이뤄지지 않는다. 리히터(Richter)는
이미 초기 연구(18세기와 19세기)의 다양한 가설들에 대해
서 다음과 같이 말했다: "이러한 설명시도들 가운데 그 어느
것도 모든 문제점들을 완전히 해소하지는 못했다. 그렇게
많은 가설들이 제기되고 있고, 그 중 어느 것도 학문적인 증
명을 통해서 독자적으로 그 정당성을 인정받지 못하고 있으
며, 자료가설들은 점점 더 관습과 실용성을 통해서 관철되

185) Westermann, *Genesis*, 764.

고 있다는 사실이 우선 불만족스럽다."[186] 지난 수 십 년간
서로 엇갈리는 연구상황이 첨예화되었다. 스스로 역사-비평
적 연구에 대한 의무감을 느끼는 쳉어(Zenger)는 이점에 대
해서 다음과 같이 생각한다: "과거에 비평적 성서학의 걸작
이었던 오경연구는 당시 가장 어렵고 토론의 여지가 많은 주
석의 분야이다... 70년대 이후 자료모델의 비판가들은 계속
해서 그것이 풀었다고 주장하는 문제들이 실제로는(de
facto) 충분하게 풀리지 않았다는 사실을 지적한다." 쳉어는
계속해서 말한다: 자료모델은 "이것이 또한 발전된 창세기
와 출애굽기의 전반부에서 가장 그럴듯하게" 포착된다. 그
리고 그는 다음과 같이 질문한다: "본문의 절반이 넘는 부분
들이 이러한 네 자료의 모델로 다루어질 수 없다면, 이 가설
이 자신을 모순으로(ad absurdum) 이끄는 것은 아닌가?"[187]

e) 그래서 이런 이유들 때문에 최근에 역사-비평 방법론 내에
서 문헌비평의 핵심적인 지위에 대해 매우 근본적인 의문들
을 제기하는 것은 전혀 놀랄 일이 아니다. 이점에 대해서 렌
토르프(Rendtorff)는 다음과 같이 말한다: "앞서 말한 바와
같이 전통적인 문헌비평이 스스로 만든 본문을 생산하는 결
과를 가져올 때, 나는 물론 그것에 대해 커다란 불신을 품고
있다. 모든 주석의 대상은 일차적으로 현재 상태의 히브리어
성경 본문이어야 한다."[188] 크뤼제만(Crüsemann)도 다음과
같이 말한다: "바로 일반적으로 알기 쉬운 새로운 주석서들

---

186) Richter, *Exegese*, 64.
187) Zenger, *Einleitung*, 113. 참조. Albrecht, *Pentateuchkritik*, 65.
188) Rendtorff, *Methode*, 25.

이 재구성된 이전형태나 그것의 보충본문들을 위해서 실제로 현재 주어진 본문에 대한 주석을 포기한다. 이와는 달리 여기에서는 그것들의 내적인 긴장들을 부정하지 않으면서도 전체로서의 본문들을 해석하는 시도가 전개될 것이다."[189] 우츠쉬나이더(Utzschneider)와 니체(Nitsche)는 "최종본문에 대한 비평적 주석이 때때로 완전히 의도된 맹목성을 지니고 있다"고 말하면서 다음과 같은 결론을 내린다: "그럼에도 불구하고 '발굴한'(ausgegraben) 최종본문의 이전단계들에 대한 집중은 최종본문 자체가 도외시되며, 재구성된 이전단계들이 구약성서의 본래적 혹은 우선적인 의미담지자(Bedeutungsträger)가 되는 결과를 낳는다."[190]

f) 문헌비평은 저자나 본문 바로 뒤에 서 있는 권위자들이나 서술된 역사적 상황과 관련한 본문의 진술을 진지하게 취급하지 않는다. 그러나 전체적인 성서 전통에서는 바로 그 정반대의 모습을 발견할 수 있다.

7. 논의 결과들

위에서 언급한 이유들을 근거로 본서의 필자는 무엇보다도 다음 두 가지 논의 결과를 이끌어 낸다:

a) 의심할 여지없이 대변혁을 맞고 있는 현재의 연구상황은 성서본문, 특히 구약성서 본문의 적절한 해석에 대한 질문을 새롭게 찾아야 할 것을 요구한다. 본서("구약성서의 연구방

---

189) Crüsemann, *Elia*, 9.
190) Utzschneider, *Arbeitsbuch*, 218f.

법론”)는 이 점에 기여할 것이다.

b) 본서는 “문헌비평”의 방법적 조치들을 시도하지 않는다.[191]
“문학적인 분석”에서는 주어진 본문을 분석하는 것을 의미
한다. 여기에서 그리고 경우에 따라선 개별적인 주석에서
어떤 본문에 자료들이 사용되었는가 하는 점이 확인될 수 있
다. 그러나 본문 안에 언급되어 있거나 그것의 존재 가능성
이 다른 본문들과의 비교를 통해서 매우 크게 나타난 경우
(예컨대, 사2:2-4과 미4:1-3 등)에만 문헌적인 자료에 대해서
고려되었다. 이때 불확실한 것들과 추측들은 항상 분명하게
시인되어야 한다. 그러나 이러한 자료들은 그 자체가 아니
라 현재 주어진 본문의 부분으로서 해석되어야 한다. 이와
는 반대로 본문생성에 대한 광범위하고 엇갈리는 가설들은
매우 신중하게 접근해야 한다. 그 가설들은 “문헌비평”의 핵
심적인 위치를 통해 나타난 바와 같이 역사-비평적 주석의
틀 안에서 해석을 위한 다른 모든 조치들의 전제조건이 되어
선 안 된다.

---

191) 또한 Maier, *Hermeneutik*, 359도 자신의 책(“Arbeitsschritten für
eine biblisch-historische Auslegung”)에서 문헌비평이라는 용어를 피하
고 “(만약 있는 경우우라면) 문헌적인 자료들”이라는 핵심어와 함께 “본
문의 추정”에서 방법적 조치들을 마친다.

부록 III
새로운 해석학적 방법론들

1. 서론

역사적인 개관이 보여주었듯이,[192] 각 시대는 성서독자들과 주석가들의 모든 세대는 아니더라도 자신들의 특별한 문제와 도전들을 가지고 있다. 이러한 상황들이 각각의 방법적 조치들이나 그 방법론들이 보여준 강조점 안에 반영되어 있다. 어떤 방법적 기준은 역사적으로 성장한 것이기 때문에, 그것은 또한 항상 그 시대의 산물이 된다.

이미 오경연구의 위기에 대해서 말한 바 있다(제1장 '서론'의 2.10과 부록 II: '문헌비평'을 보라). 이 위기는 특별한 사건이 계기가 된 것이 아니다. 오히려 자료가설이 소모되어 버린 것처럼 보였다. 어떤 본문을 (추정적인) 문헌층이나 하위자료 또는 편집으로 끝없이 쪼개는 것은 사람을 지치게 하고 당혹감을 갖게 했다. 이런 상황 속에서 필연적으로 새로운 접근법들이 생겨나게 되었다.

슈텍(Steck)[193]도 언어적 구조분석이나 영향사, 또한 심층심리학적, 여성주의적, 사회역사적, 문예학적 주석과 같은 것들의 "새로운 문제제기"에 대해서 알고 있다. 그러나 그는 "기본적이고 입증되었으며 방법적으로 완성된" 주석적 조치들에 집중한다. 크로이처(Kreuzer)[194]는 "보충적인 기여들"로서 "성서 고고학", "사

---

192) 제1장 서론의 2절을 보라.
193) Steck, *Exegese*, 15, 22-24.

회학적이며 사회사적인 해석", "여성주의적인 주석"과 "심층심리학과 본문해석"을 전통적인 방법적 조치들에 추가한다.195) 우츠쉬나이더196)는 문예학에 아주 큰 비중을 둔다. 이때 문예학은 추가적인 방법적 조치로 파악되지 않고, 역사-비평적 방법론과의 종합을 지향한다. 본서에서는 문예학과 정경적인 방법론에 한정하여 서술된다.

2. 문예학적인 방법론들(Literaturwissenschaftliche Ansätze)

a) 연구사에 관하여

카수토(Umberto Cassuto)나 야콥(Benno Jacob)같은 유대인 주석가들이 20세기의 30-40년대부터 이미 본문의 단일성을 다시 옹호하였지만, 많은 수정들이 있었음에도 불구하고 벨하우젠(Julius Wellhausen)의 자료가설이 70년대에 들어서기까지 지배적인 해석 모델로 남아 있었다. 여호수아서, 룻기, 사무엘서와 열왕기서에 대해서 "신명기사가적 역사서"(Deuteronomistisches Geschichtswerk)라는 노트(Martin Noth)의 가설이 광범위하게 관철되었다.

그러나 세속적 문예학과 언어학 분야의 다양한 새로운 흐름들이 20세기의 20-30년대부터 점차 많은 영향력을 얻게 되었다(특히 프랑스의 구조주의, 영국의 "신비평"[New Criticism], 러시아와 프

---

194) Kreuzer, *Proseminar*, 121-188.
195) 여성주의적, 심층심리학적, 해방신학적 주석에 대해서 다음 책을 보라: Hahn, *Ansätze*, 19-32.
196) Utzschneider, *Arbeitsbuch*, 특히 § 4와 5b.

라하의 형식주의, 그리고 그 이후에 푸코[Ernst Fuch]의 "신 해석학"[Neue Hermeneutik]).

20세기의 70-80년대에 문예학적인 방법론들이 성서학계에 확산되었다. 이것은 전통적인 역사-비평적 방법론, 특히 문헌비평과 편집사에 대한 의도적인 반동이었다. 독일어권에서는 이러한 새로운 방법론들이 단지 매우 조심스럽게 수용된 반면, 주로 영어권 국가와 네덜란드, 또한 이스라엘에서 "신 문학비평"(New Literary Criticism), "문학적 접근"(Literary Approach), "서사비평"(Narrative Criticism), "근접 독법(讀法)"(Close Reading) 등과 같이 포괄적으로 동일한 의미를 나타내는 방법론의 명칭들 아래에서 행해진 새로운 방향설정이 큰 호응을 얻었다.

b) 일반적인 표지들

상이한 방향과 학파에도 불구하고[197] 문예학적 방법론들의 몇 가지 공통점들을 발견할 수 있다. 해석의 중심점이 분명하게 성서의 문학적 측면에 놓여 있다. 성서는 자신의 문학성 안에서 다른 모든 책들과 같은 하나의 책이며, 문예학의 도구들을 통해 연구되어야 한다고 주장한다. 이러한 생각은 본문이나 독자에 대한 저자의 관심을 뒷전에 두는 결과를 가져온다. 역사적인 문제제기가 전반적으로 사라지고 우선적인 문학적 관심에 자리를 내 주었다. 따라서 다양한 문예학적 방법론 안에서는 공시적인 접근법이 통시적

---

197) 예컨대 구조주의(F. de Saussure), "신비평"(New Criticism) (I.A. Richards, T.S. Eliot), 수사학적 분석(J. Muilenburg), 암스테르담 학파(F.H. Breukelman), 해체주의(J. Derrida), 언어기술적 분석 (Logotechnische Analyse) (C. Schedl), "연(聯)단위 구조분석"(Strofische Strukturanalyse) (J.C. de Moor).

인 접근법보다 우선성을 가졌다. 이 방법론이 다른 문학장르들에게도 적합하였음에도 불구하고, 그것은 주로 서사본문에서 실행되었다. 게다가 그것은 미시적인 차원(음운, 양식, 통사)뿐 아니라 거시적인 차원(전체 단락이나 책, 그리고 정경부분들)에도 적용 가능하다. 이러한 방법론에서는 본문의 이전역사에 관심이 없고, 정경적 최종본문이 현재의 모습 그대로 받아들여진다.

c) 본문중심의 방법론들198)

이러한 방법론에서는 본문들이 저자에게서 풀려나 독자적인 삶을 영위하는 독립적인 단위들로 고찰된다. 미학적인 관심을 가지고 그것들을 "문학적인 예술작품"으로서 대한다. 문헌비평에서와 마찬가지로 긴장들과 모순들이 관찰되지만, 문학적이며 신학적으로 해석된다. 본문에 나타난 암시들이 드라마적인 독서과정을 어떻게 조정하는지가 세밀하게 연구된다:199)

● 화자(Erzähler)와 독자(Leser)가 다음과 같이 구별된다: 성서의 화자는 틀이야기에서 직접 거명되거나 "나-화자"로서 나타난다(예컨대, 전1:12-3:15). 화자는 모든 것을 알기 때문에, 그는 숨겨진 행동이나 감정이나 동기들도 알고 있다. 그는 인물들을 특징 있게 서술하며 그들을 평가하기도 한다. 그는 어떤 행동의 원인을 알고 있으며,

---

198) 역사-비평적 방법론과 새로운 방법론들을 조화시키려는 알터(Robert Alter)와 쉬테른베르크(Meir Sternberg)에 대한 설명과 평가에 대해서 Oeming, *Criticism*을 보라.

199) 여기에서는 Bar-Efrat, *Art*의 도움으로 서술되었다. 개론적인 설명을 위해선 Ska, *Fathers*를 참조하고, 상세한 설명을 위해서는 Sternberg, *Poetics*를 참조하라.

하나님의 행동에 대한 촉발원인을 아는 것처럼 말한다.
이와 달리 실제의 저자(wirklicher Autor)는 어떤 책의 실제
기록자로서 다시금 "암시된 저자들"(implizter Autor)과 구
별된다.200) 후자는 독자에 의해서 상상되며 단지 성서 자체
로부터의 역추론을 통해서만 드러날 수 있다(전달된 가치
들, 세계관, 신학을 근거로). 화자와 "암시된 저자"는 본문
에 내재된 것들이고 "실제의 저자들"과 항상 일치하는 것은
아니다.

독자의 측면에서도 동일한 사항들이 적용된다. "암시된 독
자"(impliziter Leser)는 본문에서 전제되어 있는 의도된 이
상적인 독자다. 그는 한편으로 본문에서 직접 언급된 청중
과 구별되고, 다른 한편으로는 "실제적 독자"(wirklicher
Leser), 즉 실제 역사적이거나 현재적인 독자와 구별된다.

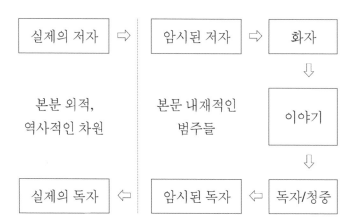

---

200) 예컨대 참조. Utzschneider, *Arbeitsbuch*, 153-160.

- 그는 특별히 화자가 **등장인물들**(Charaktere)을 묘사하는 방식에 대한 평가를 전달한다. 이런 목적을 위해서 그는 다른 것들은 생략하면서도 어떤 등장인물의 특성들이나 발언들, 그리고 행동들을 강조한다. 독자는 등장인물들의 감정과 경험, 또한 그들의 형편에 동참한다.
- 어떤 이야기의 **줄거리**(Plot)에 대해서는 이미 언급한 바 있다.201) 이 줄거리는 시간의 순서를 따라 개별적인 에피소드들을 신중하게 배열함으로 이루어진다. 개별적인 행동과 사건은 원인과 효과의 관계를 통해 인과적으로 연결될 수 있으며, 평행적이거나 대조적으로 진행될 수 있다. 저자는 선택과 구성을 통해서 독자의 관심을 끌고자 하며, 독자를 참여시켜 자신의 서술목적을 이루려고 한다.
- **시간**과 **공간**의 차원들이 이야기에서 근본적으로 중요하다. 이때 객관적이며 표면적으로 드러난 "서술시간"(Erzählzeit)과 빠르기가 매우 융통성 있게 나타나는 주관적인 "서술된 시간"(erzählte Zeit)이 구분될 수 있다. 긴 시간이 함께 모아지는 요약들과 시간이 매우 길게 흘러가거나 멈춘 듯이 나타나는 시기들 사이에 지속적인 변화가 있다. 저자는 시간에 대한 진술과 시제뿐만 아니라 장소에 대한 진술과 움직임들을 통해서 자신의 이야기를 구조화시킬 수 있다.
- 마지막으로 **문체**(Stilistik)202)에 대한 정확한 조사(수사학적 분석)를 통해서 저자의 서술의도가 특색 있게 나타난다.

201) 제3장: 문학적인 분석, 2.3과 3.4.1, 1.
202) 이점에 대해서 제3장: 문학적 분석, 1.4를 보라.

d) 독자중심의 방법론들

전통적인 역사-비평적 해석이나 복음주의적인 해석(예컨대, Walter C. Kaiser)에선 저자의 역사적인 본문의 의도가 중심이 되고, 본문 중심적인 해석에선 본문 자체가 그 중심에 있지만, 특별히 수용미학(Rezeptionsästhetik)[203](reader-response)은 독서행위 자체나 본문과 독자의 끊임없는 상호작용에 집중한다. 독자는 "독서의 행위/드라마"에서 자신이 읽은 바를 이미 계속해서 현재화한다. 다시 말하면 독자는 동시에 전방과 후방으로 읽는다. 획득된 정보들은 새로운 정보를 위한 열쇠로서 받아들여지기 때문에 독자는 해석학적 순환 안에서 움직이게 된다. 독자에게서 무슨 일이 일어나는가? 그는 어떤 정보들을 다룰 수 있는가? 이미 읽은 바와 관련하여 계속되는 독서는 무엇을 유발시키는가? 독자는 무엇을 본문 안에 있는 긴장들로 경험하는가?

특별히 본문에 있는 "공백"이나 "미결정사항들"이 자신의 효과를 위한 기본적인 출발점을 제공한다. "공백들"(Leerstellen)은 본문의 의도적이거나 비의도적인 정보의 틈새들 또는 불명확성들이다. 이러한 것들 안에서 본문의 세계와 독자의 세계가 융합된다. 따라서 단순한 본문해석은 더 이상 없고, 또한 올바른 해석도 없다. 왜냐하면 본문들이 임의로 많은 해석들을 허용하기 때문이다. 그러므로 주석적 "결과들"은 단지 본문과의 만남에서 비로소 생겨나는 독자에 의해서 "선호된 의미"로 고찰될 수 있다. 그러니까 본문들이 기준과 가치를 제공하는 것이 아니라, "해석하는 공동체가" 어떤 의미들에 자격을 부여하고 다른 것들은 거부한다; 그 의미들은 단지 상대적일 뿐이다.

---

203) 개론적인 설명을 위해서 참조. Mayordomo, *Analyse* (Lit.).

e) 평가

(1) 긍정적인 성과

● 해석의 출발점이 정경적인 최종본문이며 자료와 문헌층
의 추정적인 재구성이 아니라 본문의 성실성에 있다.
● 문학적인 장르와 관습이 분명하게 고찰된다.
● 미학적인 요소들에 강조점이 놓여 있다("문학적인 예술
작품"으로서의 본문).
● 화자의 관점과 독서과정 자체가 고려된다.

(2) 비판적 문제제기

● 종종 서구적인 문학개념과 현대적인 허구(Fiktion)와의
비교가 근간을 이룬다.
● 역사적인 문제제기가 등한시되거나 완전히 사라진다.
● 현대적인 독자에게 초점이 맞춰져 있어서, 그들이 모든
것의 기준이 된다.
● 수사학적인 요소들과 문학적인 구조가 과대평가된다.
● 저자와 성서문학의 권위 있는 요구가 상대화된다. 또는
외밍(Oeming)의 적절한 표현을 빌리자면: 이것은 "신학
대신에 미학이며, 진리탐구 대신 오락"204)이라 말할 수
있다.

---

204) Oeming, *Criticism*, 22f.

3. 정경적인 방법론(Kanonischer Ansatz)

a) 브레바드 챠일즈(Brevard S. Childs)의 계획(프로그램)

정경적인 방법론은 챠일즈라는 이름과 불가분의 관계로 묶여 있다. 그는 1970년에 이미 **위기의 성서신학**(Biblical Theology in Crisis)이란 책에서 정경을 성서신학의 상황으로 삼아야 할 것을 주창했고, 이로써 지금까지 계속되는 정경에 관한 논의를 촉발시켰다. 그의 구약성서 개론서(1979)는 계획적으로 "성서로서 구약성서 입문"(Introduction to the Old Testament as Scripture)이라고 명명되었다. 1985년 그의 구약신학이 출간되었고, 1992년에는 비판적인 학문적 연구에서 새로운 것을 제공하는 그의 전(全)성서적인 (gesamt- biblische) 신학이 발표되었다. 챠일즈는 모든 주석적 작업의 토대와 관점으로서 정경을 찬성하고, 마지막 단계의 주석적 방법으로서의 "정경적 비평"으로 축소하는 것(예컨대 J.A. Sanders의 경우에서와 같이)에 맞서 싸운다. 챠일즈는 폭넓게 역사-비평적으로 작업하지만, 정경적 해석의 틀로서 개별적인 조치들을 상대화시키며, 신학적인 주석을 맹렬히 옹호한다.205)

성서의 책들은 길고 복잡한 정경적 편집과정의 결과라고 말한다. 이 과정 안에서 모든 세대들이 본문들을 규범적으로 형상화했다. 시대제한적인 진술들이 일반화되었고 신학화되었다. 그래서 신앙공동체("community of faith")를 위해 하나의 구속력 있는 문서가 생성되었다. 교회가 정경을 만들어 낸 것이 아니라, "문헌 자

---

205) 이점에 대해서 OTL시리즈로 출간된 그의 주석들을 보라: *Exodus*(1974)와 *Jesaja*(2000).

체 안에 깊숙이 뿌리를 내리고 있는 의식"(ein tief im Schrifttum selbst wurzelndes Bewußtsein)206)이 정경화 과정의 주역이라고 말한다. 전체로서의 정경이 규범적이기 때문에, - "가장 좋은 수용본문으로서 마소라 본문의" - 모든 개별본문은 전체로서의 정경의 최종형태("final form") 안에서 교회의 기준으로 이해되어야 한다고 말한다. 따라서 사40-66장은 정경적인 최종형태 안에서 의도적으로 사1-39장을 바탕으로 하고 있으며, 시편의 표제들도 성서 전통의 구성요소이지 성서이후의 유대적인 변조가 아니라는 것이다. 또한 신약성서의 증언(특히 구약성서를 인용한 경우에)도 진지하게 받아들여져야 한다고 말한다.

지난 수 십 년 동안 정경적인 방법론은 점차 많은 영향력을 얻었다.207) 독일에선 특히 렌토르프(Rolf Rendtorff)가 챠일즈의 관심사를 수용했다. 그러나 그는 편집사적인 방법론에 더 강하게 천착되어 있다.

b) 평가208)

(1) 긍정적인 성과209)

---

206) Childs, *Theologie*, Bd. 1, 13.

207) 이점에 대해서 예컨대 다음 책을 참조하라: *Das Jahrbuch für Biblische Theologie*, Bd. 3, 1988.

208) 다음 책의 논문들을 참조하라: *JSOT* 16 (1980), 2-60; *Horizons in Biblical Theology* 2 (1980), 113-211; *ThQ* 167 (1987); Noble, *Approach*.

209) 이 내용은 외밍의 견해(Oeming, *Text*, 242)에 의존하고 있는데, 그는 여기에다 "역사에 충실한"이라는 항목을 추가한다.

정경적인 방법론은

- 본문에 충실하다. 왜냐하면 그것은 정경적인 최종형태에서 출발하며, 본문상호간의 관련성(Intertextualität) 속에서 전체로서의 성서(tota scriptura)를 중요하게 받아들이기 때문이다.
- 객관적이다. 왜냐하면 그것은 문헌비평적 방식으로 자료나 문헌층에 대한 추정에 몰두하지 않기 때문이다.
- 신학적이다. 왜냐하면 그것은 하나의 신학적인 주석으로 초대하며 본문을 규범적인 것으로 인정하기 때문이다.
- 신앙공동체 중심적이다. 왜냐하면 그것은 공시적인 최종 본문의 주석을 통해서 신앙공동체의 성서읽기와 선포로 가는 다리를 놓아주기 때문이다.

(2) 비판적 문제제기[210]

- 영감(Inspiration)의 자리가 저자와 본문으로부터 신앙공동체로 옮겨졌다.
- 여기에는 탈역사화의 위험이 존재한다.
- 편집사가 과도하게 강조된다.

---

210) 챠일즈의 결정적인 반대자들은 제임스 바아(James Barr), 존 바톤(John Barton), 만프레트 외밍(Manfred Oeming) 등이다. 그래서 바톤은 챠일즈가 신비평("post-criticism")과 많은 공통점들 - 그 중에서도 특히 비역사성에 대해서 - 을 가지고 있다고 지적한다. 도멘(Dohmen)과 외밍은 챠일즈가 역사-비평적인 방법으로부터 멀어졌다고 비판한다; 정경적인 방법론은 "근본주의적인 성서읽기에 호의적이다"(*Kanon*, 17)라고 말한다. 심지어 외밍은 그것이 "성경공부적인 묵상"과 "교의주의"다라고까지 말한다(*Theologien*, 195, 199f., 207, 209).

● 어떤 구약성서의 정경이 근간을 이루는 것인지 - 히브리
  성경의 좁은 의미인지 70인경의 넓은 의미인지 - 에 대
  한 의문이 해소되지 않는 채 남아 있다.

제4장
역사적인 문제들

1. 서론적인 숙고

필자는 이 주제로써 이 책 중에서 가장 어려운 장(障)을 시작했음을 잘 알고 있다. 그러나 바로 이 역사적인 문제, 즉 이러한 맥락에서 기술된 사건들의 역사성 문제가 구약학에서 가장 큰 논란의 대상이 되고 있지 않는가? 이때 우선 표면적인 문제제기에서 문제가 되는 것은 기술된 사건들의 역사적인 사실성(Faktizität) 문제이다. 그러나 이것과 함께 본문의 적절한 이해에 대한 해석학적 질문이 늘 함께 제기된다: 본문이 의도적으로 실제적인 사건들을 서술하고자 하는 것인가, 아니면 서술된 사건들은 단지 신학적 내용을 위한 외피에 불과한 것이며, 따라서 사건 자체는 중요치 않는 것인가? 이러한 숙고와 함께, 사건은 얼마나 중요한 것이며 역사는 신앙을 위해 얼마나 중요한가?[211]라는 매우 근본적인 질문이 떠오른다.

역사적인 문제의 경우, 본질적인 의미에서 사실에 관한 역사적 문제제기가 일반적인 방법론에 관한 서적에서 단지 부차적으로 취급되고 있다는 사실이 사태를 더욱 어렵게 한다. 여러 방법론에 관한 서적들을 보면 이러한 결핍이 나타난다.

---

211) 이러한 기본적인 질문에 대하여 참조. Maier, *Hermeneutik*, 179-212.

슈텍(O.H. Steck)은 책을 마무리하는 해석 바로 앞에 나오는 마지막 장을 "§ 9 역사적인 자리의 결정"(Bestimmung des historischen Ortes)212)라고 지칭한다. 이 부분은 벌써 범위만 고려해 보아도 본문비평에 대한 단락과 유사하게 다른 부분들보다 훨씬 적다. 이러한 주제들은 단지 짧게 언급하고 있을 뿐이다. 이 때 역사적 사건 자체에 대한 문제가 또한 단지 부차적으로만 다루어지고 있다. 질문의도는 "어떤 특정한 역사적 자리"에 대한 본문의 "기원"(Verwurzelung)을 묻는 것이다.213) 슈텍은 "여기에서 어떤 일이 역사적으로 실제 일어났는가에 대한 결정"이 저자가 이 사건을 어떻게 처리하고 있는가를 이해할 수 있기 위한 "필수적인 전제조건"이라고 말한다. 물론 그는 "실제로 어떤 일이 일어났는가에 대한 결정"의 문제를 "이스라엘 역사의 분야"에 할당한다.214) 슈텍에 따르면 주석의 범주 안에서 중요한 것은 사건 자체가 아니라 "저자가 이러한 사건들을 어떻게 해석했는가"에 대한 문제이다.215)

크로이처(S. Kreuzer)와 피베거(D. Vieweger)에 의해서 발행된 교재에서 시간적인 배열과 역사적인 자리에 대한 문제가 한 페이지 안에서 논의된다.216) 성서 본문들은 특정한 사건이나 주제에 대해서 보도한다는 점이 확인되지만, 그러나 이러한 사건과 주제는 직접적으로 접근할 수 없다는 점이 곧바로 덧붙여진다. 사건과 본문 사이에 전승과 본문의 역사가 있다.217) 결론적으로 "본문의 생성사와 역사적 배경을 파악하는 것이 주석에서 포기할 수 없는

---

212) Steck, *Exegese*, 150-157.
213) A.a.O., 150.
214) A.a.O., 153.
215) 같은 곳.
216) Kreuzer, *Proseminar*, 101-102.
217) A.a.O., 16.

과제이긴 하지만, 주석은 이제 본문과 그의 진술에 주목해야 한다"
는 점이 확인된다.[218]

우츠쉬나이더(H. Utzschneider)와 니체(S.A. Nitsche)의 책 "문
예학적인 성서해석을 위한 지침서"(Arbeitsbuch literaturwissen-
schaftliche Bibelauslegung)에서 보여준 조사결과도 다를 바 없다.
§ 7 "본문의 역사"[219]에서는 우선적으로 본문의 역사적인 자리의
문제를 다룬다. 역사적인 사건들은 그 자체로서가 아니라, 단지 본
문의 이해와 관련하였을 때 관심의 대상이 된다.

분명히 주석에서 본문 이해의 문제는 본문과 관련이 있다. 그
럼에도 불구하고 "역사-비평적인 방법"이 역사적인 작업을 위해
거의 어떤 지원도 하지 않고, 방법들 자체는 본질적으로 단지 문헌
적인 작업만을 조망하며, 역사적인 자리에 대한 질문은 거의 독점
적으로 본문의 역사적인 자리에 대한 문제와 관련될 때, 그러한 본
문의 이해는 신중하게 동의되어야 한다. 여기서 이 명칭은 그 내용
과 상응하는가? "역사-비평적인 방법"이 실제로는 기본적으로 역
사 비판을 해석학적인 전제조건으로 가지고 있거나, 또는 논리적
인 결과로서 이러한 역사비판의 결과를 낳는 "문학-비평적인 방
법"은 아닌가?

이제 우리는 역사적인 문제들이 구약학의 중심적인 분야들에
서 다루어지고 있는가에 대한 이의를 제기할 수 있을 것이다. "이
스라엘 역사"나 "성서 고고학"에서 역사에 대한 질문은 "구약성서
개론"에서 책들의 역사적인 생성에 대한 질문이다. 이것은 사실이
다. 그렇지만 하나의 방법은 모든 분야를 위한 도구를 제공해야 할

---

218) A.a.O., 102.
219) Utzschneider, *Arbeitsbuch*, 213-285.

것이다. 이러한 이유로 그리고 역사적인 질문이 그렇게 광범위한 의미를 지니기 때문에, 방법론에 관한 책은 이러한 방법적 단계를 포함해야 한다.

최근에 우리는 역사적인 문제를 도외시하고 더욱 강력하게 본문으로 회귀하는 모습을 관찰할 수 있다. 역사-비평적인 연구가 과거에 진정한 이스라엘 역사를 규명하고 서술하는 것을 최우선적인 과제로 삼았다면, 이제는 이러한 역사적인 연구가 역사적으로 거의 확실한 진술들을 도대체 할 수 있는가 하는 근본적인 질문 앞에 서 있다. 역사적인 문제는 새로운 절박성과 함께 이러한 불확실성에 직면하여 서 있다.

대부분의 성서 본문이 역사적인 사건에 대해서 보도하기 때문에, 저자의 생각에 대한 역사적인 질문은 포기될 수 없다. 또한 역사적인 문제는 본문의 역사적인 자리에 제한되어서도 안 된다. 그것은 사건 자체에 관한 문제다. 이러한 맥락에서 바로 복음적인 진영의 대변자들이 성서에 기술된 사건들에 대한 문제제기라는 의미에서 "역사적인 비판"을 통해 큰 어려움을 겪었고, 또한 매우 의도적으로 기술된 사건의 역사성을 고수하려 한다는 사실이 묵과되지 말아야 할 것이다. 그러나 이로써 역사적인 문제는 해석의 중심적인 문제에 속하게 된다.220)

끝으로, 있을 법한 하나의 잘못된 기대가 생겨날 수 있다. 본장이 "이스라엘 역사"와 "구약성서 개론"을 대체할 수는 없다. 포괄적인 역사적인 방법론을 기술하는 것도 불가능하다. 이 책에서

---

220) Maier, *Hermeneutik*, 332-359에 의해서 제안된 "성서-역사적인 해석"에는 "본문의 해명"이 철학적 주석과 역사적 주석으로 세분화되어 나타난다(341-347).

는 역사적인 문제제기가 역사적인 해석에서 고려되어야 하며 가능한 범위에서 대답되어야 하는 문제들이 무엇인지를 보여주기 위해서, 단지 기본적인 방식으로 시도될 수 있을 뿐이다. 문학적인 질문으로 축소하려는 현재의 경향에 맞서 역사의 본질적인 문제를 새롭게 의식하게 하는데 그 의의가 있다. 아래의 서술은 이러한 점을 위해서 하나의 출발점을 제공할 것이다.

2. 본문과 보도된 사건 - 사건과 기술과 해석의 관계에 대한 숙고들221)

2.1. 서론적인 생각들

구약성서 안에 있는 보도하는 책들과 단락들은 단지 겉으로 한 번 읽어 본 사람도 거기에서 실제적인 사건들을 보도하고 있다는 인상을 지울 수 없을 것이다. 그는 구약성서를 하나의 **역사책**(Geschichtsbuch)으로 읽을 것이다. 그것이 족장사이든 아니면 사사시대나 왕정시대의 이스라엘의 경험이든 상관없이 그것들은 모두 화자가 실제 사건에 대해 보도하려 하고 있다는 인상을 분명하게 전달한다.

처음 읽을 때에 벌써 그것은 우리의 현대적인 의미의 세속적인 역사기술에 관한 문제가 아니라는 생각이 불가피하게 떠오른다.

---

221) 개론적으로 다음 책들을 보라: Long, *Testament*; 동저자, *Israel's*; Simon, *Historiographie*; Michel, *Glaubensdokument*.

모든 사건의 중심에 **하나님**이 있다. 그것은 창조와 역사 안에 나타
난 **그의** 행동들이다. 그가 자신을 계시 했다. 그는 족장들을 택하였
고, 이스라엘이 심판하며 구원하는 그의 행동 가운데서 그를 만난
다. 역사의 주관자로서 하나님의 행동은 도처에서 증언된다. 또한
놀랍고 초자연적인 개입에 관한 수많은 예들이 여기에 속한다. 그
러므로 구약성서의 문헌들은 **신학적이며 예언적-해석적인** 역사기
술(*theologische, prophetisch-deutende* Geschichtsschreibung)을 담
고 있다.222)

　　예언서에서는 역사가 "야훼가 보여준 이스라엘과의 대화"로
서 이해된다: "예언에 있어 역사는 미래의 주인이 이스라엘과 보여
준 목적 있는 대화다."223) 이러한 적절한 묘사가 구약성서의 서사
적인 부분에도 유비적으로 적용될 수 있다.

2.2. 성서 보도의 독특성와 근대적 현실이해

　　보도와 예언적-신학적인 해석의 이러한 연결과 함께 우리는
구약성서에서 우리의 근대 정신사적인 전통 안에 있는 규범과 완
전히 어긋나는 하나의 결합과 만난다. 다시 말하면 이러한 결합 속
에서 세속적인 역사기술과 신학적인 역사기술이 분리된다. 전자는
무엇이 일어났는가를 기술하려고, 후자는 이차적인 해석의 영역
에 포함된다.

---

　　222) 유대교와 신약성서가 여호수아, 사사기, 사무엘서, 열왕기서를
"전기 예언서"라고 지칭함으로써 이러한 관점을 넘겨받았다.
　　223) Wolff, *Geschichtsverständnis*, 293.

폰 라트(Gerhard von Rad)가 현대적인 역사와 역사신학적인 개념의 인식이나 관심에서 드러나는 이러한 갈등을 이미 지적한 바 있다: "예컨대 고대 이스라엘은 자신의 선택에서 가장 중요한 한 가지 사실을 발견했다. 현대적인 역사가는 다르게 본다. 그것[현대적인 역사학]은 그러한 종교적인 개념의 존재를 기록하기는 하지만, 그 선택을 역사의 근간을 이루는(geschichtsgründende) 사실로 인식할 수 없다. … 그가 관심을 갖지 않았던 바가 고대의 작품 가운데서는 요점이었다: 그것은 바로 하나님의 말씀과 그분의 역사적인 행동이었다!"224)

이스라엘은 "항상 단지 야훼의 인도 아래 있는 길이라는 의미에서" 자신의 역사를 해석했다. 이와는 달리 근대의 역사이해는 줄곧 "하나님 없는 역사상(像)"을 구상하고자 한다.225)

야훼, 즉 이스라엘의 하나님이 역사의 주인이며 그의 행동이 역사 속에서 인식될 수 있다는 사실은 고전적인 역사-비평적 방법론의 현실이해와 충돌하고, 각 연구자들의 세계관과 현실관과도 배치된다. 왜냐하면 이 점에서 스탠포드(Standford)의 견해가 동의를 얻을 수 있기 때문이다: "어떤 역사가가 과거를 보는 방식은 그 또는 그녀가 세계를 보는 방식의 일부일 뿐이다"(How a historian sees the past is only a part of how he or she sees the world).226)

어떤 역사가나 신학자가 최근의 종교적 그리고/또는 철학적 사고의 전제들로부터 아무런 영향을 받지 않고 연구를 수행한다고 생각하는 것은 매우 소박한 생각일 뿐이다. 그가 "역사적으로 가능

---

224) Von Rad, *Theologie*, Bd. 2, 422.
225) Von Rad, *Offene Fragen*, 409.
226) Stanford, *Nature*, 96.

하다거나 역사적으로 불가능하다"고 판단하고 또한 자신의 고찰들을 정리하고 평가하는 방식은, 어쨌든 최근의 형이상학적 전제(Prämissen)들에 의해 결정된다. 간단히 말해서 그것은 하나의 믿음에 의해서 결정된다는 것이다.

현대의 현실이해는 오늘날 그 근거를 묻지 않은 채 광범위하게 규범과 규칙으로 정해져 있고, 성서적 현실이해는 그 뒤에 낙오되어 있고, 기껏해야 자기변명을 해야 하는 처지에 있다. 이러한 규범에 다음과 같은 전제들이 있다: 모든 초자연적인 면모들(하나님의 간섭, 기적, 하나님의 발언 등)은 보도에서 제외되어야 한다는 것이다. 그런 것들은 부정되어("그러므로 그런 것들은 당연히 일어났던 일이 아니다.") 불가지론적으로 거리를 둔 채 서술되거나("그런 것들은 검증의 대상으로부터 벗어난다.") 또는 저자의 서술시각이라고 치부해 상대적인 것으로 분류된다. 역사적인 방법론은 형식적으로 보면 무신론적이거나 불가지론적이다. 그것은 - 비록 임시적으로 세워진 가정이라 해도 - "마치 하나님이 없는 것처럼"(etsi deus non daretur)이라는 가정 위에서 작업한다. 이로써 이 방법론 반드시 악평할 필요는 없지만, 벌써부터 이러한 전제 아래에서 오해와 엇갈린 진술 또는 어떤 후견인이 이미 예정된 것은 아닌가 하는 의구심이 일어난다.

주석가는 어떤 경우든지 이해심 많은 변호사의 역할을 승계한다. 그는 옛 신앙의 증언을 현대세계의 광장에서 설명하고 "그 증언이 실제 말하고자 하는 바가 무엇인지"를 부각시킨다. 그러나 그런 식으로 한다고 해도 그것이 하나의 진정한 만남이 되지는 못한다. 오히려 이러한 만남 안에서 우리의 세계관과 현실관 속에 본질적인 어떤 것이 결핍되어 있다는 사실이 갑자기 분명해질 수 있을

것이다. 구약성서가 역사서와 신학적 해석이라는 자신의 독특한
연결 속에서 어떤 식으로든 우리를 앞설 수 있다는 것과 우리가 어
떤 방식으로든 사고전환을 이루어야 할 것이라는 사실은, 처음부
터 이미 관심 밖에 머물러있다.

위에서 언급한 성서본문의 독특성과 만남으로써 생겨나는 이
러한 도전에 사람들은 다양한 방식으로 응답했다.

2.3. 이스라엘 역사와 관련한 다양한 해석모델들

1. 보도된 사건 뒤에 모종의 "실제적인" 사건이 있다. 그것
   은 "순전히 있는 그대로의" 사건이다. 이것은 될 수 있는
   대로 많이 드러나게 되어야 한다. 이것은 일련의 방법론
   들과 역사 비판의 현실이해와 함께 진행된다. 우리는 실
   제적인 사건에 어느 정도 접근할 수 있다. 사건과 보도와
   기록의 간격이 크면 클수록, 전통의 진행과정에서 있을
   법한 변경이 더 커지고, 사건 자체에 대한 인식의 가능성
   이 더 작아진다. 본문은 실제적인 사건에 대한 추정을 더
   이상 허용하지 않는다. 왜냐하면 사건과 본문 사이에 긴
   전승사와 편집사, 그리고 이에 따른 오랜 변형의 단계가
   있기 때문이다.

2. 증언된 사건의 의미와 실제성을 분리하여 이해한다. 신
   앙을 위해서는 실제성이 중요치 않다. 오직 메시지나 그
   것의 내용 또는 새로운 자기이해가 중요하다. "신앙이란
   더 나은 지식에 반(反)하여 역사적 사실을 고집하는 것

이 아니라, 신앙은 본문이 전개하는 존재이해를 자신의 것으로 넘겨받는 것을 뜻한다."[227]

3. 본문은 (단지) 수많은 가능성 있는 사건의 의미 중에 하나만을 제공한다(독자-반응). 부록 III: '새로운 해석학적 방법론들'을 참조하라.

4. 해석적으로 보도된 사건은 그것이 역사적으로 허용하는 범위 안에서 진지하게 다루어져야 한다. 예컨대, 애굽의 장자가 출애굽하는 날 밤에 실제 죽임을 당했고, 엘리야는 실제로 특별한 방식으로 이 세계를 떠난 사건 등등. 본문은 진실하고 실제적인 사건에 대한 접근을 보장한다. 예언적인 해석 안에서 사건의 의미, 중요성, 본질이 우리에게 열린다는 것은 "사실이다". 사건의 실제성이 "실제로" 강조된다.[228] 사건과 해석적인 말씀 안에서 우리는 행동하며 말씀하신 하나님 앞에 서게 되며, 그가 우리에게 말을 건다. 그러므로 그것은 가능하다! 그러나 해석적인 보도는 각각 단지 사건의 한 측면만을 강조할 뿐이다. 그것은 사건의 모든 면들이 완전하게 기술되었다고 주장하지 않는다.

이렇게 마지막에 언급한 개략적 윤곽을 통해 우리가 이 책에서 출발점으로 삼고 있는 사고와 신앙의 전제가 간략하게나마 요약되었다.

---

227) Oeming, *Tatsachenreport*, 61.
228) Oeming, *Hermeneutik*, 152은 사실성에 대한 강조를 너무 섣부르게도 근본주의의 표시로서 평가한다.

2.4. 어떤 사건에 대한 신학적 서술과 역사기술적 서술의 상호보충

보도와 사건의 영역에서 더 자세한 설명이 필요한 몇 가지 질문들이 제기된다.

1. "역사"란 무엇을 의미하는가? 하나의 사건과 그것의 보도, 즉 역사(Geschichte)는 ἱστορία라는 옛 의미에서 히스토리(Historie)인가? 또는 철학적-추상적인 의미에서 역사란 우리에 의해서 그 필연성이 선언된 모든 사건들의 전체(그것의 의미를 포함해서)인가? 종종 이러한 관점에서 역사는 또한 실체화된다("역사의 전능성", 역사가 "교훈한다" 등). 역사주의(Historismus)[229] 시대를 회고하면서 코젤렉(Koselleck)은 다음과 같이 기록하고 있

[229] 넓은 의미에서 역사주의는 한스 쉴라이어(Hans Schleier)와 함께 다음과 같이 정의될 수 있을 것이다: "... 모든 역사적인 현상들, 구조들와 과정들을 그것들 각각의 조건과 상호연관성, 변화성과 인과성 안에서 파악하고 기술하며 설명하고자 하는 역사관이다 - 계몽주의 시대에 그것에 대해 점차 몰두하며 그것에 적합한 방법들을 찾기 시작했다. 좁은 의미에서 역사주의, 즉 이상주의적 역사주의는 한편으론 19세기 초부터 이러한 지도원칙들을 일반적인 학문기준으로 고양시켰다...; 다른 한편으로 그것은 역사 과정들과 역사고찰의 개별화를 추구하는 이러한 역사관을 개별예적인(idiographisch) 이해의 방법론으로 축소시켰다; ... 그러므로 좁은 의미의 역사주의가 가지고 있는 시대적인 한계성이 시작될 때처럼 20세기에 논란이 되었다. 다만 역사주의가 두 가지 이해 자체 내에서 역사적인 특성을 가지고 있다는 점에 대해선 의견일치를 보일 수 있을 것이다"(Simon, *Historiographie*, 73에서 인용).

다: "그러므로 '역사'는 정치-이념적 진영에 관계없이 일찍이 신적인 한정 형용사들(epitheta)을 자신에게 모아들였다. 그것은 전지전능하며, 항상 의롭게 되었다. 마침내 사람들이 그 역사 앞에 책임을 지게 되었다."230) 또는 비판적으로 재구성된 역사라는 의미에서 역사를 "순수하게 있는 그대로의" 사건이라고 말할 수 있다(실증주의 [Positivismus]).

2. 해석이 없는 객관적인 역사기술은 없다. 왜냐하면 과거의 사건을 보도하는 사람뿐만 아니라 현대적인 청중/독자/역사가도 그 시대의 일원이며, 매우 한정적인 위치를 차지하고 있고, 서술하거나 인지할 때 특정한 관점을 가지고 그 사건을 보도하거나 듣는다.

3. 구약성서의 역사들을 연구하기 시작할 때, 한 역사가가 가지고 온 최후의 철학적 신학적인 전제들이 있다. 이것들은 그 역사가의 세계상, 신앙, 세계관적인 전제들에 뿌리를 내리고 있다. 그 전제들은 "역사적으로 가능하다", "역사적으로 있을 법 하지 않다" 등의 판단에 참여한다. 이러한 최종적인 전제들에 대해 해명하는 것은 학문성에 속한다. 유비를 절대화하는 제한된 현실관과 학문을 명확히 구분 짓지 못하는 것은 단견(短見)에 지나지 않을 것이다. 또한 역사가는 소급불가능하고 유비를 찾을 수 없는 사건도 고려해야 한다. 이런 구상의 기초가 되는

---

230) Koselleck, *Grundbegriffe*, 711.

사고의 전제조건들에 성서적-신학적 사고의 전제조건
들이 포함된다: 우리는 성서로부터 무엇이 역사인지를
보아야 한다. 바로 이렇게 함으로써 우리는 성서적 역사
기술의 본질을 밝힐 수 있을 뿐 아니라, 우리의 세속적인
역사학에 빛을 던져줄 수 있다. "계시가 역사의 서술어
가 아니라, 역사가 계시의 서술어이다"(Offenbarung ist
kein Prädikat der Geschichte, sondern Geschichte ein
Prädikat der Offenbarung).231) 신학적인 역사개념을 찾
을 때, 우리는 계시로부터 역사가 무엇인가를 규정해야
한다.

4. 본문의 장르가 고려되어야 한다. 이때 중요한 것이 내용
   과 진술과 문학적인 형식의 관계이다. 역사적인 본문은
   역사적인 본문으로서, 비유는 비유로서 해석되고자 한
   다. 우리는 또한 화자가 연대기적 서술방식을 택하는지
   아니면 주제적 서술방식을 택하는지를 자문해 보아야
   한다.

5. 구약성서의 이야기들은 도처에서 역사 안에 나타난 하
   나님의 행동을 증언한다. 기적(예컨대, 죽은 자의 살아
   남, 빵이 많아지게 함, 병 고침들), 하나님의 계시(시내산
   에서, 호렙산의 엘리야 앞에서, 엘리야의 승천) 등과 같
   은 소급 불가능한 개입들이 이러한 예에 속한다. 이러한
   이야기들을 연구하는 사람들이 항상 평가하듯이 그것들

---

231) Karl Barth, *KD*, I/2, 64.

은 어쨌거나 사건성(Geschehnischarakter)을 필요로 한
다. 그 이야기들을 처음부터 "전설"로 등급을 매기고 그
것들에게서 - 소위 화자가 사건에 관심이 없었기 때문이
라고 말하면서 - (표명되지 않은) 사실성을 부인하는 것
은 하나의 투영(Projektion)이다. 이때 세계관적인 근거
로 인해 가지게 된 고유한 가치에 대한 책임이 단순히 고
대의 저자에게 전가된다.

고대의 사건이든 현대의 사건이든 모든 사건은 몇 가지 선택
된 관점 아래에서만 서술될 수 있다. 우리의 인지, 경험, 그리고 보
도는 항상 관점상의 문제이다. 아래에서는 메릴(Merrill)[232]을 모범
으로 하여 구약성서 역사기술의 몇 가지 특징들이 열거될 것이
다:[233]

- 그것은 분명히 신중심적이다.
- 그것은 서술적으로 일어난다.
- 그것은 선택적으로 서술한다.
- 그것은 발행한 사건들에 대한 보도이다.
- 그것은 신학적으로 해석한다.

---

232) Merrill, *Geschichte*, 35-43.
233) 사람들은 이러한 사정을 하나의 단순한 과제에서 생생히 그려
낸다: 어제 어느 한 시간에 일어난 일을 가능한 완전하게 기술하시오.
무슨 사건이 일어났습니까? 당신은 무엇을 말했고, 생각했고, 느꼈고,
경험했으며, 아파했습니까? 이 시간은 그날 전체를 위해, 당신의 지금
까지의 삶을 위해, 다른 사람(들)을 위해 어떤 의미가 있었습니까? 참
조. Merrill, a.a.O., 29-64.

● 그것은 중립적이거나 거리를 두고 서술하는 것이 아니라 목적 지향적이다: 청중/독자는 단순히 정보를 제공받는 것이 아니라, 이러한 하나님에 대한 신앙과 그 분에 대한 순종으로 인도된다.

3. 본문과 저자

본문의 저자에 대한 문제도 마찬가지로 역사적 분석의 영역에 속한다: 주석해야 할 본문을 누가 언제 어떤 관심을 가지고 저술했는가?

3.1. 저자에 대한 질문 - 하나의 정당한 문제제기

본문들은 이러한 본문을 현재의 모습으로 기록한 한 인물, 저자를 가지고 있다. 이러한 사실은 모든 본문과 같이 성서의 본문에도 마찬가지다.

물론 하나님의 말씀으로서의 성서의 자기이해로부터 다음과 같은 의문들이 제기된다: 그렇다면 저자의 인물됨이 도대체 중요한 것인가? 살아계신 하나님 자신이 이러한 말씀을 통해서 말씀하시고자 한다는 사실을 확인하는 것으로 충분하지 않는가? 저자에 대한 질문이 그 뒤로 후퇴하여, 기본적으로 의미 없는 것이 되어야 하지 않는가?

인간적인 저자냐 하나님의 영감이냐[234] - 성서 해석의 역사에서 이러한 입장들은 종종 일방적으로 대변된다. 오랫동안 영감이 그토록 강조되어서 본문이 지닌 본래의 역사적 상황에 대한 질문이나 본문의 저자에 대한 질문이 중요한 역할을 하지 못했다. 이와 반대로 근대에는 성서본문의 신적인 영감에 대한 거부나 그 의미의 상실과 함께 인간적인 저자에 대한 질문이 일방적으로 강조되었다. 그렇지만 양자가 어떻게 연결되어야 할까?

영감의 사실은 다른 사실, 즉 다양한 인간적인 증인들이 성서의 말씀을 형성했다는 사실을 상쇄(相殺)하지 않는다. 하나님의 말씀의 전달과정에서 인간적인 증인은 자신의 성품과 기질과 함께 사라지지 않고 포함된다. 말씀은 우선 특별한 역사적인 상황에서 (4.2을 보라), 그리고 매우 특정적인 증인을 통해서 반포된다.

이 양 측면의 결합은 특별히 예언자들에게서 분명하게 나타난다. 그러므로 우리는 다음과 같은 내용들을 읽게 된다: "예레미야의 말들 ..., 그에게 야훼의 말씀이 임했다..."(렘1:1-2), 또는 "호세아에게 임한 야훼의 말씀 ..."(호1:1). 예언서에 대한 이러한 표제들은 여기에서 "야훼의 말씀"이 반포된다는 사실을 요구한다. 그러나 동시에 이러한 말씀들은 매우 특정하며 혼동될 수 없는 한 사람을 통해서 수령되고 전달되었다. 성서 자체가 이러한 사람들을 매우 강조하여 열거하고 있다.

저자(와 역사적인 상황)에 대한 질문이 사라진다는 것은 하나님의 말씀이 어느 특정한 상황에서 특정한 인물들을 통해 수령되고 전달된다는 사실이 희미해진다는 것을 의미하는 것이리라. 그 인물들은 하나님이 그것을 위해 부르셨고, 하나님이 그들의 성품

---

234) "영감"이란 주제는 여기에서 자세히 논의될 수 없다. 이 점에 관하여 다음을 보라: Maier, *Hermeneutik*, 79-125.

과 특성을 이러한 사역에 사용하신 사람들이다.

3.2. 문제의 수치들(Problemanzeigen)

저자에 대한 문제는 우선은 답변하기 쉬워 보인다. 현대의 책
에서와 같이 우리는 제시된 성서의 진술들을 단순히 지식으로 받
아들인다. 그러나 더 자세히 들여다보면, 이 문제가 그렇게 단순하
지 않다는 사실이 드러난다. 성서의 책들을 고찰할 때뿐 아니라, 해
석사의 진행과정에 나타난 상이한 해석들을 통해서 일련의 난점들
이 생겨난다.

3.2.1. 성서의 관찰결과

1. 성서의 몇몇 책들은 저자나 책의 생성에 관한 진술들을
   포함하고 있지 않다. 예컨대, 창세기, 사사기, 사무엘서,
   열왕기서, 욥기와 룻기 등이 그렇다. 사무엘, 욥, 룻과 같
   은 한 인물의 이름을 따라 지칭되는 책들도 그 사람이 또
   한 저자다 하는 어떤 암시도 주지 않는다.

2. 몇몇 책들은 반드시 한 저자를 지칭하지는 않지만, 사용
   된 자료들을 언급하고 있다. 예컨대, 열왕기서에서 "솔
   로몬 왕의 실록"(왕상11:41)과 "이스라엘왕들의 역대지
   략"(왕상14:19외 다수), 그리고 "유다왕들의 역대지략"

(왕상14:29외 다수)을 참조하라고 지시하고 있다. 유사한 참조지시들이 역대기서에서도 발견된다(대상9:1; 대하16:11외 다수). 이뿐 아니라 역대기서는 예언자들이 왕들에 대한 보도들을 저술했다고 밝힌다(예컨대, 대상29:29; 대하9:29외 다수). 열왕기서나 역대기서에는 이 저자들이 명백하게 지칭되지 않고 있지만, 사용된 문헌적 자료들에 대한 수많은 참조지시들을 통해 보도된 내용에 대한 역사적인 신뢰성이 강조된다.

3. 구약성서의 대부분은 수집물이다. 구약성서의 책 중에 오늘날의 좁은 의미에서 말하는 생성과 저자에 대한 이해를 통해서 볼 때 비교적 짧은 시간에 동시에 통째로 기록된 경우는 아주 적거나 또는 거의 없다.
   이러한 점은 예컨대 창세기, 사사기, 열왕기나 역대기와 같이 긴 시간을 포괄하는 책들에게도 마찬가지로 적용된다. 이러한 책들의 경우 최종 저자("최종 편집자")는 현존하는 자료들을 광범위하게 이용해야만 했다. 따라서 이러한 책들은 기본적으로 한 저자가 아니라 여러 저자를 가지고 있다. 이 저자들은 바로 위에서 열거한 책들의 경우에 언급되지 않는다.
   또한 예언서들에 대해서 말할 수 있다. 여기에선 이러한 정황이 비교적 단순하게 보일지 모른다. 그러나 모든 예언서가 표제에서 해당하는 책이 근거하고 있는 예언자들을 동일하게 언급한다. 물론 여기에서도 고려해야 할 점이 있다: 예언자들은 일차적으로 설교자이었지 기록자가 아니었다. 우리가 가지고 있는 것은 대부분 그들의 선포에 대한 기록이다. 대부분 예언자들의 활동시기가 상당히 긴 시간 동안 지속된다. 따라서 대부분의 예언서들도 개별적인 본문의 선택이나 편찬의 문제와 관련이 있다. 하지만 예언서들은 이러한 본문들의 선택과 편찬이 어떻게 이루어졌는지에 대한 정보를 거의 주지 않고 있다.235)

4. 적지 않는 본문과 책들에서 넓은 의미에서 저자로서 이해될 수 있는 인물들이 언급되어 있다.

출애굽기에서 신명기까지의 책들은 인상적인 인물로서 모세가 연관된다. 네 권의 책 모두가 모세의 출생(출 2:1-10)으로부터 그의 죽음(신34장)에 이르기까지의 시대에 일어났던 이스라엘의 역사를 서술한다. 모세의 많은 말과 발언들이 인용되어 있다. 그 가운데에는 그가 하나님으로부터 받았던 계명들도 있다. 모세가 이 본문들을 기록했다는 사실이 여러 번 언급된다.236)

여호수아서의 마지막엔 이런 기록이 있다: "그리고 여호수아가 이 모든 말씀을 하나님의 율법의 책에 기록했다"(수24:26).

개별적인 예언서들에서 예언자들의 증언 수집은 각각

---

235) 예컨대 우리는 예레미야에게 기록자 한 사람이 있었다는 사실을 안다(렘36:4). 이러한 기록은 문헌들의 생성에 관련된 당시의 관습들을 알게 하는 역사적인 통찰을 우리에게 제공한다. 그러나 이러한 기록도 예레미야서의 생성을 정확하게 재구성하기에는 충분하지 않다. 물론 그것은 이 기록자가 예레미야의 말을 기록하고 종합하는데 크게 기여했다는 사실을 배제하지 않는다.

236) 출17:14; 24:4; 34:27; 민33:2; 신31:9, 24.

의 특정한 예언자들의 활동에 소급된다.

백 여 개의 시편들의 표제에서 어떤 인물에 대한 지시가 나타난다.

또한 잠언서, 전도서, 아가서와 같은 지혜문헌들도 상당한 분량에 대해서 그 잠언과 노래들을 지은 인물들을 언급하고 있다.[237]

저자문제와 관련한 성서의 증거들에 따르면 다음과 같은 상이한 그림이 나타난다:

● 모든 구약성서의 책들의 경우 상세하게 그 정확한 생성과정을 추적할 수 없다.

● 우리는 많은 책들에서 저자에 대한 어떤 정확한 정보도 얻을 수 없다. 왜냐하면 그 책들이 그것에 대해서 아무런 언급을 하지 않고 있으며, 또한 그것에 대한 외적인 증거가 없기 때문이다.

● 다른 책들의 경우 상세한 생성과정은 어두움 속에 남아 있지만, 그 책의 본문들 뒤에 서 있는 구체적인 인물들이 언급된다.[238]

3.2.2. 역사-비평적인 연구결과들

---

237) 잠1:1; 10:1; 25:1; 30:1; 31:1; 전1:1; 아1:1.

238) 본문들과 직접 관련지어 열거된 수많은 인물들이 있음을 볼 때, 우리는 우츠쉬나이더(Utztschneider, *Arbeitsbuch*, 216f.)의 다음과 같은 견해가 적절하지 않다고 본다: "우선 구약성서의 본문들 자체가 ... 자신들의 실제 저자에 대해서 거의 관심이 없다."

17세기부터 등장한 역사-비평적 연구는 많은 성서의 보도들의 역사적인 신빙성을 부정하며 "진실한"(wahr) 이스라엘 역사를 확인하기 위해 노력했다. 이뿐 아니라 많은 성서의 책들에 대한 교회와 유대교의 광범위한 영역에서 지배적이던 전통적인 견해들을 의문시 했다. 이 견해들은 저자의 문제에 있어서 문자적인 이해에서 출발했다.

무엇보다도 우선 오경의 모세 저작성에 관한 문제에서 비판이 시작되었다. 처음에는 그의 저작성과 관련하여 몇몇 개별적인 본문들만이 의심되었다. 200년 넘게 역사-비평적 연구가 진행된 후엔 오경이 더 이상 모세와 아무런 관련성을 갖지 못하게 되었다. 오경은 전체적으로 분명히 후대에 생성된 작품으로서 관찰된다.239)

이와 유사한 전개가 성서의 다른 책들에게서도 고찰될 수 있다. 예컨대 문서예언자들의 경우 이 책의 부분들만이 그 책의 표제에서 언급된 예언자에게 귀속된다. 가장 잘 알려진 예가 이사야서일 것이다. 사40-66장은 전체적으로 이사야보다 더 늦은 시기에 생성된 것으로 설명된다. 주전 8세기의 역사적인 이사야의 말은 비평적인 견해에 따르면 단지 사1-39장 내에서만 발견된다. "진정한"(echt) 이사야의 말의 범위는 다양한 주석가들에 의해서 매우 상이하게 규정된다.

역사-비평적 연구가 저자에 관한 성서의 진술이나 전통적인 견해를 대부분 의문시 하지만, 그것은 저자와 그의 시대에 관한 문제에 관심을 가진다. 왜냐하면 본문의 생성시기는 역사적인 해석을 위해 매우 중요하기 때문이다. 그러므로 이 연구에는 이중적인

---

239) 현재 통용되는 비판적인 구약성서 개론을 보라: 예컨대, Zenger, *Einleitung*, 113-122. 참조. Utztschneider, *Arbeitsbuch*, 226.

과제가 제기된다: 1. 본문들은 다른 본문들과의 비교를 통해 어느 특정한 시기에 귀속되어야 한다. 2. 본문들로부터 가능성 있는 저자에 대한 열쇠가 도출되어야 한다. 이때 역사적으로 알려진 인물들이 이름과 함께 지칭될 수 없다. 그러므로 제2이사야, 제3이사야, 야훼기자, 엘로힘기자, 제사장 문서, 신명기사가 등과 같은 다양한 가설적인 저자명들이 생겨났다.

성서의 책들의 저자나 생성과정에 대한 이해의 문제에서 고대는 근대와는 다른 저자 이해가 있었다는 사실이 논증된다(부록 II: '문헌비평'을 보라). 따라서 본문들은 대체로 어떤 저자의 시대로부터 고정된 형태로 전달된 것이 아니라, 그 본문들이 변화된 상황에서 새롭게 해석되고, 현재화되며, 이런 과정을 통해 근본적으로 개정되었다. 이러한 개방된 과정은 그 책들이 정경으로 확정된 후에야 끝이 났다.

최근에는 본문의 시대설정에 대해서 상당히 조심스러워졌다. 왜냐하면 저자들을 재구성하는 것이 가설에 근거하고 있을 뿐이라는 사실이 더 강하게 의식되었기 때문이다. 이제 많은 연구자들이 그 중심점을 개별 본문층에 대해 가설적으로 재구성된 상황이나 추정된 저자에 두기보다는, 정경적인 최종본문에 다시 더 강력하게 두고 있다.240)

---

240) 예컨대 예레미아스(Jeremias, *Prophet*, XXII)는 아모스서에 관하여 다음과 같이 말한다: "이 책의 현대적인 해석자에게는, 우선 자신이 아모스서에서 아모스의 메시지에 대한 포로기-포로후기의 영향사와 관련될 수 있는 상황 속에 있다는 사실이 암시된다. 이 책의 이전 문헌층을 추정하는 모든 시도는 필연적으로 (개별적으로 상이하지만) 어느 정도 불확정성에 대한 부담을 안고 있다."

3.2.3. 성서의 저자들과 동일시하는 재구성들

저자들에 대한 역사-비평적인 재구성만 있는 것이 아니라, 익명의 책들을 구체적인 성서의 저자들에게 귀속시키려는 시도들도 있다. 한 유대교적 전통(탈무드 소책자 baba batra, 14b)에 의하면 사사기와 사무엘서가 사무엘에 의해서, 열왕기서가 예레미야에 의해서, 역대기서가 에스라에 의해서 저술되었다고 한다. 분명히 이러한 진술에 대한 논거들이 열거될 수 있다. 그렇지만 이 전통은 비교적 후대의 것(주후 500년경)이기 때문에, 이러한 진술들을 가지고 저자에 대한 확신에 도달할 수 없다. 그것보다는 성서의 인물들에 대한 지시를 통해 성서 본문 자체가 제공하지 않는 저자에 관한 확실성이 확보될 것이라는 사실이 인정될 수 있다. 그러나 본문에 직접 증언되지 않고 있으며 구약성서의 책들이 생성된 시대에 매우 가까이 도달해 있는 전통에 소급할 수도 없는 저자에 대한 진술들은 매우 신중하게 평가되어야 한다.

3.3. "저자" 개념에 대한 숙고들

3.3.1. 저자와 서기관/필사자

구약성서의 전 시기에 걸쳐 문서들의 작성을 위한 전제조건들이 확립되어 있었다는 사실은 기본적으로 인정될 수 있다.[241] 문서기록들에 대한 수많은 증거들[242]을 근거로 우리는 읽기 활동이 적

---

241) 본서에서 이 점에 대한 근거제시가 상세하게 이루어질 수 없다. 이 점에 대해서 참조. Wiseman, *Schrift*, 1388-1401.

242) 참조. 항목 Auflistung, a.a.O., 1388.

어도 왕정기부터는 널리 확산되었다고 전제할 수 있다. 무엇보다 긴 기록물들의 완성은 이러한 일을 직업으로 수행하던 필사자들을 통해서 이루어졌을 것이다.[243] 여기에 사용된 자료는 모든 사람들이 갖고 있지 않았던 상당한 훈련과 숙련도를 요구했다.

이러한 인식은 좁은 의미와 넓은 의미에서의 저자에 대한 구분을 하게 했다. 넓은 의미에서 저자는 개별 본문과 책들 뒤에 서 있으면서 그것들이 결국 그들에게 소급될 수 있는 영적인 저자들이다. 좁은 의미에서 저자는 기록자들이다.[244] 어느 선까지 저자이면서 동시에 기록자들인지는 상세하게 말할 수 없고, 분명 경우마다 달랐다. 또한 기록자가 얼마나 많은 자유를 가지고 표현했는가 하는 문제도 개개의 경우마다 설명될 수 없다. 여기에서 우리는 문자적으로 받아 쓴 경우부터 자유롭게 다듬어 말로 표현한 경우에 이르기까지의 폭을 생각할 수 있다. 이렇게 다양한 가능성들이 실현 가능한 것으로 전제될 수 있다면, 하나의 책 안에서 나타나는 상이한 문체들도 이성적으로 설명될 수 있다.

기록자들은 아주 드물게 언급되어 있다. 왜냐하면 그들은 영적인 저자나 본래적인 의미에서 저자들이 아니기 때문이다. 이 점이 예레미야와 바룩의 예에서 분명하게 드러난다. 하나님의 위임은 예레미야에게서 일어났다: "두루마리를 가져다가 내가 너에게 말한 모든 말을 거기에 적으라"(렘36:2). 그러나 예레미야가 직접

---

243) A.a.O., 1400.

244) 오늘날은 저자와 기록자가 기술적인 실현 가능성들을 통해서 일치하는 경우가 더 많다. 물론 오늘날도 연설이나 문서들을 완전히 혹은 부분적으로 조력자에 의해서 준비되거나 편집되는 것이 관례적이다. 그런 다음 그 연설이나 문서들을 본래의 저자나 작가가 넘겨받아 경우에 따라선 다시 개정하고 최종적으로 책임을 진다.

기록하지 않고, 기록자 바룩을 불렀다. 그리고 바룩이 "예레미야에게 이르셨던 야훼의 모든 말씀을 예레미야가 말한 바를 따라 두루마리에 적었다"(렘36:4).

아래에 계속되는 내용들은 본문의 영적인 저자로서 넓은 의미의 저자에 관계된다.

3.3.2. 저자언급에 대한 이해에 관하여

우리는 3.2에서 한편으론 상이한 성서적 증거들을 서술하였고, 다른 한편으론 성서의 진술에 대해 부분적이지만 비판적으로 그 근거를 묻는 문제제기에 관하여 서술하였다. 이로써 성서의 저자언급을 어떻게 이해해야 하는가 하는 문제가 제기된다.

성서의 진술에 대한 세 가지 상이한 해석들이 가능하다.

1. 역사-비평적인 이해는 이스라엘 초기(모세에 관한 진술의 경우에)나 권위 있는 인물이 저자에 대한 진술에 투영되고 있다고 본다. 그렇지 않으면 이것을 한 개인에게서 기원하고 오랜 진행과정에서 여러 사람의 손길을 통해서 확장되었던 핵심전통에 대한 진술(예언서의 경우들이 그렇다)로서 이해한다.[245] 역사-비평적인 방법의 도움으로 본문의 생성사가 재구성되고, 본문이나 책에서 언급된 저자에 의해서 유래되지 않은 개별적인 문헌층

---

245) Utzschneider, *Arbeitsbuch*, 226f.: "모세나 예레미야와 같이 특정한 권위를 갖는 인물들에게 본문을 귀속시키는 것은 본문의 기원을 말한다기보다 일차적으로 일종의 '후원'(Patronat)에 관한 문제이다. 이 후원성은 그 본문의 신적인 원저자에 대한 말의 근접성을 표현하며 보장한다."

들이 익명의 저자들이나 저자집단에 귀속된다.

2. 문예학적인 해석의 경우 역사적인 문제(저자와 보도된 사건)가 문학적인 문제 뒤로 물러난다.

3. 성서적-역사적 해석은 성서의 저자-진술에 대해 역사적인 신뢰성을 전제한다.

   다음과 같은 이유들을 근거로 우리는 이러한 이해가 본문에 적합한 이해라고 여긴다:

   ● 개별 책들에 대한 오랜 성장과정을 전제로 하는 저자이해는 본문으로부터 직접 제기될 수 없고 오직 가설에 근거하여 추론될 수 있을 뿐이다. 이 연구는 재구성을 시도하는 과정에서 매우 다양하고 서로 엇갈리는 결과들을 산출했다.

   ● 저자에 대한 진술과 함께 그의 말들이 본문을 위한 토대가 된 인물들을 구체적으로 언급할 경우 가설에 의지해 추정된 저자들이나 사회학적-신학적 집단의 귀속성보다 그 우선성이 인정되어야 한다.

   ● 역사비판에 의해서 필연적인 것으로 요청된 생성과 저자에 대한 이해에서, 지칭된 인물들 안에서 진정한 저자를 보는 이해로 바뀌는 대변화는 유대교와 기독교의 전통에서 만날 수 있듯이 역사적으로 증명될 수 없다.

   ● 신적인 영감과 앞을 미리 내다보는 예언이 불가능한 것으로 취급되지 않는다면, 시간적으로 묘사된

사건 이전에 서 있는 예언적인 말씀들은 예언자들
에게서 부정될 수 없다.

3.3.3. 본문의 구성/편집

우리는 위에서 대부분의 구약성서 책들이 상이한 긴 시대들로
부터 연원한 본문들의 수집물이라는 사실을 상세히 설명했다. 본
문들이 선택되고 다른 본문들과 통합되었다. 물론 우리는 이러한
편집으로의 전이과정에 대한 직접적인 언급을 거의 가지고 있지
않다.

저자언급이 있는 책들의 경우 편집이 저자 자신이나 그 제자
에게 소급된다는 사실을 전제한다. 이런 경우엔 어쨌거나 시간적
으로 저자와 밀접한 관계가 있다. 이때 이미 존재하는 수집물들도
통합될 수 있다.

저자언급이 없는 책들의 경우, 특별히 그 책들이 오랜 역사적
시대에 대한 내용을 보도할 때, 현존하고 있는 문헌자료를 최종적
으로 묘사된 사건 당시로 통합했던 어떤 최종편집자를 생각할 수
있다.

3.4. 실제적인 결과들

3.4.1. 저자언급이 있는 본문들

본문이나 책들이 저자언급을 포함하고 있을 때, 그것들은 이
사람이나 그의 시대로부터 설명될 수 있음을 전제한다.

다음과 같은 계속되는 질문들이 생겨난다:

● 언급된 인물에 대해서 전체적으로 우리가 무엇(시대, 출
  신, 활동장소들, 직업)을 알고 있는가?
  언급된 저자에 대한 개별적인 성서 책들의 정보가 매우 다
  르다. 우리가 저자들에 대해서 부분적으로는 거의 아무것
  도 알지 못한다는 사실을 인정해야 한다.

● 개별적인 본문들이 구체적인 상황들에 할당될 수 있는
  가? 그것에 대한 구체적인 언급이 있다면, 쉽게 그렇게
  할 수 있다. 그러한 언급이 없다면, 그것은 사람들이 가
  정과 추측에 의존하고 있으며, 이러한 불확실성을 또한
  솔직히 고백해야 한다. 경우에 따라선 구체적인 상황에
  대해서 아무것도 말해지지 않을 수 있다.

● 이러한 저자에 대한 언급이 다른 구약성서의 책들이나
  유대교의 증언과 신약성서에서 얼마나 수용되고 있는가?
  그러한 언급들은 계속되는 저자이해에 대한 증거이다.
  이러한 저자이해는 시간적인 면에서 볼 때 본문과 책들
  에 상대적으로 가까이 근접해 있다. 역사성에 대한 기본
  적인 회의를 가지고 그러한 언급들을 대해서는 안 된다.

3.4.2. 저자언급이 없는 본문들

저자언급이 전혀 없고 외적인 증거를 통해서도 확실한 저자언
급이 불가능한 일련의 구약성서 책들과 본문들이 있음을 우리는
위에서 확인했다.

● 이러한 책들의 경우 막연한 가정에 근거한 저자의 재구
  성은 포기되어야 한다.

- 저자가 알려져 있지 않는 경우에도 본문들과 거기에 기술된 사건들이 신뢰할 수 있게 전승되었다는 사실을 전제해야 한다. 우리는 이러한 본문들을 그 안에 기술된 사건들의 시대로부터 해석한다.
- 사용된 자료에 대한 참조지시들은 보도된 내용의 신뢰성을 높이기 때문에 특별한 의미를 갖는다.

이러한 본문들의 경우, 저자언급이 있는 많은 본문들의 경우에도 마찬가지이지만, 저자가 보도와 그 보도의 메시지 뒤로 물러나 있다는 사실이 분명하게 드러난다. 이러한 이유 때문에 저자에 대한 지식은 이러한 본문들의 이해를 위해 반드시 필요한 것은 아니다.

역사-비평적인 방법론 중에서 본문의 역사를 재구성하기 위해서 중요한 방법론적 조치들이 "전승사"(Überlieferungsgeschichte)와 "편집사"(Redaktionsgeschichte)이다. 이 두 방법론이 이어지는 부록에서 고찰될 것이다.

부록 IV
전승사(Überlieferungsgeschichte)

1. 전승사란 무엇인가?

문헌비평에서와 같이 여기서도 전승사에 대한 정의가 일치하게 나타나지 않는다.

몇몇 방법론을 다룬 책에서 문헌비평의 연속선상에 있는 전승사는 구두전승의 단계에 대한 연구로서 규정된다. 따라서 문헌비평은 문서의 단계로 현재 존재하는 본문의 생성사를 연구하는 반면, 전승사는 이것에 선행하는 구두 전승의 단계부터 최초의 문자화에 이르는 단계에 관련된다.246)

많은 사람들이 이때 전승비평과 전승사를 구분한다.247) 전승비평은 어떤 본문의 구두로 된 이전 단계들을 분석하는 반면, 전승사는 "이러한 구두 전승의 발전과정"248)을 탐구한다.

다른 사람들은 전승사에 전통사(Traditionsgeschichte)와/나 편

---

246) Steck, *Exegese*, 64: "따라서 전승사의 **과제**는 이러한 구두 전승 단계에 있는 본문의 형태와 생성과정을 규정하는 것이다"; 참조. Kreuzer, *Proseminar*, 79; Utzschneider, a.a.O., 241-247, 279. 부록 II: '문헌비평,' 1항에 있는 그래픽을 보라.
Fohrer, *Exegese*, 121도 비슷하게 말한다. 물론 거기서는 전승된 형태 이전에 "더 이상 직접 도달할 수 없는 문자화의 단계"도 함께 고려된다.
247) Kreuzer, 같은 곳; Fohrer, a.a.O., 123-126.
248) Kreuzer, 같은 곳. Steck, *Exegese*, 64, 67-69도 - 이러한 용어를 근간으로 두고 있지 않으면서 - 전승사 안에서 분석적인 과제설정과 종합적인 과제설정 사이를 구분한다.

집사를 함께 관련시키며, 따라서 전승사를 현재 존재하고 있는 본
문의 전체적인 생성과정으로 이해한다.249)

2. 전승사의 전제조건들250)

우선 많은 구약성서 본문들은 문헌적 형태를 지니기 이전에
구전전승의 단계가 있었다고 전제한다.

그래서 문헌비평에서 분석되는 문헌의 생성단계에서와 유사
하게 구두전승 단계에서 전승내용에 대한 변화들이 일어났다는 사
실을 출발점으로 삼는다.251)

나머지 것들에서는 바로 전승사가 이스라엘 종교의 생성에 대
한 종교사적인 관점과 강하게 연관되어 있다. 따라서 이스라엘에
서 비로소 점차 그리고 아주 천천히 이스라엘의 고유한 신앙이 형
성되었다.252)

---

249) 참조. Kreuzer, a.a.O., 80; Steck, a.a.O., 64f.

250) 이것에 관해서 또한 부록 II: 문헌비평의 "문헌비평의 전제조건
들"에 서술된 내용을 참조하라.

251) Fohrer, *Exegese*, 138에서 이러한 변화의 측면이 특별히 강조된
다: "전승비평은 전승과정에서 있었던 어떤 단락의 기원과 변화에 대한
통찰을 제공한다... 전승비평은 옛 전승들을 수용하고 전달할 뿐만 아니
라 새로운 의도와 목적에 따라 항상 새로운 방식으로 해석된다는 사실
을 보여줌으로써, 전통과 해석의 관계에 대한 통찰을 제공한다."

252) Fohrer, 같은 곳: "문헌비평은 이스라엘 종교와 구약성서 신앙
의 역사에 대한 - 본래 비(非)이스라엘적인 전승들의 인수와 변형, 그리
고 그것을 이스라엘 역사와 야훼종교로 통합하는 것에 관하여 - 통찰을
제공한다."

3. 연구사에 관하여[253]

벨하우젠이 오경에 대해서 구상했던 것과 같이 문헌비평적인 모델은 특정한 시대와 특정한 저자나 저자집단에 귀속시킬 수 있는 문서자료들을 전제한다. 그러나 벨하우젠은 이러한 자료의 이전역사를 거의 고려하지 않는다. 따라서 벨하우젠은 이스라엘의 초기시대에 대해서 상대적으로 많은 말을 할 수 없었다.[254]

벨하우젠과 함께 문헌비평적인 결과들이 한동안 광범위하게 인정을 받고, 이로써 문헌비평에 의해서 강력하게 규정된 현존하는 자료들에 대한 문제제기가 임시적으로 종결된 후, 벨하우젠이 표명한 자료가설의 토대에 대한 연구는 새로운 문제제기로 나아갔다.

이러한 맥락에서 일차적으로 거론될 수 있는 사람이 헤르만 궁켈(Hermann Gunkel)[255]이다. 그는 장르 연구나 구두전승의 분석을 위한 초석을 놓았다. 이 후의 시대는 이러한 방법론에 의해서 강하게 각인되어 있고, 독일 구약학계에서 노트(Martin Noth)와 폰 라트(Gerhard von Rad)에 연결된다.

결과는 무엇인가?

● 방법론적으로 연구단계들의 추가가 분명하게 나타난다.

---

253) 간략한 개관에 대하여 참조. Kreuzer, *Proseminar*, 79f.; Schmidt, *Literarkritik*, 212.

254) Kraus, *Geschichte*, 269f.

255) 부록 I: 양식사를 보라.

전승사와 양식사는 문헌비평 위에 세워진다. 이러한 사실은 오늘날에 이르기까지 역사-비평적 방법론에 관한 지침서에 광범위하게 반영되어 있다.

● 본문이 구전된 이전역사에 대해 더 강하게 주의를 기울임으로써 전승사적인 연구는 다시 이스라엘의 초기역사 속으로 더 강하게 진출했다.

● 구전적인 생성단계에 대한 강조를 통해 개별적인 개인의 저작성 대신 점차적으로 본문을 산출했던 집단성이 부각된다.

4. 전승사의 문제성에 관하여

a) 문헌비평에 대한 논의에서와 같이 여기서도 우리는 성서의 책이나 본문구성물의 생성에 대한 다양한 설명모델의 가설적인 성격을 지적하지 않을 수 없다. 구두전승 영역에 관하여 질문하면 할수록 더욱 더 가설적인 것이 된다. 그러므로 슈텍(Steck)은 구두전승 단계에 대한 연구에서 그것이 "본질적으로 가능한 범위에서"[256] 본문의 생성과정을 규정해야 한다는 사실을 인정한다. 이러한 이유에서 본문 구전의 이전역사에 대한 연구를 고려할 때 최근에는 냉정과 신중론이 확산되었다.

b) 구약성서의 많은 본문들이 오랜 구두전승과 문서전승의 과

---

256) Steck, *Exegese*, 64.

정에서 생성되었다는 역사-비평적 작업의 기본가설은 깨지지 않고 있다.257)

c) 전승사와 함께 개별적인 저자는 문헌비평에서보다 더 접근하기가 어렵다. 수많은 사람들과 집단들이 본문들에 영향을 주었고 현재의 모습을 갖게 했다.

d) 간과할 수 없는 것이 종교사적인 측면이다. 이스라엘 신앙의 특별한 점들이 긴 과정 속에서 발전되었다고 말한다. 이러한 모델에서는 하나님의 직접적인 개입과 행동으로서 영감과 계시가 강하게 제한된다. 이때에는 신앙의 증언으로서의 본문이 생성될 당시의 인간적인 측면만이 일방적으로 인지된다.

5. 논의의 결과들

a) 전승사가 일치되게 정의되지 않기 때문에, 이 개념을 사용할 때 무엇을 의미하는지 상황마다 분명히 해야 한다.

b) 개별적인 본문단계들이 구전된 전(前)역사 연구라는 전승

---

257) 전승과정에서의 변화는 장르에 따라 다르게 결정된다. 이야기들에서 변화를 가장 심하게 겪었을 것이라고 추측한다. 예언자들의 말도 마찬가지다. 가장 충실하게 전승된 것이 - 추측컨대 - 제의, 지혜, 법률 등의 영역에서 나온 본문들일 것이다. 참조. Steck, a.a.O., 63f.; Kreuzer, *Proseminar*, 80f.

사의 좁은 정의는 통상 실행될 수 없는 것으로 간주된다. 본문의 해석을 위한 중요한 결과들을 도출하기에는 연구결과들(가설들의 결합)이 지니고 있는 불확실성이 너무 크다.

c) 넓은 의미에서 전승사에 대해서 우리는 당연히 인정해야 한다. 본문이 처음에 구두로 전달되었거나 문서로 확정된 후 정경적인 형태에 이르는 하나의 역사를 가지고 있다. 그러나 여기에서 다음과 같은 사실도 유효하다: 우리가 이러한 생성사를 현재의 지식을 근거로 해서는 확실하게 재구성할 수 없으며, 따라서 이러한 가설적인 전승사는 현재의 본문을 설명하는 데 기여하는 바가 적다.

d) 본문생성을 전제하는 본문 이해가 과연 구약성서 본문에 기본적으로 적절한 것인가 하는 근본적인 질문이 남아 있다. 이러한 의문은 전승과정에서 본문이 크게 변경되었을 것이라는 가정뿐만 아니라, 이러한 개정이 일어난 시간의 범위에 대해서도 마찬가지로 제기된다.

부록 V
편집사(Redaktionsgeschichte)

1. 편집사란 무엇인가?

편집사는 문헌비평에서 규정된 문헌층에서 그 출발점을 삼으며, 또한 최초의 문서화단계로부터 문헌적인 최종형태에 이르는 모든 개정단계에서 나타나는 합생(合生)에 대해 질문한다.[258] 전승사와 다르게 편집사는 문헌적인 단계에서 있었던 본문의 생성과 관련된다.[259]

편집사는 문헌비평과 밀접한 관계에 있다.[260] 본문비평적으로 확인된 현존하는 본문에 대한 문헌비평은 상이한 시대에 기원한 다양한 본문층들을 탐구하는 반면, 편집사는 종합적인 작업과정으로서 이러한 문헌층들이 현재의 본문으로 어떻게 합생되었는가 하는 점을 밝힌다.[261] 그것은 정반대의 질문방향을 가지고 서로

---

258) 참조. Kreuzer, a.a.O., 95; Steck, a.a.O., 81; Fohrer, *Exegese*, 139; Kratz, *Redaktionsgeschichte*, 367; Richter, *Exegese*, 167; Koch, *Formgeschichte*, 72f.

259) 최초의 문서화, 즉 구전단계에서 문서단계로 넘어가는 이행이 이미 편집사에 포함될 수 있는가 하는 질문이 상이하게 답변된다. Kreuzer, 같은 곳; Steck, a.a.O., 82f.; Koch, a.a.O., 72는 이것을 긍정하는 반면, Fohrer, a.a.O., 140은 거부한다. 기본적으로 "현존하는 본문이나 본문의 상황이 이차적으로 사용되어 새롭게 형성되었을 때"(Kratz, a.a.O., 369), 비로소 편집이 존재한다고 말할 수 있다.

260) 부록 II: '문헌비평'을 보라.

261) Richter, *Exegese*, 167: "그러므로 그것(편집사)은 말하자면 분석되고 개별적인 요소들로 분해된 본문을 다시 종합한다. 그러나 이때

상응하는 작업 단계들이다.262) 이때 문헌비평은 개별 본문층에 더 강하게 집중하는 반면, 편집사는 그것의 편집에 더 강조점을 둔다.

편집사적인 문제제기는 본문을 이루는 부분들의 기계적 종합이라는 의미에서 말하는 본문생성에 대한 확인뿐만 아니라, 누가 언제 어떤 신학적인 의도를 가지고 이 본문들을 종합하고 개정했는가를 묻는 질문을 포괄한다. 리히터(Richter)는 개별 편집들의 "목적" 또는 "의도"에 대해서 말한다. 그리고 이점에 관하여 다음과 같이 주장한다: "이로써 편집비평의 마지막에는 개별 작품들과 편집들, 또한 최종적인 작업자까지 이르는 그 작품들의 저자들에 대한 다양한 사회학적 정신사적인 배경에 대한 인식을 결과로 얻는다."263)

크로이처(Kreuzer)는 그것을 "본문의 생성배경과 사용목적 또한 본문의 활용"에 대한 "문헌사회학적인 질문들"이라고 지칭한다.264)

이러한 조치들에 대한 명칭은 완전히 일치하지 않는다. 편집사나 편집비평 또는 두 가지 모두가 이러한 조치를 지칭하기 위해 사용된다. 이러한 용어와는 별도로 전승사에서 본 바와 같이 "저본과 편집의 타당한 구분을 위한 노력"(이때 문헌적인 측면이 강조된다)으로서의 편집비평과 "본문생성의 과정으로서의 편집과정"(이때는 역사적인 측면이 강조된다)을 의미하는 편집사가 구분된다.265) 후자의 의미에서 이러한 조치는 "포괄적인 이스라엘의 문

그것은 목표한 결과들을 얻게 해준다."
262) 참조. Koch, *Formgeschichte*, 73.
263) Richter, *Exegese*, 171f.
264) Kreuzer, *Proseminar*, 101; Baum, *Methode*, 326.
265) Kratz, *Redaktionsgeschichte*, 367; 참조. Richter, *Exegese*, 172.

헌사와 신학사를 위한 준비작업"266)의 성격을 띤다.

2. 전제조건들

문헌비평이나 전승사에 관한 내용에서 확인되었듯이, 편집사
도 마찬가지로 정경화의 진행과정에서 궁극적인 형태에 이르기까
지 성서의 개별 책들에 있었을 긴 생성과 개정의 과정을 전제한
다.267)

이러한 이해는 본문의 기원에 대한 성서의 진술을 평가하고
역사적으로 배열하는 데에 영향을 미쳤다. 게다가 여기에는 어느
특정한 종교사적인 역사상이 그 기저에 놓여 있다. 이러한 역사상
의 도움으로 어떤 진술들이 어느 시대에 가능하고 가능하지 않는
가 하는 문제를 결정할 수 있다.

3. 편집사의 자리

많은 방법론에 관한 지침서에서 편집사가 마지막 방법론으로
서 개별 본문에 대한 주석이나 해석 바로 앞에 위치한다.268) 슈텍

---

266) Kratz, a.a.O., 369.

267) Koch, *Formgeschichte*, 73: "**그러나 우리에게** - 신약성서의 몇
개의 서신을 제외하고는 - **최초로 문서화가 이루어졌을 때의 형태로 존
재하는 성서의 책은 없다.** 후세대들은 편집자들의 손을 통해서, 최초의
저자가 자신의 시대에 구전적인 자료들에 대하여 한 것처럼 최초 저자
의 작업을 수용하고 현재화 했다."

268) Kreuzer, *Proseminar*, 9; Fohrer, *Exegese*, 7; Richter, *Exegese*,

(Steck)은 모든 방법론적 조치들을 두 가지 부류로 나눈다. 첫 번째 부류(문헌비평, 전승사, 편집사)는 어떤 본문의 발전과정을 연구하고, 두 번째 부류(양식사, 전통사, 역사적 자리에 대한 질문)는 어떤 본문의 전제조건들에 관한 문제를 다룬다. 그는 이 방법들을 이러한 순서로 논의한다. 그렇지만 첫 번째 부류와 두 번째 부류는 동시적으로 관찰될 수 있다. 왜냐하면 두 번째 부류의 질문들도 어떤 본문의 발전과정의 어떤 단계에서든지 제기되기 때문이다.269)

본문의 생성과정을 규명하기 위한 방법론 가운데 편집사가 가장 나중 기술되는 것은 이성적이다. 현재의 정경적인 본문에 이르는 과정을 기술하기 위해서는 다른 모든 방법적 조치들의 결과들이 평가되고 종합되어야 한다.270)

4. 편집사의 방법적 조치들271)

편집사는 현존하는 본문들의 공동작업이나 수정보완의 문제에 관계되기 때문에, 편집적인 작업은 전체 단락의 처음이나 마지막 혹은 단락들의 외곽과 같은 본문의 접합점들에서 최우선적으로

7f.; 참조. Neudorfer, *Interpretation*, 5-7. Adam, *Einführung*, 9f은 개별 주석 앞에 있는 문헌비평과 편집사를 하나의 작업단계로서 서술한다. Utzschneider, *Arbeitsbuch*, 257-261의 경우엔 § 7 "본문의 역사"에 있는 "편집적인 개정들"이 문헌비평과 전승사, 그리고 편집적인 구성과 함께 논의된다.

269) Steck, *Exegese*, 16f.
270) Richter, *Exegese*, 165f.; Fohrer, *Exegese*, 143.
271) 참조. Steck, *Exegese*, 85; Koch, *Formgeschichte*, 74; Richter, a.a.O., 167.

나타난다. 더 나아가 편집자들은 특별히 발언들을 조형할 때 신학
적인 특성을 첨가시킨다는 사실이 전제된다.[272]

5. 연구사에 관하여[273]

역사-비평적 연구에서 편집사가 처음에는 별로 중요하지 않았
다. 문헌비평을 통해서 드러난 결과에 따라 "성서 전승에서 최대한
원천적인 것으로 인정되는 개별 요소들에 대한 분석적인 관심"[274]
이 강조되었다. 이러한 점은 우선적으로 역사비판의 주요한 관심
을 모은 오경과 그 안에 자명한 것으로 가정된 자료들에 특히 잘 적
용되었다. 그러나 예언서에서도 일차적인 관심이 본래적인 것, 즉
"진정한" 예언자의 말들에 있었다. 따라서 추가된 것들이나 편집적
인 개정들, "이차적"이거나 "진정한 것이 아닌" 본문의 요소들은
부정적인 평가를 받았다.[275]

대략 20세기 중반부터 연구상황에 변화가 일어났다. 그 변화
는 게르하르트 폰라트(Gerhard von Rad)와 마틴 노트(Martin Noth)
와 관련된 것이었다. 특별히 노트의 "전승사적인 연구들"이 편집사
가 관철되는데 큰 역할을 했다. 노트는 이른바 신명기사가적 역사
서들(신명기-열왕기하)의 생성을 더 이상 오경자료들의 보충기록 -
이러한 모델에 대한 설명은 계속해서 시도되었다[276] - 이 아니라,

---

272) 참조. Noth, *Studien*, 5.
273) 참조. Kreuzer, *Proseminar*, 95-99; Kratz, *Redaktionsgeschichte*,
370-377; Koch, *Formgeschichte*, 80-82.
274) Kratz, a.a.O., 371.
275) 참조. Steck, *Exegese*, 82; Kratz, 같은 곳; Fohrer, *Exegese*, 141;
Koch, *Formgeschichte*, 72.

편집사적 모델로서 설명하였다. 특별히 문서예언자들에게 편집사적 방법론은 확고한 자리를 잡았다. 이것은 통상적으로 예언자들의 말들을 최초로 수집한 것에 대한 여러 단계의 편집적인 개정과 보충들이 있었다고 전제한다.

최근의 연구단계에서 볼 때 편집사가 중요성을 갖게 되었다는 사실을 확인할 수 있다. 왜냐하면 본래의 문헌층이나 본문에 대한 질문은 불확실성이 커서 해석자에게 부담이 되기 때문이다.[277] 현존하는 본문에 존재하는 편집들이 더 확실하게 파악할 수 있는 것으로 여겨진다. 따라서 주석에서 그 중심점이 분석적인 작업에서 종합적인 작업으로 이동한다.[278]

편집사적인 모델은 바로 오경에 관한 문제에서도 새로운 중요성을 획득했다. 왜냐하면 사람들이 고전적인 자료가설에 맞서 독립적인 자료들보다는 편집적이며 문헌적으로 서로 종속된 문헌층들을 더 가능성 있는 것으로 생각하기 때문이다. 시편연구에서도 연구의 관심이 개별적인 시편이나 장르에 따른 분류로부터 개별 시편들을 현재의 상황으로 이끈 편집들에게로 확장되었다.

높아져가는 편집사의 중요성과 더불어 편집적인 개정에 대한 부정적인 평가가 사라졌다. 역사-비평적인 해석이 예컨대 예언자 아모스의 본래적인 말에 우선적인 관심을 가졌었다면, 이제는 어

---

276) 이때 어떤 책까지 오경의 자료들이 추적될 수 있는가 하는 질문에 대한 답변은 매우 상이하게 나타났다.

277) 이러한 점이 오경에 대한 고전적인 자료가설에서 가장 분명하게 나타난다. 이 가설은 벨하우젠부터 수 십 년 동안 다양한 수정과 함께 일반적인 동의를 얻었으나, 지난 30년 동안에는 지지를 얻는데 실패했다. 참조. Zenger, *Einleitung*, 109, 113-122.

278) 부록 II: '문헌비평,' 1항에 있는 그래픽을 보라.

떤 편집자의 "이차적인" 말도 해석을 위해서는 "본래적인" 말과 동일한 의미를 갖는다는 사실이 인정되었다.[279]

6. 편집사의 문제성에 관하여

a) 문헌비평에서와 같이 편집사에서도 종종 가설적인 특성이 지적될 수 있다. 편집자의 작업에 대해서 본문 자체 안에서는 매우 적은 암시들이 있을 뿐이다(예컨대, 시72:20; 잠 25:1). 통상적으로 본문 내재적인 고찰들을 근거로 본문에 편집의 과정들이 있었다는 사실을 지적한다. 그렇지만 그러한 고찰들은 분명하게 증언되지 않는다.[280] 이와 마찬가지로 그 편집들을 본문에 기술된 사건이나 정경적인 최종본문으로부터 너무 먼 시간적 간격을 둔다면, 편집들에 대한 시간적인 산정(算定) 또한 불확실하다.[281]

b) 이러한 가설적인 성격을 고려할 때 편집사에 대한 주장은 명

---

279) Kratz, *Redaktionsgeschichte*, 375.

280) Kreuzer, *Proseminar*, 101는 이러한 맥락에서 다음과 같은 사실을 인정한다: "해당하는 연구결과들을 수집하고 평가하는 것은 매우 중요하다. 그러나 우리는 종종 우리가 가지고 있는 구체적인 근거들이 매우 적다는 사실을 인식하게 된다. 더 바람직하고 학문적으로 더 정직한 것은, 추측들을 길게 늘어놓는 것이 아니라 고찰가능하고 근거를 제시할 수 있는 것의 범위 안에 머물러 있는 것이다. 그리고 경우에 따라선 어떤 진술의 가능성과 한계에 대해서 말할 수 있을 것이다."

281) Kreuzer, 같은 곳: "정확한 시대설정을 위한 확실한 근거들은 차라리 드물다. ... 흔히 어떤 특정한 진술이 언제부터 가능한가라는 사실만이 말해질 수 있다." 참조. Houtman, *Pentateuch*, 440.

백하지 않다. 슈텍(Steck)은 구두전승 단계가 "사람들이 생각하는 것보다 훨씬 자주 기껏해야 조심스럽게 논증된 역추론의 결정들 안에서 추측의 방식을 통해 재고된다는 사실"을 인정하고 있다. 그러면서 그는 문헌적인 차원에 대해서 다음과 같이 주장한다: "이와는 달리 구약성서의 문학작품에 있는 어떤 본문의 생성단계들 중에서 **문헌적인** 차원에 이를 때 사람들은 확고한 토대에 들어선다."[282] 전체적이거나 정경적인 본문 해석에 맞서있는 편집사의 맥락에서 비판을 제기한다면, 이것 또한 마찬가지로 현명한 것이 아니며, 그것은 "주석적인 자의성"(exegetische Willkür)[283]을 초래할 것이다.

c) 어떤 권리를 가지고 편집자들이 본문들을 편집할 수 있고, 또한 이때 근본적인 변화를 줄 수 있는가 하는 질문이 우리의 생각으로는 역사-비판적인 연구를 통해 만족할 만한 답변을 얻지 못했다. 이뿐 아니라 개정들에 대해 구체적으로 파악할 수 있는 인물들이 알려지지 않았는데도 어떻게 그 개정들이 인정될 수 있었는가 하는 질문에 대한 답변도 없다. 그러나 이로써 장시간에 걸쳐 이루어지고 내용적으로 깊이 개입된 전승과 편집과정들을 총괄적으로 고려하는 것이 적절한가 하는 질문이 다시 한 번 제기된다.

d) 문헌비평을 통한 것과 유사하게, 여기서도 본문의 생성에

---

282) Steck, *Exegese*, 76f.
283) Steck, a.a.O., 80; 참조. Kratz, *Redaktionsgeschichte*, 372.

관한 성서의 진술들뿐만 아니라, 무엇보다도 많은 보도들이 그것의 역사적인 신뢰성과 관련하여 문제시된다.[284]

7. 논의의 결과들

a) 편집사적인 문제제기는 근본적으로 거부될 수 없다.[285] 개별 본문들이 의도적으로 다른 본문들과 병합되었고 더 큰 맥락들에 편입되었으며, 이러한 병합이 통상 매우 특정한 내용상의 관점 아래에서 수행되었다는 사실은 의심할 여지가 없다.[286] 선택의 기준과 본문 배열에 대한 질문이 모든 성서 책들의 생성과정에서 결정적인 역할을 했다.

b) 이러한 이유 때문에 개별본문은 어떤 진술 자체만을 가지고 있지 않고, 맥락 속에서 그 진술을 가지고 있다. 좁고 넓은 맥락이 어떤 본문의 진술에 함께 영향을 준다.

c) 이러한 정황은 편집사에 어떤 의미가 있는가?

● 본문구성물들이 결국 단지 가설적으로 드러나는 편집들을 따라서 연구되어서는 안 된다. 이 점은 편집자들에 대한 문제뿐 아니라 편집들에 대한 시간적인 산정에 관한 문제에서도 마찬가지다.

---

284) 참조. Baum, *Methode*, 329.
285) 참조. Baum, a.a.O., 331.
286) 이것은 분명히 개별적인 책들에서 매우 상이한 방식으로 수행되었다.

● 오직 현존의 상황 안에 있는 본문만이 해석을 위한 기초가 될 수 있다. 선행하는 단계들의 해석은 너무 많은 불확실성 때문에 부담이 된다. 현재의 본문 차원에서 본문의 구성물이 (전체적으로 또한 공시적으로) 연구될 수 있다. 이러한 이유로 우리는 "편집"(Redaktion)이라는 용어보다는 "구성"(Komposition)이라는 개념을 선호한다.

● 우리는 본문들이 오랜 편집과정을 근거로 생성된 것이 아니라, 본문의 신학적인 진술과 더 큰 본문구성체나 책들의 신학적인 의도가 그것들이 보도하고 있는 시대와 일치한다는 사실을 전제한다. 반복적인 언어적 개정들이나 약간의 보충들이 후대에 있었다는 사실은 인정될 수 있다.

d) 더 큰 본문맥락들을 해석할 때도 그 구성에 대한 해석을 고려하면서 매우 신중하고 조심스럽게 해야 한다. 해석의 역사는 바로 구성에 대한 해석에서도 매우 상이한 결과들을 얻을 수 있다는 사실을 보여준다.

4. 구약본문과 이스라엘 주변세계의 본문들

4.1. 이스라엘 주변세계에서 생성된 본문들의 의미에 관하여

구약성서 시대에 성서 밖에 존재하였던 많은 본문들이 있다. 이러한 본문들은 성서본문들을 이해하는데 유용하거나 때로는 필수적이어서 주석할 때 고려하는 것이 좋다.

이스라엘 주변세계에서 연원한 본문들의 의미가 구약본문의 이해와 설명을 위해 다음과 같은 영역으로 분류될 수 있다:

- **언어**: 이것은 어원적인 문제뿐 아니라 문체상의 문제에도 함께 해당된다. 많은 히브리어 개념들이 다른 언어들과의 상관관계를 보여주기도 하고, 혹은 다른 언어들 속에서 그 어원을 찾을 수도 있다. 해당하는 언어의 사전에서 이러한 관계들이 밝혀진다. 물론 다른 언어들과의 비교를 통해 모든 어원적인 문제가 설명될 수는 없다.
문체적인 비교들은 특정한 표현방식들이 당시에 광범위하게 확산되었다는 사실을 보여줄 수 있다. 이것은 당시의 언어와 양식들을 이해하고 현대인들의 언어감각과 표현형식을 본문에 대한 기준으로 삼지 않도록 도와준다.
- **실상(實狀)에 대한 전문지식**: 지리학과 지질학, 경제와 문화, 인간학, 식물학, 동물학, 일상생활과 종교생활의 관

습과 같은 것들로부터 파생된 수많은 개념들과 실상에
대한 전문지식의 경우, 이스라엘 주변세계의 본문들이
성서의 진술들을 이해하는 데 중요한 도움을 준다(제4
장: '역사적인 문제들,' 5항을 보라).

● **역사**: 우선 이스라엘 주변세계의 본문들은 이스라엘과
관계했던 나라들의 역사에 대해 중요한 정보들을 제공한
다.

그러므로 성서의 본문에도 언급되고 있는 사건에 관련된
본문들은 특별한 관심을 끌게 된다. 특별히 추가적이며 보
충적인 정보들을 가지고 있어서 이스라엘 역사를 밝히는데
기여하는 본문들은 매우 중요하다. 이때 군사적인 대결을
포함하는 정치의 영역만이 아니라, 문화나 사회적 구조, 더
나아가 종교의 영역도 고려되어야 한다.287)

● **종교**: 이 본문들은 이스라엘과 관계했던 나라들의 종교
에 관한 정보들을 우선적으로 제공한다. 구약성서 자체
에서 우리는 단지 대결상황에서 일어났던 일들에 대한
단편적인 정보만을 얻는다.

이뿐 아니라 이러한 본문들을 통해 우리는 종교들 사이에
있는 접촉점들, 유사점들과 일치점들을 알게 된다. 그러나
또한 우리는 그것들의 차이점들과 각 종교들이 가지고 있
는 특별한 점들도 인지한다.

---

287) 모든 시대에 대한 역사기술이 정치와 정치가들에 그 초점이 맞
춰져 있기 때문에, 마지막에 언급한 영역들이 도외시되지 않도록 주의
를 기울여야 한다. 최근의 연구에서는 사회사에 관심이 집중되었다.

4.2. 문제의 영역들

이스라엘 주변세계의 본문들은 4.1에서 확인한 바와 같이 당시의 본문들에 대한 이해와 더불어 구약성서 본문의 해석을 위해 중요한 도움이 된다. 물론 본문들의 비교를 통해 일련의 새로운 문제들이 제기된다. 여기에선 두 가지 문제의 영역에 대해서 언급하고자 한다.

4.2.1. 존재하지 않는 유례(類例)들

지금까지 발견된 성서 외적인 본문에서 구약성서에 서술된 많은 사건들에 대한 암시가 전혀 없다. 이러한 경우에 성서 보도들의 역사적인 신뢰성에 대한 기초적인 질문이 제기된다. 이로써 우리는 구약성서 안에 있는 본문들을 어떻게 이해해야 하는가 하는 근본질문에 도달하게 된다(제4장: '역사적인 문제들,' 2항을 보라). 우리는 바로 역사적인 문제에서도 본문들에 대한 신뢰가 필요하다는 사실을 전제한다. 그 본문들은 이야기들(Geschichten)[288]이 아니라 역사(Geschichte)를 서술하고자 한다. 그것들은 증인들로서 역사적인 사건에도 중요하게 취급되기를 원한다. 이러한 판단은 성서 본문들에 대한 전체적인 이해로부터 생기는 결론이다. 물론 이러한 이해는 유례(類例)들이 없는 경우가 있기 때문에 모든 경우에 증명될 수 있는 것은 아니다.

우리의 생각으로는 역사적인 판단이 성서 외적인 자료에 성서의 사건들에 대한 언급이 있느냐 없느냐에 따라 좌우되는 것은 우

---

288) Lemche, *Vorgeschichte*, 220.

려할 만한 사항이다. 방법적으로 다른 행동방식이 선호되어야 한다: 비록 성서의 증거들이 성서 외적인 자료에 직접적으로 언급되고 있지 않더라도, 성서의 증언들이 그 증거들과 얼마나 일치되게 나타나는가 하는 문제가 제기되며, 이런 식으로 서로 일치하는 역사적인 전체상(像)을 얻게 된다.289)

4.2.2. 종교사적인 비교

자신들의 종교를 가지고 있던 주변나라들에게 이스라엘이 종교사적으로 종속되어 있는가 하는 문제는 신학적으로 특별한 폭발성을 갖고 있다.

근대에 이르기까지 이스라엘 신앙에 대한 특별성과 독립성은 의문의 여지가 없었다. 이러한 견해는 이스라엘 신앙이 계시에서 출발하고 있다는 사실에 근거한다. 19세기 후반과 20세기 초반에 들어와 종교들과 종교 상호간, 특별히 이스라엘 신앙과의 관계에 대한 문제가 신학적인 연구에서도 중심적인 주제가 되었다. 그래서 종교사학파가 생겨났다.290) 선교뿐만 아니라 고고학을 통해 이루어진 다양한 종교들에 대한 수많은 보고들과 발견들이 결정적으로 작용했다. 성서와 성서 외적인 본문의 비교를 통해 두 문서들 사이에 있는 유례들이나 유사점들이 발견되었다. 이제 상호 관련성에 관한 문제가 제기된다. 다양한 설명모델들이 제시되었다. 이스라엘에서 주변세계의 견해들을 넘겨받았다는 사실이 광범위하게 인정되었다. 이스라엘 종교의 독특성은 긴 발전과정을 통해서 형성되었다는 것이다.291) 이러한 모델 이면에는 진화론적인 종교사

---

289) 참조. Millard, *Geschichte*, 25-42.
290) Kraus, *Geschichte*, 315-340의 상세한 설명을 참조하라.

적 이해가 있다. 계시의 과정이 성서의 이해 - 수백 년 동안 교회전통에서 고수되었던 바와 같이 - 와는 달리 그 안에서 새롭게 해석되었고, 순전히 내재적으로 이해되었다.292) 수많은 구약성서 연구의 전체구상들이 "구약신학"이 아니라 "이스라엘의 종교사"라는 이름 아래 출판했다는 사실에서 그 당시 종교사적인 연구의 의미를 알 수 있다. 20세기에 구약신학에 대한 재고(再考)가 생겨났다.293) 본서의 범위에서는 이때의 연구상황이 가지고 있었던 신학적인 핵심문제에 대해 자세히 다룰 수 없다. 종교사적인 방법론이 완전히 극복되지는 못했다는 문제제기만으로 만족해야 할 것이다. 최근의 구약성서 연구에서 종교사적인 방법론이 또 다시 강하게 주목받고 있다는 사실이 이러한 인식을 뒷받침한다.294)

　　우리가 이스라엘 신앙을 고찰하기 위해 신학적으로 적절한 출발점을 계시에서 찾는다면,295) 이것 또한 성서의 증언들을 다른 종교들의 증거들과 비교하는 일에 영향을 미친다. 우리는 성서에 제시된 종교의 특별성이 어떤 발전과정을 통해 형성된 것이 아니라 계시를 통해 주어졌다고 전제한다. 이러한 성서의 계시이해는 종교들의 발전에 대해 단지 내재적으로 사고하는 진화론적인 이해와 일치될 수 없다.296) 성서적 신앙의 전개가 단지 구원사적으로 파악

---

291) 이점에 관한 예로서 헤르만 궁켈(Gunkel)의 창1장에 대한 해석을 참조하라(Kraus, a.a.O., 336f.).

292) A.a.O., 320.

293) 이러한 발전에 특별한 중요성을 지니고 있는 것이 두 권으로 된 폰라트(G. von Rad)의 "구약신학"이다. 1957년과 1960년에 각각 처음으로 출판되었다.

294) 이러한 정황은 "이스라엘의 종교인가 아니면 구약신학인가"하는 문제에 대한 활기찬 논의에서 드러난다. 이러한 논의가 예컨대 Jahrbuch für biblische Theologie Bd. 10에 잘 나타나 있다.

295) 참조. Maier, *Hermeneutik*, 23-28.

될 수 있을 뿐이다. 그렇지만 성서의 본문들과 이스라엘 주변세계
에서 생성된 본문들이 보여주는 유례들과 유사점들은 어떻게 설명
되어야 할까?

이스라엘은 혼자 고립되어 있었던 것이 아니라, 주변 나라들
이나 그들의 종교들과 생생한 접촉관계에 있었다. 이스라엘은 주
변 나라들의 언어, 표현양식, 관습, 문화, 예술, 경제, 기술 등과 관
계하고 있었거나 그것들에 대한 지식을 갖고 있었다. 모든 종교에
서 제사, 기도, 제의, 제사장, 예언자, 성전 등과 같은 유사한 종교적
인 표현양식들을 만나게 된다. 그러므로 자기 자신의 신앙에 대한
서술에서 다른 곳에서도 입증되는 표현양식들이 수용될 수 있다는
사실은 결코 놀라운 일이 아니다. 다만 거기에 이스라엘 신앙의 고
유한 것이 표현되었고 보존되어 있다는 사실이 중요하다. 따라서
유례(類例)들이 종속성을 증명한다고 일방적으로 해석되어서는 안
되며, 각 종교가 처한 상황 속에서 보여주는 진술의 특별성에 대해
서도 항상 질문해야 한다. 한편으론 각각의 시대나 사회의 언어, 문
화, 종교적 표현양식들과 연결하는 것과 다른 한편으론 자신의 종
교의 고유성에 대한 숙고라는 두 가지 측면들은 또한, 다른 종교들
의 상징, 요소, 표현양식에 대한 수용과 구분이 모든 시대에 동일한
방식으로 일어나지 않고 그때그때의 상황에 따라 좌우된다는 사실
을 전제한다.297) 이러한 점은 단지 다양한 시대에만 해당되는 것이
아니라 성서 본문의 다양한 저자들에게도 해당된다. 일직선적인
발전을 고려하는 종교사적인 역사상은 오히려 수용과 구분의 변화
심한 기복을 암시하는 역사적 과정들의 생동성을 인식하지 못한다.

---

296) A.a.O., 25f.

297) 이러한 두 가지 측면들은 종교공동체에게, 특별히 유대교와 기
독교의 경우에 모든 시대에 걸쳐 전형적이었다.

4.3. 방법적 조치들

1. 학생들에게 우선적으로 제기되는 과제는 연관된 본문에
   접근하는 것이다. 주석하고자 하는 본문에 직접적인 중
   요성을 갖는 이스라엘 주변세계의 본문들에 대한 지시
   들은 주석들의 도움으로 가장 손쉽게 찾을 수 있다. 물론
   이때 고려해야 할 점이 주석들에는 통상적으로 자료에
   대한 감별과 선택이 이루어졌다는 사실이다.

   포괄적인 그림을 갖고자 하는 사람은 수집본들을 이용
   할 수 있다.298) 기거에는 본문들이 통상 주제를 따라 배
   열되어 있기 때문에 어느 특정한 주제를 찾고자 할 때도
   쉽게 접근할 수 있다.

2. 상응하는 본문들이 존재할 경우, 성서의 본문들을 다른
   본문들과 비교하는 것은 가치가 있다. 이때 다음과 같은
   질문들이 제기된다:
   - 이 본문들이 동일한 정황에 얼마나 관련되어 있으
     며, 성서의 진술들은 이러한 사실을 얼마나 확증하
     고 있는가?
   - 이 본문들이 동일하지는 않지만 유사하면서도 비교
     할 수 있는 정황에 얼마나 관련되어 있으며, 이로써
     이러한 서술들이 일치를 이룰 수 있는 포괄적인 당
     시의 전체상을 제공하고 있는가?

---

298) 여기에서 몇 가지 문헌들을 소개하고자 한다: Beyerlin,
Textbuch; Hallo, *Context*; Kaiser, *TUAT*; Prichard, *ANET*; 동저자,
ANEP; Walton, *Literature*.

- 이스라엘 주변세계에서 생성된 이러한 본문들이 주석하고자 하는 성서본문의 더 나은 이해로 나아가게 하는 추가적인 정보들을 얼마나 제공하는가?
- 그 의미가 분명치 않고 성서 외적인 본문들의 도움으로도 설명될 수 없는 성서본문들의 진술들이 얼마나 있는가? 역사적인 해석에서 나타나는 이러한 불확정성이 솔직하게 고백되어야 할 것이다. 이러한 구절들은 적용할 때 매우 신중하게 다루어져야 한다. 다방면의 가설들이 그러한 구절들 위에 세워지지 않아야 한다.

대체로 동일한 시대와 문화권에서 생성되었고 동일한 주제를 다루고 있는 본문들이 비교될 수 있다는 사실이 기본적으로 고려되어야 한다.
이 작업단계에서 4.1에서 언급한 모든 분야들이 검토될 수 있다. 본문에 따라서 이 분야 혹은 저 분야(또는 여러 분야들)가 중요해 진다.

3. 본문들이 우선은 서로 일치하지 않는 진술들을 포함한다는 사실을 배제하지 말아야 한다. 이런 경우 어떻게 조치해야 하는가?
- 너무 빨리 불일치라고 결정내리면서 어느 본문이 옳다고 판단해서는 안 된다.
- 불일치처럼 보이는 본문들도 더 자세한 연구를 통해 해명될 수 있는지를 물어야 한다. 예컨대 다양한 본문의 양식들(장르들)이 존재하지 않는가? 이러한

차이점들이 각각의 진술의도나 수령 집단을 통해 설명될 수 있는가? 저자들이 다양한 종교에 소속되어 있다는 사실이 한 사건에 대한 상이한 해석의 결과로 나타나지 않는가?

● 모든 노력에도 불구하고 모든 차이점들이 설명되지 않을 수 있다. 이것은 특별히 우리의 지식이 제한되어 있다는 사실과 관련될 수 있다. 해명할 수 있는 많은 본문들이 아직 발견되지 않았거나 파기되었다는 사실을 전제할 수 있다. 현존하는 본문들은 역사적인 증거로서 중요하게 다루어져야 한다. 경우에 따라서는 상이한 진술들이 당시에 대한 지식의 수준으로 설명 불가능하기도 하다.

4.4. 한 가지 기본원칙

이스라엘 주변세계의 본문들은 성서 본문들을 설명하는 데에 포기할 수 없을 정도로 중요한 도움이 된다. 그렇지만 성서적 정경 안에서 교회에 구속력 있게 제시된 거룩한 책(Heilige Schrift)을 인식하는 신학적인 해석의 틀 안에서 볼 때, 양자가 동일한 영적인 자질을 가진 것은 아니다. 정경적인 본문이 교회의 교리와 신앙을 위해 구속력이 있다. 이스라엘 주변세계의 본문들은 이러한 해석을 위해 참고할 수 있고, 또한 그렇게 해야 한다. 그렇지만 그것들이 성서 본문의 의미에 대해서 의문을 제기할 수는 없다.

이러한 맥락에서 여전히 성서 본문의 특별성에 대해서

말할 수 있다. 이스라엘 주변세계의 본문들은 수백 년 넘게 파묻혀 알려지지 않았다. 그것들은 다양하지만 종 종 내적인 관련성이 없는 불완전한 본문으로서 오늘날 우리에게 사용될 수 있게 놓여 있다. 이와는 달리 성서 의 책들은 구약성서나 신약성서 모두 각각 유대교와 기 독교의 신앙공동체에 의해서 의도적으로 병합되었고 수천 년 이상 비교적 신뢰할 수 있게 전승되었다.[299]

5. 본문과 실상들에 대한 전문지식들(Realien)

본 장의 지금까지 이어지는 단락들에서 본문과 저자와 사건의 관계에 대한 기초적인 문제들이 언급되었다. 본 단락에서는 본문 의 이해를 돕는 배경과 실상들에 대한 문제를 제기하는 것에 한정 하여 서술하고자 한다.[300]

1. 어느 **장소**(어떤 장소들), 어떤 나라 혹은 지역이 언급되 는가?[301] 어떤 사건이 어디에서 일어났는가? 내가 어디 에서 이 점에 대한 적절한 성서지도[302]나 사진들을 구할

---

299) 참조. Millard, *Geschichte*, 27f.

300) 해당되는 성서사전들을 보라: Burkhardt, *Bibel-Lexikon*; Freedman, *Anchor*; Galling, *Reallexikon*; Görg, *Bibel-Lexikon*; Reicke, *Handwörterbuch*.

301) Aharoni, *Land*; Donner, *Einführung*; Keel, *Orte*.

302) Keel, *Herders*; Mittmann, *Bibelatlas*; *Stuttgarter Bibelatlas*;

수 있는가? 내가 이 지역을 혹시 실제 여행이나 직접적인
방문을 통해서 알고 있지는 않는가?

2. 이스라엘 역사의 어느 **시대**에 그 사건이 적합한가? 족장
   시대, 이집트에 이스라엘의 체류, 광야유랑과 가나안 정
   복, 사사시대와 초기 왕정시대, 통일왕국과 분열왕국시
   대, 포로기-포로후기 시대? 본문의 진술들은 진지하게
   검토되어야 한다. 만약 (예컨대, 많은 시편들, 또한 잠언
   이나 많은 예언서의 본문들에서와 같이) 본문이 더 정확
   한 시대설정을 허락하지 않는다면, 그 의문들은 개방된
   채 남아 있어야 한다. 아마도 역사적인 시대설정이 전혀
   의도되지 않았을 수도 있다.

3. 어떤 **실상들에 대한 전문지식들**이 본문에 언급되어 있
   는가? 일상적인, 정치적인, 사회학적인, 군사적인, 종교
   적인, 문화적인, 기후적인, 혹은 지형적인 언급인가?[303]
   실상들에 대한 전문지식들은 일상적이며 구체적인 대상
   과 정황들이다. 예컨대, 날씨, 파종과 수확, 농기구들, 제
   사, 의복, 성전, 보좌, 동물, 식물, 도량형 등. 아마도 도축
   업자를 통해서 어떻게 양이 도살되고 분해되는지를 관
   찰할 수 있을 것이다. 또는 옛날 손절구로 직접 곡식을
   빻아볼 수도 있을 것이다. 자신의 고유한 견해를 얻기 위

Tübinger Atlas.
303) Noth, *Welt*(여전히 읽을 만한 가치가 있다); Dalman, *Arbeit*(여
전히 하나의 고전적인 작품이다).

해 - 가능한 한 - 창의성을 발휘하는 데에는 제한이 거의
없다.

제5장
신학적 해석

1. 예비고찰

1.1. 전제조건

2-4장에서 수행한 작업은 본문을 가능한 정확하게 문학적으로 그리고 역사적으로 분석하는 것이었다. 그러나 이것으로써 주석이 그 목적에 도달하지 않았다. 말하자면 그것은 필수적인 사전작업이었다. 그렇다고 이러 조치들이 부정적으로 평가되거나 경시되어서는 안 된다.304)

역사적인 본문이나 또한 성서적인 본문에 대한 작업은 다양한 전제들과 문제제기 아래에서 수행될 수 있다. 그러나 기독교 신학의 상황에서 이루어지는 구약성서 본문에 대한 작업은(물론 신약성서 본문에 대한 작업도) 신학적인 문제제기를 도외시 할 수 없다.305) 문학적이며 역사적인 분석은 신학적 연구의 틀 안에서 그 자체로는 의미가 없다. 그러나 그것은 신학적인 성과에 대한 질문과 불가분의 관계에 있다.

---

304) 참조. Utzschneider, *Arbeitsbuch*, 286.
305) Maier, *Hermeneutik*, 347은 "신학적인"이라는 개념에 대해서 논의하고, 이 개념을 모든 해석에 적용한다. 그래서 그는 신학적 해석의 단계를 "종합적인 해석"이라고 지칭한다.

이로써 주석은 단지 역사적인 본문이 아니라 거룩한 문서(聖書, Heilige Schrift)로 제시되어 있는 본문들을 다루고 있다는 사실을 진지하게 받아들인다. 주석자는 역사적인 기록을 만날 뿐 아니라, 오늘날 기독교인들에게 현재 모습 그대로 하나님의 말씀이 되는 기독교 정경의 한 부분을 만난다. 이러한 사실은 주석자들에게 다음과 같은 결과를 가져온다: 그가 신학적인 해석자로서 줄곧 본문에 객관적인 거리감을 두고 있을 수 없고, 자신에 의해서 연구되는 본문의 신학적인 요구가 자신의 시대뿐 아니라 자기 자신에도 하나님의 말씀으로서 간주된다. 이때, 객관적이며 따라서 어느 관점에서 보면 거리감 있는 본문 작업과 하나님의 말씀으로서 작업자 개인에서 해당되는 본문의 진술의도가 엄격한 시간적인 순서를 따라 구분될 수 없다.

1.2. 적절치 않는 대안들

바로 역사적인 해석과 현재를 위한 신학적인 해석의 연결에서 계속적인 편향성들이 경험된다.

역사적인 의미가 기본적으로 고려되지 않는 해석방법들이 있었고 지금도 있다. 이렇게 되면 성서가 모든 부분에서 똑같은 방식으로 현재를 위해 전달된다. 이것은 흔히 다음과 같은 결과들을 초래한다:

- 본문의 역사적인 의미가 도외시 되며, 따라서
- 구원사적인 분류와 차별화가 중지된다;
- 더 깊고 영적인 의미를 직접적인 현실화로 나타나야 할

분명한 말씀의 의미(sensus literalis) 이면에서 찾는다(알
레고리적 해석). 그래서 많은 본문들이 자의적으로 현재
화된다.

- 해석은 매우 연상적(聯想的)이며 주관적으로 수행된다.

이러한 해석방법에 대한 몇 가지 예를 들면:

- 구약성서에서 이스라엘에 관련된 말씀들이 변화된 구원
사적 상황에 대한 고려 없이 무차별적으로 새 언약 공동
체에 적용된다.
- 약속의 말씀들의 경우 역사적인 상황이 더 이상 고려되
지 않는다.
- 구약성서의 계명들이 신학적인 전체해석을 통해 그 근거
를 제시하지 않고서 교회에 유효하다거나 더 이상 유효
하지 않다고 설명된다.

그러나 다른 편향성에 대해서도 말할 수 있다. 근대의 학문적
인 주석에서 현재를 위한 주석의 신학적인 의미를 포기하는 예가
증가했다. 주석이 대체로 역사적인 해석에 제한된다.306) 따라서 조
직신학과 실천신학의 신학적인 적용은 각자의 판단에 내맡겨진

306) Steck, *Exegese*, 159-177은 마지막 작업단계를 "본문에 대한 역
사적인 의미결정으로서의 해석"이라는 표제아래 둔다. 현재를 위한 의
미의 문제는 매우 간결하게 서술되며 결코 강요되지 않는다. 그는 다음
과 같이 말한다: "밝혀진 **본문의 역사적인 의미가 우리의 현재상황을
고려하여** 어떻게 기술되는가에 대한 숙고들이 결론을 구성할 수 있
다"(159).
Kreuzer, *Proseminar*, 105-111에는 신학적 해석을 위한 공간이 더 많
이 허용된다.

다.307) 이것은 한편으론 개별적인 신학분야에 대한 좋지 않는 구분과 특성화의 결과를 초래하며, 다른 한편으론 다른 신학분야들에게 과중한 부담을 주고 부당한 요구를 하게 된다. 이러한 주석방법의 전개과정에서 다음과 같은 다른 결과를 확인할 수 있다: 구약성서를 다루는 주석가가 더 이상 반드시 신학자로서 이해될 필요가 없이 일차적으로 역사가, 고고학자, 문예비평가로서 인식된다.308)

1.3. 이중적 과제

다음과 같은 점에서 주석의 영역을 위해서도 유효한 이중적인 과제를 확인한다:309)

1. 어떤 본문의 문학적이며 역사적인 의미가 가능한 철저하게 밝혀져야 한다.
2. 오늘날에 이르기까지 다양한 시대에 걸쳐 나타나는 청중들을 위한 이 본문의 신학적인 의미와 유효성이 밝혀지고 기술되어야 한다. 이로써 선포를 위한 필수적인 예비작업이 수행된다.

물론 이러한 과제들을 연결하고자 할 때, 각각 한 측면만을 고려하는 방법론은 앞서 단지 윤곽적으로 소개한 편향성을 야기할 수 있다는 사실을 묵과해서는 안 된다. 그러나 주석은 역사적 분석

---

307) 참조. Albertz, *Religionsgeschichte*, 20f.
308) Thompson, *Testament*, 158f.의 경우가 극단적이다.
309) 참조. Maier, *Hermeneutik*, 347-359.

과 신학적 해석의 연결에서 드러나는 도전들을 외면하지 말아야
한다.

2. 종합적인 주석

지금까지의 작업단계들(2-4장)은 일련의 매우 상이한 고찰과
그 결과들을 가져왔다. 이러한 것들이 이제는 묶여져야 한다.[310]
이때 다음과 같은 삼중적인 임무가 부여된다:

1. 절별 해석이다.
2. 본문의 핵심진술들을 요약한다.
3. 이 본문의 핵심사상(Skopus)이 간명하게 표현되어야 한
   다.[311] 이때 모든 본문은 대체로 어느 특정한 주제를 포
   함하고 있다는 사실이 전제되어야 한다.[312]

이러한 세 가지 조치들은 여전히 역사적인 정황 속에 있는 본
문에 오직 그 초점이 맞춰져 있다. 이 본문 혹은 그 저자는 그 당시

---

310) Fohrer, *Exegese*, 155는 다음과 같이 간략하게 표현한다: "지금
까지의 모든 결과를 고려하면서 이제 여기에서 그것의 내용이 간명하
게 표현되는 것이 마땅하다; 이때 그것[본문]의 필치와 정점이 분명하
게 강조되어야 한다. 사실상 그것은 거기[본문]에 나타난 사고들을 그
배열과 순서를 따라 빈틈없이 서술하는 것과 관련된다."
311) 경우에 따라서 이 작업이 본 단계에서 단지 임시적으로 수행될
수 있다. 그리고 그것은 신학적 해석의 마지막 부분에서 다시 한 번 점
검되어야 한다. Maier, *Hermeneutik*, 352-353, 359는 핵심사상에 대한
규정을 종합적인 해석의 마지막 조치로서 소개한다.
312) Kreuzer, *Proseminar*, 106.

청중들이나 독자들에게 무엇을 말하고자 했는가?[313] 물론 이 질문
은 최종적인 확실성을 가지고 항상 답변될 수 있는 것이 아니라는
사실이 인정되어야 한다.[314] 그러므로 이 작업단계는 하나의 구체
적인 역사적 편입(Einordnung)을 고려하면서 수행되어야 한다.

2.1. 개별주석

● 새로운 문제에 대한 접근이나 예비작업을 할 때, 글로 표
  현된 석의를 시작하기를 권한다. 주석되어야 할 본문의
  내용이 해석이 가미된 채 자신의 말로 요약된다. 이렇게
  자기 자신의 말로 문서화된 내용은 기초 세미나 과제물
  (Proseminararbeit)에 나타나지 않고, 다만 한편으로는 자
  신의 이해를 점검하는 수단으로, 다른 한편으로는 절별
  해석을 위한 원(原)구상으로서 기능한다.
● 동일한 작업과정에서 **초역**(Erstübersetzung, 제2장: '본
  문,' 1항을 보라)이 점검되며 최종 번역으로 완성될 수
  있다.
● 계속해서 이제는 보통 주석서에서 보듯이 본문이 절별로
  설명된다. 이때 사고의 체계가 주의 깊게 관찰된다. 무엇
  이 핵심진술이고, 어디에 부차적인 진술들이 있으며, 무
  엇이 적용되고 무엇이 근거로서 작용하고 있으며, 무엇
  이 이 단락의 메시지인가? 이것을 통해서 또한 본문의
  구조가 드러나는가?

---

313) 참조. Steck, *Exegese*, 160; Fohrer, *Exegese*, 157f.
314) 참조. Fohrer, 같은 곳.

- 총괄적인 주석(개별주석)은 본문에 대한 해석적인 모사 (模寫)이다. 이때 모든 주석가는 자기 자신의 문체를 개발해야 한다. 주석이 얼마나 상세하고 또한 얼마나 간략해야 하는가? 장황한 묘사보다는 밀도 있는 간략한 서술과 가식 없는 분명한 문체가 우리에게 더 바람직하게 보인다.
- 다음과 같은 것이 계속되는 핵심질문이다: 어떤 내용이 들어 있는가? 이 본문은 무엇을 의미하는가?
- 지금까지 역사적인 분석과 문학적인 분석의 틀 안에서 알려진 것들이 함께 기술된다. 실상에 대한 전문지식(장소, 이름, 도덕과 관습, 물건들 등)이 지칭되고 설명된다. 이때 성경사전이 매우 유용하게 사용된다.
- 전체적인 개관이 이제 중요하다. 바로 이 단락의 신학적인 메시지에 대한 강조도 여기에 속한다.

2.2. 본문의 주요진술들에 대한 요약

- 선행하는 작업조치들을 기반으로 본문의 개별적인 의미단락에 요약이 뒤따라 나오고, 그것의 진술들이 총괄적으로 서술된다.315)
- 주요진술들은 본문으로부터 강조된다. 언어적인 표지들, 어느 특정한 형식, 특징 있는 개념들, 맥락, 유례(類例)들이나 어느 특정한 역사적 상황 등을 통해 예컨대, 자신의 진술의도가 표명된다.

---

315) Steck, *Exegese*, 167.

● 개별 진술들의 서로에 대한 관계성이 강조되어야 한다.

2.3. 본문의 핵심사상(Skopus)

● 통상적으로 하나의 본문단락은 **하나의** 핵심사상, 즉 어떤 특정한 주제를 가지고 있다.
● 본문의 특별성이나 다른 본문과의 공통점들이 맥락에 대한 고찰을 통해 부각된다.
● 그러므로 본문의 핵심사상과 본문의 다양한 주요진술들, 달리 말하면 중심주제와 다양한 부(副)주제들을 구별하는 것이 중요하다.
● 주요진술들에서와 같이 핵심사상도 선행하는 작업조치들을 근거로 결정될 수 있다. 본문 자체가 언어적인 표지들, 어느 특정한 형식, 특징 있는 개념들, 맥락, 유례(類例)들이나 어느 특정한 역사적 상황 등을 통해 그 핵심사상을 지시한다. 이 핵심사상이 외부로부터 가져와 본문에 덧붙여져서는 안 된다.
● 드러난 본문의 주요진술들을 이 핵심사상과 관련시켜야 한다.
● 핵심사상과 주요진술을 표명하므로써 선행하는 단계들에서 확인된 많은 결과들에 대한 중요성을 결정하는 일이 끝난다. 모든 개별사항들이 신학적인 결실을 얻기 위해 동일한 중요성을 갖는 것은 아니다.
● 다른 측면으로는 확인된 많은 개별결과들이 핵심사상과 확인된 주요진술들을 통해 본문 안에서 혹은 그 본문을

위해 자신들의 구체적인 의미와 기능을 획득한다.

2.4. 질문을 통한 지원(Hilfestellung)[316]

● 누가 말하는가? 사람들(예컨대 예언자들)을 통해 하나님
이 말씀하시는가? 아니면 사람들이 하나님께 말하는가?
사람들이 사람에게 혹은 사람에 대해서 말하는가?

● 저자나 본문이 청중 또는 독자들에게 무엇을 이루고자
하는가? 첫 번째 사항과 관련하여: 하나님이 인간들에게
무엇을 이루고자 하시는가? 혹은 사람들이 하나님에게
서 무엇을 이루고자 하는가?

● 본문이 자신의 역사적인 상황(이러한 점이 부각될 수 있
다면)에서 어떤 구체적인 의미를 가지는가?

● 우리는 본문을 통해 하나님에 대해서 무엇을 알게 되는
가: 그분의 속성, 행동, 의지들?

● 본문이 사람에 관하여, 이스라엘에 관하여, 특정한 인물
들, 집단, 제도들에 관하여 어떤 기본진술들을 하는가?

● 본문이 자신의 역사적인 상황을 나타내기 위해 과거, 현
재 혹은 미래에 관한 특별한 진술들을 하는가?

● 본문이 어떠한 사건의 순서로 배열되어 있는가? 본문에
기술된 내용을 통해 사건순서에서 어떠한 변화가 일어나
는가?

---

316) 참조. a.a.O., 168f.

3. 구약성서의 상황 안에서 신학적인 해석

지금까지의 작업조치들은 밝혀야 할 본문을 이해하고 설명하고자 하는 목적을 가지고 있었다. 좁고 넓은 범위의 맥락에 대한 고려, 다른 본문들과의 비교와 평행본문들의 원용도 이러한 목적을 위해 봉사했다. 이 결과들은 종합적인 주석에서 통합되고 그것에 대한 신학적인 성과가 확인되었다. 자신의 신학적인 진술을 가진 본문은 이제 완전히 의도적으로 더 큰 맥락에 관련되어 해석된다.

이때 우선 구약성서 안에서의 본문의 의미에 대해서 질문한 다음, 성경 전체의 맥락에서 나타나는 본문의 의미(아래 4항을 보라)에 대해서 탐구하는 것이 좋다.317)

이뿐 아니라 본문이 초기 유대교와 신약성서 시대 이전과 그 시대에 어떻게 이해되었는가를 고려해야 한다. 경우에 따라서 이 것은 구약성서와 신약성서를 이어주는 이해의 교각(Verstehens-brücke)으로서 절대적으로 필요하다.318)

---

317) Maier, *Hermeneutik*, 347은 "종합적 해석"의 기술을 다음과 같이 시작한다: "본문의 해명은 개별사항과 차별성에 관한 것이다. 종합적인 해석은 전체와 관련된다." 그리고 그는 계속해서 "무엇보다도 하나의 전체적 개관에 대한 시각들이 이제 서술될 차례"라는 사실을 상세히 설명한다.

Kreuzer, *Proseminar*, 107f.은 "개별주석과 전체해석"이란 장에서 "구약성서 전체에서 본문의 자리와 의미"와 "성서 전체와 그 이후에 나타나는 본문의 의미와 현재적인 의미에 관하여" 질문한다. 물론 그가 이러한 질문들을 주석의 과제나 기초 세미나 과제물의 임무로 보고 있지는 않는다.

318) 초기 유대교의 문헌들의 사용과 관련하여 다음 두 가지 기본적인 사항이 전제되어야 한다:

이때 모든 작업단계에서 다음과 같은 질문들이 유용한 것으로 입증될 수 있다:

1. 이 본문의 특정적인 것이나 유일한 것이 무엇인가? 그리고 다른 본문들과 공통점들은 어디에서 관찰될 수 있는가?

2. 이 본문 안에서 이전 본문들이나 진술들이 어떻게 수용되며, 이 본문이 나중 본문에는 어떻게 수용되는가? 본문들 사이에서 내용적인 일치나 변화들이 어느 정도나 확인될 수 있는가?

구약성서에 대해서 다음과 같은 작업조치들이 수행된다:

3.1. 내용상 유사본문들과의 비교

주석가는 대체로 지금까지 수행된 작업단계들에서 이러한 본문들과 이미 마주친 적이 있다. 그것들은 본문의 해석에 유용했다. 이제는 이러한 본문들의 서로에 대한 관계의 문제를 다룬다. 이때

---

1. 우리는 구약성서 정경의 범위가 늦어도 주전 200년경까지는 확정되었다는 사실을 전제한다.

2. 이른바 외경이나 위경들이 신약성서를 위해서도 유효한 정경으로 전제되어야 하는 히브리 정경에 포함되지 않았다.
그러므로 위에서 소개한 해석학적 기초들을 따라, 초기 유대교 문헌들은 신학적인 해석을 위해서 정경적인 문헌들과 동일한 지위를 갖지 않는다. 그러나 그것들은 경우에 따라서 본문의 이해를 위해 중요한 정보들을 제공한다.
구약성서의 정경에 대한 이해에 관하여 참조. Maier, *Abschluß*, 1-24.

여러 가지 고찰들이 가능하다.

3.1.1. 다양한 본문의 진술들이 내용적으로 일치한다.

이러한 본문들이 역사적으로 다양한 시대와 상황에서 유래되었다면, 우선 구약성서에 대해서 기본적이고 지속적인 의미와 유효성을 가진 하나의 신학적인 진술이 전제될 수 있다.

예컨대: 매우 다양한 시대에 걸쳐 동일하게 유효한 것으로 전제되는 계명들.

내용적으로 비교 가능한 본문들이 이스라엘 역사의 한정된 시대에서 유래되었다면, 이러한 신학적 진술이 그 시대에도 동일하게 의미와 유효성을 가지고 있었는가, 만약 그렇다면 그 이유가 무엇인가가 검토되어야 한다. 또한 이러한 진술이 다른 시대의 본문들과는 어떤 관계에 있는가도 질문되어야 한다.

예컨대: 이스라엘을 위한 중보기도의 금지. 예언자 예레미야에게 자신의 백성을 위한 중보기도가 금지된다(렘7:16; 11:14; 14:11). 아모스서의 경우 연속되는 환상들에서 이스라엘을 위한 중보기도의 단절이 암시된다(암7:1-9:6).[319] 그러나 이런 것들을 통해서 다른 예언자들에겐 바로 전형적이던(출32:11; 삼상7:5) 중보기도가 일반적으로 금지되었다고 결론을 내릴 수 없다. 예언자들을 통한 중보기도의 종결은 이스라엘(아모스)과 유다(예레미야)에 대한 하나님의 심판 바로 직전에만 해당된다.

---

319) 첫 번째 두 개의 환상은 아모스의 중보기도를 가능케 했고 하나님이 그 이후 진로를 변경하시는 반면, 계속되는 환상들은 하나님을 통해 형상화되어, 더 이상 중보기도가 가능하지 않게 된다.

3.1.2. 다양한 본문의 진술들이 서로 보완한다.

본문들이 동일한 주제에 관한 입장을 밝히지만 그 진술들이
상이할 때, 너무 성급하게 불일치라고 평가하지 말 것을 조언한다.
그러한 평가는 다른 설명의 가능성들이 검토되기 이전에 하나의
판단을 미리 내리게 된다.

질문되어야 할 것은:

- 다양한 상황들 혹은 개별적인 본문의 맥락에서 기원한
  상이점들이 설명될 수 있는가?
  예: 고난에 대한 원인(예컨대 욥, 전도자, 예레미야와 같은
  경우)이 개별상황에 따라 다르게 서술된다.
- 동일한 주제에 대한 다양한 측면들에 관한 문제이기 때
  문에, 다양한 진술들로부터 비로소 그 주제에 대한 전체
  적인 진술이 드러나고 있지 않는가?
  예: 창1장과 2장의 창조에 관한 진술들은 서로 보완한다.
- 계시를 통해 더 깊은 인식에 이르게 하는 진보가 나타나
  는가?
  예: 메시야 약속들이 이스라엘과 유다 왕들의 거부와는 정
  반대로 점점 더 많이 나타난다.

우리가 현재의 지식을 기반으로 차이점들을 설명하지 못할 수
도 있다는 사실을 배제해서는 안 된다. 어쨌든 섣부른 판단보다는
평가할 때 신중을 기하는 것이 좋다.

유사한 진술들과의 비교에도 불구하고 본문의 특징이 제거되
지 말아야 한다. 다른 본문들과의 비교에서 개별 본문의 특별성에

대한 질문은 여전히 남아 있다. 이 본문은 다른 본문들이 그렇게 말하고 있지 않는 이 주제에 관하여 어떻게 말하는가? 일반적으로 개별본문의 특징은 역사적인 상황에 대한 고려를 통해서 첨예화된다.

3.2. 구약성서의 상황에서 신학적 진술들의 의미

어떤 본문의 신학적인 진술들은 동일한 주제에 대해서 말하고 있는 본문과의 비교에서만 그 의미를 갖지 않는다. 다른 주제들을 가진 본문들과의 관계에 대한 질문도 마찬가지로 제기된다. 이러한 관계는 문학적인 맥락(상황)이나 역사적인 맥락(어떤 책의 범위를 넘어선 역사적인 비교)을 통해서 드러난다.

질문되어야 할 사항은:

● 이 본문은 선행하는 본문의 어떤 신학적인 진술들과 관련되는가?
예: 아브라함의 소명(창12:1-3)은 원역사에서 서술된 인간의 반복적인 범죄에 대한 하나님의 반응이다. 심판의 역사를 거슬러 하나님은 자신의 구원사를 시작하신다.

● 이 본문이 내용적으로 단지 계시로부터만 이해될 수 있는 새로운 시작을 의미하는가? 이러한 새로운 출발은 구원사의 관점에서 설명될 수 있는가?

● 이 본문의 진술들이 다른 본문들이나 자신의 백성과 함께하며 보여주시는 계속되는 하나님의 역사에 어떠한 영향을 미치는가?

3.3. 내용적인 유사본문들이 없는 본문들

자신이 가지고 있는 진술의 형태로써 구약성서에 오직 한 번 나타나거나 매우 드물게 나타나는 본문들이 있다는 사실은 분명하다. 여기에서 해석은 전체적으로 볼 때 특별한 난제에 직면하게 된다. 다른 본문들을 통해서 해석에 대한 점검이 이루어질 수 없기 때문에, 해석에서 그리고 특별히 현재에 대한 적용에서 매우 신중하게 조치를 취해야 한다. 그럼에도 불구하고 이러한 본문들이 중요하지 않은 것이 아니다. 왜냐하면 그것들도 계시의 일부이기 때문이다.

그 자체로만 보면 오직 한 번 나타나는 본문들이 구약성서 전체에 대한 이해를 위해 근본적인 의미가 있는지, 혹은 그 안에 오히려 신앙의 주변적인 문제들과 관련된 실상들이 논의되고 있는지가 구약성서 전체의 진술들로부터 설명되어야 한다.

마찬가지로 그러한 본문들의 신학적인 진술이 그 자체로 또한 구약성서의 맥락에서 분명하게 드러날 수 있는지 또는 그 본문의 의미가 구약성서 전체에서도 불분명한지가 명확하고 분명하게 기술되어야 한다.[320]

반드시 그럴 필요는 없지만, 그러한 본문이 후대의 해석, 특히

---

320) Maier, *Hermeneutik*, 350은 매우 원칙적으로 다음과 같이 경고한다: "개별적인 진술들과 구절들이 과대한 요구를 받아서도 안 된다. 그 상황으로부터 규명되지 않는 불분명한 것들은 우선 이해되지 않는 채로 남아 있어야 한다. 다양한 해석이 가능한 경우에는 그러한 것들이 지칭되거나, 경우에 따라선 미해결인 채로 나란히 놓여 있어야 한다. 파급효과가 큰 논의의 결과들이 논란의 여지가 많은 구절들을 근거로 도출될 수 없다."

신약으로부터 새롭게 조명될 수 있다.

3.4. 시대적 제한이 있는 진술들과 일반적으로 유효한 진술들

어떤 본문을 구약성서의 전체적인 맥락에 편입시키는 것은 어떤 본문이 어느 특정한 시대에 어느 정도의 의미를 가졌는가, 또는 어떤 본문의 진술이 구약성서시대 전체 혹은 많은 부분을 위해 일반적인 의미를 지니고 있는가를 보여준다.

만약 한 본문의 의미가 어느 특정한 시대에 관련되며 따라서 제한되어 있다면, 이럴 땐 이러한 본문의 정경성을 의심하지 않는다. 여기에서 정경의 구원사적인 특성이 드러난다. 구원사의 각 시대는 각각의 내용적인 강조점과 특별성을 가지고 있다. 이러한 것들은 다른 시대에 이와 동일한 방식으로 주어지지 않는다. 이와 같이 본문은 역사에서 나타나는 하나님의 행동에 대한 증거가 된다.

그럼에도 불구하고 이로써 어떤 본문의 의미가 역사적으로 종결된 것이 아니다. 다른 시대에 전용된 방식으로 표현될 수 있는 어떤 영적인 진리가 이 본문 안에서 언명되고 있는가 하는 질문이 제기된다.

4. 성서 전체의 맥락 안에서 신학적 해석

4.1. 해석학적인 기초들

어떤 본문의 진술을 성서 전체 안에 편입시킬 때, 본문과의 만남에서 대체로 근본적인 의미가 있는 해석학적 질문(제1장: '서론,' 3항을 보라)이 다시 한 번 매우 긴박하게 중심문제로 등장한다.[321]

해석자는 이때 자신에게 주어져 있는 성서 전체의 틀 안에서 본문에 대한 자신의 이해를 해명해야 한다. 본서에서는 단지 간략하게 서술될 수밖에 없는 다음과 같은 기초들을 전제한다:

1. 구약성서와 신약성서로 구성되어 있는 성서(Heilige Schrift)는 단일체로서 이해되어야 한다(tota scriptura).

2. 이러한 근본 진술의 결과로서, 전체로서의 성서가 본문의 신학적인 해석을 위한 일차적인 기본체계라는 사실이 인정되어야 한다. "성서가 자기 자신의 해석자이다"("sacra scriptura ipsius interpres")라는 종교개혁자들의 성서 해석원칙은 여기에 적용된다.

---

321) Maier, a.a.O., 348는 별나게도 종합적인 해석을 서술하기 시작하면서 다시 한 번 간략하게 해석학적인 기초들에 대한 문제를 다룬다. Kreuzer, *Proseminar*, 107-111도 전체해석의 맥락에서 해석학적인 문제를 주제로 논의한다.

그렇다고 해서 해석이 성서 외부로부터 주어졌던 본문의 설명을 위한 도움들322)을 도외시 하지는 않는다. 하지만 이런 것들은 신학적인 해석을 위해서 성서 자체와 동등한 지위를 점유할 수 없다.323)

현재의 연구 상황에서 볼 때, 이러한 점들은 특별히 종교사에 대한 평가와 성서 기자들에게 전이된 현대적인 역사의식과 이해 문제에 해당된다.

3. 성서를 단일체로 보는 견해가 성서의 역사적인 측면을 제거하지는 않는다. 그러므로 구속사적 이해는 신학적 해석과 성서 전체로의 편입의 문제에 필수적이다.

구속사적 이해는 해석에 지대한 영향을 끼친다:

- 그것은 성서 안에 있는 역사 또는 역사적인 것에 중점을 둔 서술을 중요하게 생각한다.
- 그것은 전승된 역사 안에서 하나님이 행동하고 계시며, 이러한 행동이 하나님께서 설정하신 목표를 향하고 있다는 사실을 보여준다.
- 그것은 보도된 사건들이 하나님의 전권 안에서 해석되고, 우리가 그 안에서 그것을 계시로서 관계하고 있다는 사실을 전제한다.

---

322) 과거에 다양한 영역(고고학, 종교학, 역사학, 문예학)에서 이루어졌던 철저한 학문적인 연구가 엄청난 분량의 상세한 지식들을 통해 더 나은 본문의 이해에 기여했다는 사실이 여기에서 강조되어야 한다.

323) Maier, *Hermeneutik*, 348는 자신의 종합적인 해석의 틀 안에서 이점에 관하여 다음과 같이 말한다: "여기에서 우선적으로 다른 계시 본문들과의 대화의 문제를 거론하고 있다면, 바로 그 안에서 하나의 우선성(Priorität)이 실제적으로 표현된다."

● 그것은 이 본문의 역사적인 자리에 대한 질문을 전
체에 대한 그 본문의 의미와 연결시킨다.

이러한 해석학적 기초들은 다음과 같은 결과들을 낳는다.

4.2. 논의의 결과들

4.2.1. 구약성서는 고립되어(isoliert) 해석될 수 없다.

구약성서와 신약성서의 통일성에서 차별화가 필요하다. 분명
히 구약성서는 그 자체가 세계문학의 한 자료로서 역사적, 고고학
적, 문예학적, 종교사적 측면에서 고립되어 고찰될 수 있다. 이뿐
아니라 신학적으로도 유대교 신앙의 기초문헌으로서 그 자체만으
로 연구될 수 있다.

그러나 기독교 신앙공동체와 신학의 상황에서 신학적인 해석
을 할 때는 그러한 고립화가 불가능하다. 왜 그런가? 여러 민족들
로 구성된 예수의 신앙공동체는 구약성서를 받아들였다. 왜냐하면
예수와 사도들과 초기 그리스도인들이 구약성서 문헌들의 정경324)

---

324) 신약성서가 정경화 되기 전까지는 사실 "구약성서"라는 말을
할 수 없다. 왜냐하면 구약성서는 신약성서를 전제하기 때문이다. 신약
성서는 "우리의" 구약성서를 "기록", "기록들", "율법과 예언자들", 또
는 "율법, 예언자들, 시편"이라고 지칭한다. 그러나 형식적으로 동일한
본문의 내용을 의미하기 때문에, 우리는 우선 형태적인 측면(구약성서
정경의 범위)과 (신약성서에서 출발하는) 신학적인 측면을 고려하여 단
순하게 말하기 위해 처음부터 끝까지 "구약성서"라는 표현을 사용한
다.

을 거룩한 말씀, 즉 성서(聖書, Heilige Schriften)로 인정했기 때문이다. 역사적으로 보면 분명 구약성서의 "선재성"(prae)이 있다. 그러나 구약성서에 대한 접근은 신학적으로 기독교 신앙에서 출발하여 신약성서와 신약성서의 구약성서에 대한 이해로 넘어간다. 이로써 구약성서에 대한 이중적인 접근이 분명해 진다: (계시의 역사라는 의미에서) 역사적이며, 구원사적인 측면에서 볼 때는 구약성서에서 신약성서로 진행하는 흐름이 있다. 동시에 (성취의 의미에서) 구원사적인 측면에서 볼 때는 신약성서에서 구약성서로 진행하는 흐름이 있다. 왜냐하면 예수와 사도들이 구약성서에 이르는 통로를 열었기 때문이다.

이러한 기본적인 결정의 결과는 아래와 같은 이중적인 측면에서 중요하다:

1. 신학적인 해석은 성서 전체의 맥락을 포기할 수 없다. 이러한 맥락은 현재의 신앙공동체를 위한 본문의 관련성을 보여 준다.
2. "구약성서 신학"은 "성서신학"(Biblische Theologie)의 일부분으로서만 이해될 수 있다.

4.2.2. 신약성서에 나타난 구약성서 이해

1. 신약성서의 모든 부분에서, 다시 말해 예수나 사도들에게서 구약성서는 거룩한 문서, 곧 '성서'로서 인정되고 있다.325)

---

325) Schnabel, *Verwendung*, 210f., 227는 신약성서에서 구약성서를 어떻게 정경으로 인정하고 있는지를 몇 가지 주요문장으로 요약한다: **"예수는 구약성서의 문헌들에 필수 불가결한 진리의 내용이 있음을 인**

2. 신약성서에 나타난 구약성서 해석은 신앙공동체 지향적
   이다.326) 이러한 해석은 일차적으로 예수 자신에게서 출
   발한다. 복음서의 증언에 따르면 그는 스스로 두 번째 모
   세라는 의미(신18:18)에서 구약성서를 구속력 있게 해
   석하는 전권을 사용했다(마5-7장). 그러나 사도들의 저
   작들도 매우 빈번하게 구약성서의 말씀에 소급(遡及)되
   고 있으며, 구약성서의 배경에서 그리스도 사건을 해석
   한다.327)

3. 신약성서와 신약시대 및 초기 기독교 시대의 유대 문헌
   의 증언에 따르면 구약성서적 정경은 오늘날 히브리 성
   경의 범위 안에서 예수 시대에 이미 완결된 정경(그 순서
   는 절대적이지 않다)으로서 존재하였음이 전제될 수 있
   다.328) 이것은 다음과 같은 사실을 의미한다. 즉 구약성
   서와 신약성서는 하나의 통일된 전승과정을 통해서 생

정했다... 예수는 그 기록(구약성서)을 심지어 의미 없어 보이는 부분들
까지 권위 있는 것으로 수용했다... 예수는 그 기록(구약성서)을 비판하
거나 효력을 상실한 것으로 여기지 않았다... 바울과 다른 초기 기독교
저자들은 하나님의 계시로서의 구약성서의 권위를 인정했다."

326) 랍비들을 통한 유대교의 구약성서 해석이 동시에 존재한다. 랍
비들이나 신약성서의 해석전통은 우선적으로 유대인들을 통해서 이루
어졌다. 구약성서에 대한 유대교와 기독교의 이해 문제를 논의할 때 신
약성서의 문헌들이 거의 전적으로 유대인들에 의해서 저작되었다는 사
실을 잊어서는 안 될 것이다.

327) 구약성서에 대한 신약성서의 관계가 얼마나 강한가 하는 것을
인용의 빈도수가 보여준다. 헬라어 신약성서는 "loci citati vel allegati"
의 색인에서 2500 곳이 넘는 구약성서 구절의 목록을 보여준다. 그것들
은 신약성서에서 인용되거나 언어적인 영향이 드러나는 구절들이다.
참조. Schnabel, *Verwendung*, 207.

328) Maier, *Abschluß*, 1-24.

성된 것이 아니라[329] 예수와 사도들이 구약성서 문헌들
의 완결된 정경을 거룩한 문서, 즉 성서와 하나님의 말
씀, 그리고 계시로 이해하였고, 동시에 이러한 말씀이 그
리스도 안에서 성취된 것으로 설명하고 해석하였다는
것이다. 이같은 사실은 예수 그리스도와 그분의 출현의
결과로 생겨난 문헌들 - 이것은 결국 신약성서로 종합되
었다 - 을 통해서 구약성서가 하나님의 말씀이라는 그 의
미를 잃어버리지 않고 단지 '오래된 것'으로 규정되고
있다[330]는 사실에서도 드러난다.

4.2.3. 구약성서와 신약성서의 서로에 대한 이해

구약성서와 신약성서의 관계는 지금까지 수행된 작업에 따라
다음 두 가지의 관점에서 고찰될 수 있다:

1. 구약성서는 전체로서 거룩한 문서, 즉 성서다.[331]
2. 구약성서는 예수 그리스도 안에서 성취되고, 바로 그것
   을 통해서 구약성서가 된다.

이러한 토대 위에서 성서로서 의미를 갖는 두 책의 연결점들뿐
아니라 구약성서에 대한 신약성서의 새로운 점들도 탐구될 수 있다.

구약성서와 신약성서의 통일성은 다음과 같은 점들에 의해서

---

329) 부록 VI: '전통사'(Traditionsgeschichte)를 보라.

330) Spieckermann, *Verbindlichkeit*, 27, 47.

331) 이로써 구약성서가 거룩한 문서로의 자질을 가지고 있으며 기
독교 정경의 일부라는 사실을 부정하려는 모든 방법론들이 거부되어야
한다. 그 예들이 Kraus, *Geschichte*, 171f., 312f., 432에 소개되어 있다.

논증될 수 있다:

1. 구약성서와 신약성서는 한 분 하나님, 즉 아브라함과 이삭과 야곱의 하나님, 이스라엘의 하나님을 증언한다. 또한 그분은 예수 그리스도의 아버지이시며 유대인과 이방인으로 구성된 새 언약 신앙공동체의 하나님이시기도 하다.

2. 구약성서와 신약성서는 역사 안에서 일어난 하나님의 행동을 증언한다. 그 행동들은 그 연속 안에서 구원사적으로 서로 연결되어 이해될 수 있다.

3. 구약성서와 신약성서는 매우 긴밀히 서로 관련되어 있다. 왜냐하면 구약성서의 약속들이 신약성서에서 예수 그리스도와 관련하여 성취된 것으로 기술되기 때문이다.[332]

신약성서는 단지 구약성서의 역사적인 지속으로서만 이해될 수 없다. 새 것은 옛 것을 전제하고 계속할 뿐만 아니라 옛 것에 맞서는 새 것으로서 등장한다.[333] 그러므로 두 언약 사이의 차이점에 대해서도 물어야 한다. 결정적으로 새로운 것은 하나님의 아들이 사람이 되었다는 사실이다: 예수가 메시아라는 것이다. 이로써 하

---

332) 이것은 어떤 경우도 구약성서와 신약성서의 관계가 단지 약속-성취의 측면에서만 고찰되어야 한다는 사실을 말하지 않는다(4.2.5를 보라). 물론 그것은 결정적으로 중요한 측면이다(갈4:4). 그러나 이로써 이미 구약성서 안에도 성취된 약속들이 있다는 점이 간과되어선 안 된다.

333) Söding, *Buch*, 112-117은 "구약성서와 신약성서의 신학적인 통일성"뿐만 아니라 "두 책의 긴장 넘치는 병존관계(Miteinander)"도 함께 강조한다.

나님과의 교제 안으로 들어가는 접근에서 하나의 새로운 결정을 경험한다(요14:6). 믿음, 죄용서, 영생의 소망, 하나님의 뜻에 대한 질문이 예수 그리스도와의 연합에서만 가능하다. 그것은 예수와 같이 또는 예수를 통한 믿음에 관한 문제가 아니라 예수 자신과 그 분을 통해 그의 아버지에 대한 믿음에 이르는 문제이다. 믿음에 관한 이러한 근본적인 진술을 이렇게 분명한 방식으로 하는 것은 구약성서 안에서 불가능하다. 구약성서의 약속들은 많은 것을 암시하지만 그것들이 한편으론 성취가 아니며 다른 한편으론 성취와 함께 비로소 주어지는 분명함을 보여주지 못한다.

이러한 해석을 위해 이 양자의 측면들이 서로 어떤 관계 속에서 서 있는지, 그리고 개별적인 신학적 진술들을 고려할 때 그것들이 어느 정도나 효과를 나타내는지에 대한 질문이 개별적인 본문들에서 제기된다.

4.2.4. 지속되는 구약의 의미

다음과 같은 질문이 계속 제기될 것이다: 구약성서가 예수의 오심과 신약의 생성으로 불필요한 것이 되지 않았느냐고. 이것은 전혀 그렇지 않다. 구약성서가 예수와 원시 교회를 통해 거룩한 문서("성서")로서 인정되었다는 사실만이 예수 공동체를 위한 구약성서의 정경적 유효성을 말해주는 근거가 아니다.

지속되는 구약성서의 유효성을 말해주는 또 하나의 근거가 신약성서에서 더 이상 상세하게 수용되지 않고[334] 단지 전제되어 있으며, 포기될 수 없는 주제들이 구약성서에는 상세하게 설명되고

---

334) 참조. a.a.O., 102f.

있다는 사실에서 인식될 수 있다. 신약성서는 예수 그리스도 안에 있는 하나님의 새로운 행동에 집중되어 있다. 그렇다고 해서 이전에 구약성서에서 말해진 것들이 중요하지 않다는 것이 아니다.

구약성서의 몇 가지 특별한 내용적 측면들을 소개하면 다음과 같다:

- **하나님의 계시**

  하나님은 구약성서에서 자신의 성품과 행동, 자신의 의지(뜻)를 계시하신다. 이것은 종결된 형태로 나타나지 않는다. 그렇기 때문에 이러한 증언이 포기될 수 없다. 예컨대 신약성서에 창조주 하나님에 대한 증언이 언급되고 있긴 하지만 창조는 더 이상 상세하게 서술되지 않는다.

- **인간의 본질**

  우리는 구약성서로부터 인간이 하나님의 피조물이며 하나님의 형상으로서 결정된 존재라는 것과 또한 죄의 심연에 의해 위협받는 존재라는 사실에 대해서 알게 된다. 그렇다면 어떻게 인간이 죄로부터 자유함을 얻고 진정하며 지속적인 하나님과의 관계에 이르는 자격을 갖출 수 있겠는가 하는 문제가 구약성서에서 점점 더 분명하게 제기된다. 신약성서는 이러한 기술(記述)에 이음새 없이 접속된다.

- **역사**

  신약성서에 기술된 사건들은 구약성서와 비교할 때 짧은 기간 동안 일어난 일들인 반면, 구약성서는 비교적 긴 시대의 사건들을 반영하고 있다. 그러나 구약성서는 이로써 사건들의 역사적인 관련성들을 보여준다. 이러한 관련성들은 상세한 역사적 기술들 속에서 분명하게 드러난다. 이뿐 아니라 그러한 관련성들은 예언자들의 말 속에서 신학적으로 해석된다.

● **신앙의 증언들**

구약성서는 깊은 경건과 살아 있는 하나님과의 교제에 대한 많은 예들을 보여 준다. 또한 거기에 실패와 죄에 대한 이야기가 침묵되고 있지 않다. 이러한 맥락에서 우리에게 시편을 통해서만 전승되는 것이 아닌 수많은 기도가 있음도 지적해야 한다. 또한 거기에는 시련과 고난의 상황이 제외되어 있지 않다.

● **삶을 위한 도움**

계명들을 통해 하나님은 자신의 뜻에 대한 포괄적인 방향 제시를 보여주신다. 분명 구약성서의 계명들은 성서 전체에 대한 고찰 없이 신앙공동체에 의해서 용납될 수 없다. 그럼에도 불구하고 - 개별적인 계명들의 의미를 고려하지 않더라도 - 그것들은 하나님의 계명들이 근본적으로 하나님과의 관계에 속한 문제라는 사실과 하나님이 이로써 성공적인 삶을 위한 도움을 주시고자 한다는 사실을 보여준다.

● **지혜**

지혜에는 수많은 삶에 대한 질문들이 고려되고 있다. 삶이 바로 지금 여기에서(hier und jetzt) 중요하지 않다거나 부차적인 것이 아님이 분명해 진다. 지혜는 하나님을 경외하는 것에서 출발하며, 그것으로부터 어떻게 자신의 도전들을 이겨내고 성공적인 삶을 살 수 있는가를 묻는다.

● **구원사**

구약성서는 하나님이 죄와 불순종에도 불구하고 자신의 행동을 통해 자신의 목적, 즉 모든 민족을 위한 구원을 이루신다는 사실을 증언한다: 이스라엘에게 보이신 행동에서 구원을 위한 기초가 놓여 졌고, 자신의 아들을 보내심과 그 아들의 사역에서 그 구원이 완성된다.

4.2.5. 구약성서와 신약성서의 관계에 대한 다양한 모델들[335)

구약성서와 신약성서의 기본적인 관계설정에서 우리가 보는 견해로는 어느 한 관계모델로 확정해서는 안 될 것이다. 신약성서에 나타난 구약성서의 수용에 대한 정확한 분석에서 몇 가지 관계모델이 가능하다는 사실이 드러난다. 본문과 주제가 무엇이냐에 따라 그 관계가 결정될 수 있다.

프로이스(Preuß)는 "구약성서에 대한 기독교 해석학적 모델들"이란 제목의 장에서 여러 모델들을 종합적으로 서술한다: 약속과 성취, 대립명제, 기독론적 해석, 신론적 해석, 우주역사적인 해석, 모형론, 구조유비.[336) 여기에 덧붙여 전통사적인 관계성이 언

---

335) 제1장: 서론, 2.2를 보라.
336) Preuß, *Testament*, 61-140.

급될 수 있다. 이뿐 아니라 매우 제한적이며 한정된 범위 안에서 알레고리적인 해석들도 매우 중요하다.337)

4.3. 개별 본문에서의 해석을 위한 결론들

이렇게 기초적인 숙고를 한 후에, 우리는 성서 전체의 맥락에 서 있는 신학적 진술에 대한 질문이 구약성서의 구체적인 본문과 그것의 신학적인 내용에 대한 주석에 밀접한 관계에 있다는 사실을 다시 분명히 기억해야 한다.

4.3.1. 방법적 조치들

● 신약성서가 구약성서 본문에 명백하게 관련되는지, 관련된다면 어떤 방식으로 그 본문이 신약성서에 수용되는지에 대한 문제가 우선적으로 제기된다.

● 구약성서 본문에 대한 직접적인 수용을 확인할 수 없을 땐 신약성서에 대한 주제적인 연관성이 있는지를 살펴야 한다. 이로써 신약성서 안에 나타나는 주제에 대한 기본적인 논의가 추정될 수 있다.

● 본문과 그 본문의 신학적 진술에 대한 직접적 수용이나 주제적인 수용을 확인할 수 없을 땐, 성서 전체적인 해석이 단지 유보적으로 수행될 수 있다. 경우에 따라선 여기에서 분명한 신학적인 해명이 미결된 채 남아 있어야 하며, 가능한 해석들을 단지 열거할 수 있다.

337) Schnabel, *Verwendung*, 228f.

4.3.2. 구체적인 질문들

● 해석된 구약성서 본문이 신약성서 본문의 이해를 위해 어느 정도 기여하는가? 이것은 실상에 대한 전문지식이나 신학적인 개념들과 맥락들 모두에게 해당된다. 여기에서 전통사적인 방법(아래를 보라)이 유용한 도구로 입증된다.

예: "다윗의 자손", "인자", "메시아"와 같은 예수에 대한 칭호들은 단지 구약성서의 배경 아래에서만 이해될 수 있다. 예수의 죽음은 유월절 식사, 속죄제나 하나님의 종에 대한 것과 같은 구약성서 본문에 대한 소급을 통해서 해석된다.

● 본문의 신학적인 진술이 어느 정도나 단절되지 않고 신약성서에 수용되는가? 여기에서 모든 시대를 포괄하는 유효성이 드러난다.

이러한 맥락에서 일반적인 유효성을 가진 주제들은 신약성서에서 더 이상 상세하게 논의되지 않는다는 사실이 고찰되어야 한다. 왜냐하면 구약성서의 효력이 전제되어 있기 때문이다. 물론 신약성서를 통해서 예수 안에 있는 하나님의 계시로부터 생겨나는 새롭고 보충적인 측면들이 추가될 수 있다.

예: 구약성서에서 증거 되는 우주의 창조가 신약성서에서는 전제되어 있기 때문에 더 이상 자세하게 기술되지 않는다. 보충적으로 신약성서에는 예수 그리스도에 의한 창조가 주제로서 등장한다(요1:3; 골1:16).

● 본문이 예수 그리스도의 오심을 통해서 얼마나 성취 되었는가? 이것은 일차적으로 그리스도와 관련된 구약성서의 약속들이 성취되었다는 의미에서 우선적으로 적용

된다.

예: 메시아에 대한 약속들은 예수 그리스도 안에서 성취되고, 하나님의 종과 인자에 대한 말씀도 그러하다.

● 그러나 또한 구약성서 내용들이 성취를 통해서 어느 정도나 종결되었고, 따라서 새 언약의 공동체에게는 더 이상 유효성을 가지지 않게 되는가 하는 문제가 검토되어야 한다.

예: 여기에서 이스라엘 백성과 그 나라에는 관련되지만, 이로써 새로운 공동체에게는 그렇게 나타나지 않는 신정적인 구조를 전제하는 계명들이 고려될 수 있다.

이뿐 아니라 예수 그리스도를 통해서 성취된 제의법이나 정결법과 같은 제의적인 계명들이 여기에 해당된다.

그렇다고 해서 이러한 본문들의 의미를 완전히 부정하는 것은 잘못이다. 이것은 단지 형태상으로 나타나는 정경적인 근거들 때문만이 아니다. 이러한 본문들은 하나님의 발언과 행동 또는 당시의 이스라엘의 신앙을 증언한다. 그것들은 대체로 구원사적이며 계시사적인 진행의 이해를 위해 포기할 수 없을 정도로 중요하다. 여기에 덧붙여, 이러한 본문들이 더 이상 문자적인 의미에서가 아니라 전용된 영적인 의미에서 새 언약의 공동체에게도 말하고자 하는 바를 얼마나 가지고 있는가 하는 문제가 제기된다. 그러나 영적인 의미에 대한 탐구에서 자의적인 본문해석에 빠지지 않도록 매우 신중하게 처신해야 한다.

● 이러한 본문들이 신약성서를 통해 구약성서에서는 그렇게 인식할 수 없었으나 단지 예수 그리스도로부터만 설

명될 수 있는 새로운 의미를 어느 정도나 갖게 되는가?
예: 창22장에서 서술된 이삭을 제물로 바치라는 아브라함
에게 주어진 과제는 신약성서에서 비로소 그것의 가장 깊
은 의미를 알게 된다. 하나님이 아브라함에게 요구하지 않
으셨던 것을 그는 자기 자신을 위해 아끼지 않으셨다. 하나
님은 자신의 아들을 주셨다(롬8:32). 창22장에 대한 해석을
고려하면서 매우 신중하게 접근함에도 불구하고, 신약성서
로부터 관찰할 때, 이러한 본문은 하나님이 자신의 아들을
주심이 무슨 의미가 있는지를 직감적으로 파악할 수 있게
한다.

부록 VI
전통사(傳統史, Traditionsgeschichte)

1. 전통사란 무엇인가?

전통사적인 문제제기는 양식사와 방법론적으로 유사점을 가지고 있다. 두 방법론 모두 이전 것을 얼마나 수용하고 있으며 경우에 따라서는 얼마나 변경하고 있는가를 질문한다. 그러나 양식사가 다른 본문들과의 비교에서 나타나는 양식이나 구조에 대해서 탐구하는 반면, 전통사의 관심은 내용적으로 이미 각인된 자료들에 집중된다.[338]

"전통사는 저자 역시 확정되고 각인된 **사실가치**(Sachgehalt)를 가지고 있던 어떤 **정신적인** 세계에 살고 있다는 사실을 전제한다."[339] 그래서 그것은 "**정신적, 신학적 또는 종교사적인 맥락들을 통해서 형성된 어떤 본문의 특별한 특징**에 대해서"[340] 탐구한다.

용어와 관련하여 전통사란 용어 안에서 "전통"(Tradition)이 어떻게 이해되는지가 설명되어야 한다. 전통이란 낱말은 "traditio"에서 파생될 수 있다. 그렇다면 이것은 어떤 본문의 전승과정을 의미한다. 이러한 파생에서 전통사의 의미를 찾을 땐 방법적으로 전통사가 전승사에서 멀지 않다. 그러나 "traditum"에서 파생된 것으로 생각할 때는, 전승의 내용과 관련되어 전승이 전승된 사실가치

---

338) Fohrer, *Exegese*, 102. Richter, *Exegese*, 152-165는 형식과 내용의 밀접한 관계를 강조한다.
339) Steck, *Exegese*, 126.
340) A.a.O., 128.

로서 이해된다. 대부분의 방법론에 관한 지침서들이 "traditum"에
서 파생된 것으로 간주하고,341) 형식적인 과정으로서의 전승사와
내용적인 과정으로서의 전통사를 구분하는 것에 찬성한다. 그러나
양자 사이에는 긴밀한 연관성이 존재한다.

부분적으로 다른 방법적 조치들에서처럼 전통비평(Traditions-
kritik)과 전통사(Traditionsgeschichte)는 구분된다.342) 전통비평이
다른 본문들과의 비교를 통해 본문에 사용된 전통들을 탐구하는 반
면, 전통사는 어떤 전통이 사용된 과정의 역사를 기술하고자 한다.

2. 전통과 모티브(Motiv)

전통사 안에서 전통과 주제가 구분된다.343)

전통: "전통은 각각의 본문에 의해서 예속되지 않으며 독립적
으로 전승되고 각인된 하나의 심상(Vorstellung)이다. 그것은 그 전
통을 포함하고 있는 단락이 문서로 고정되기 이전에 생성되었고,
대체로 자신의 역사와 함께 이러한 단락의 범위를 넘어서기도 한
다."344) 어떤 것이 문학적으로 서로 독립된 본문에서 여러 번 나타

---

341) 참조. a.a.O., 129; Kreuzer, *Proseminar*, 87f.; Fohrer, *Exegese*,
111; Haubeck, *Traditionsgeschichte*, 232f. 그러나 Adam, *Einführung*,
58f는 다르게 평가한다. 그는 전승(Überlieferung)을 구두전승으로, 전
통(Tradition)을 문서전승으로 인식한다. 이에 반해 Koch, *Form-
geschichte*, 71는 전통사에 관하여 기본적으로 비판적인 견해를 표명한
다.

342) Kreuzer, a.a.O., 87.

343) 참조. a.a.O., 87-94; Steck, *Exegese*, 141f. Fohrer, *Exegese*, 102
에는 이 장이 "모티브와 전통비평"이란 표제아래 서술된다.

날 때, 우리는 그것을 전통이라고 말한다. 구약성서에 나타나는 전통에 대한 예들로서는 출애굽-, 시내-, 다윗- 또는 시온전통이 있다.

모티브: "**모티브**란 자유롭게 통용되는, 그리고 **비**독립적이며 어떤 특정한 인물집단에 연결되지 않는 각인된 심상(Vorstellung)이다."345) 모티브는 어떤 본문의 가장 작은 주제상의 단위이다. 모티브의 예를 들면 다음과 같다: 사람들을 시드는 꽃에 비교하거나 하나님을 반석으로서 묘사하는 것, 또한 특정한 숫자를 사용하거나 우물가에서의 만남 등.346) 어떤 것이 문학적으로 서로 독립된 본문에서 적어도 두 번 이상 등장할 때, 그것을 모티브라고 말할 수 있다.

3. 전통사의 과제

지금까지 수행한 작업 후에 전통사 안에서 다음과 같은 삼중적인 과제가 설정된다:

1. 본문 안에 존재하는 전통들에 대한 확인(전통비평)
2. 본문 안에 존재하는 모티브들에 대한 확인(모티브비평)
3. 어떤 전통의 역사에 대한 기술(전통사). 이때 또한 역사의 진행과정에서 드러나는 전통의 변화가 고려될 수 있다.

---

344) Kreuzer, a.a.O., 88.

345) A.a.O., 91; 참조. Fohrer, *Exegese*, 105. Fohrer, a.a.O., 105-111 는 모티브에서 각인된 그림들, 각인된 주제들, 또한 각인된 필치들을 구분한다.

346) 참조. Koch, *Formgeschichte*, 70f.; Fohrer, a.a.O., 105-111.

4. 전통사의 방법적인 조치들

하나의 전통은 대체로 공통적인 낱말영역이나 일치된 독특한 개념들(주요- 또는 중심개념들)에서 발견된다. 이뿐 아니라 비교 가능한 표현구조가 나타나거나 수용된 발언방식이나 사고방식이 발견된다.[347] 특색 있는 개념들은 매우 중요한 의미를 가지고 있기 때문에, 그러한 개념에 대한 해석이 전통사에서 필수적이다.[348]

이와 비슷한 방식으로 모티브들이 확인된다.

그밖에 다음과 같은 사실이 고려되어야 한다: 수용되거나 전제된 전통들은 모든 본문에 완전하게 나타나지는 않고, - 전통들이 이미 알려진 것으로 전제될 수 있기 때문에 - 흔히 그것에 대해 간략히 언급하고 만다. 따라서 어떤 전통의 객관적인 내용에 대한 정확한 그림은 다양한 구절의 비교를 통해서 획득된다.

어떤 전통의 역사를 기술할 때 그 전통이 구약성서에서 언제부터 파악될 수 있는가 하는 질문이 제기된다. 더 나아가 전통의 내용적인 변경을 확인하는 것도 중요하다. 여기에 또한 이 전통이 새로운 주제들 또는 다른 전통들과 어느 정도나 관련되는지도 고려된다. 이러한 맥락에서 "어떤 전통의 **사회문화적인 주변환경**"[349]에 대한 문제가 제기된다: 전통 뒤에는 어떤 전통담지자 집단이 있으며, 그들은 어떤 목적들을 이러한 전통의 전달과 연결시키고 있는가?

---

347) Kreuzer, *Proseminar*, 88.
348) 개념해석은 개별구절에 대한 주석에서 시행될 수 있다. 그러나 그런 후에 이것은 전통사의 측면에서 평가되어야 한다.
349) Kreuzer, *Proseminar*, 93.

성구사전, 신학용어사전, 성경사전, 그리고 상응하는 주제와 신학과 관련된 연구서들도 전통들을 확인하는 데 도움이 된다.

5. 전통사의 가능성과 한계성

전통사는 성서 내적인 맥락들과 연결 노선들을 보여 주며, 이로써 신학적인 해석을 돕는다.

그것은 많은 신학적인 구상들 속에서 구약성서와 신약성서의 내용적인 연결에 기여하고, 하나의 성서신학을 위한 토대가 된다.[350]

그럼에도 불구하고 전통사적인 방법론에서, 전통의 생성과 전개가 정신사적이며 종교사적인 관점에서 너무 일방적으로 역사적인 사건들에 대한 숙고의 결과로 관찰되어, 계시를 통한 각인과 변화의 가능성이 아예 고려되지 않거나 너무 적게 고려되는 것은 아닌지에 대한 질문이 제기되어야 한다.

성서신학의 틀 안에서 구약성서와 신약성서의 관계가 일방적으로 전통사로 결정될 수 있는지에 대한 질문이 제기된다.[351]

더 나아가 전통들의 역사에 대한 기술뿐만 아니라 전통들 뒤에 서 있는 담지자집단들에 대한 탐구에서 가설에 근거한 재구성들은 신중하게 시도되어야 한다. 이러한 문제들에 대한 답변들은

---

350) Gese, *Erwägungen*; Haubeck, *Traditionsgeschichte*, 234-244.

351) Söding, *Entwürfe*, 76-82에 의해서 다양한 방법론들이 논의된다. 이 주제에 관한 다수의 논문들이 실려 있는 Dohmen, *Bibel*을 참조하라.

전제되어 있는 이스라엘 역사상(像)과 더불어 개론적인 문제들에 대한 평가에 의해서 절대적으로 좌우된다.[352]

---

[352] 이것에 관하여 Steck, *Strömungen*의 설명을 참조하라.

5. 지금까지 수행된 해석에서 드러난 본문의 이해

지금까지 기술된 작업 단계들에서 하나의 본문은 우선 문학적, 역사적, 그리고 신학적으로 해석되며, 그런 후 그 진술(들)이 성서 전체의 상황에 편입되어야 했다. 그 해석은 의도적으로 자신의 시대 안에 있는 본문을 문학적, 역사적, 신학적으로 이해하려 했다. 그러나 이때도 처음부터 기독교 공동체의 상황에서 주석은 역사적인 해석에 국한될 수 없다는 사실이 분명했다. 기독교 공동체의 상황에서 처음부터 제기된 해석의 과제는 이 본문이 기독교 경전인 성서의 일부로서 말하고자 하는 바가 무엇인가를 규명하는 것이다.

해석할 때 해석자는 이차문헌들의 사용을 통해서 이미 현존하고 있는 이해와 해석의 본보기들과 그것들의 전제조건들을 접하게 된다. 물론 이러한 것들이 해석자에게, 특히 초보자들에게 인식되지 않을 수도 있을 것이다. 왜냐하면 주석을 위한 전제조건들은 주석서들에서 단지 부차적으로 논의되기 때문이다. 그러나 모든 해석은 역사적인 주석을 보더라도 어느 특정한 전이해와 관련되어 있다는 사실을 인식하는 것이 중요하다. 이러한 전이해가 역사적인 주석을 고려할 때 결과가 없었던 것은 아니다.

이제 2천년이 넘는 역사가 교회의 정경으로서 서 있는 주석될 본문들로부터 오늘날 우리들을 분리시킨다. 이러한 역사 안에서 성서의 모든 본문들은, 매우 다양한 역사적인 교회의 조건들 속에 있는 매우 다양한 장소에서 수없이 많이 해석되고 선포되었다.

하지만 우리는 독일어권에 속한 개신교(또한 가톨릭)의 현대
적인 주석서들을 보면서 다음과 같은 고찰결과들을 얻는다:

1. 주석서들에서 현대의 해석자들이 거의 독점적으로 인용
   되고 논의된다.353) 그러나 그들은 방법론에서뿐 아니라
   개론적인 문제들이나 이스라엘 역사에 대한 비평적인
   재구성에서 매우 비슷한, 대체로 역사-비평적인 이해를
   가지고 있다. 다른 전제들을 가지고 주석했던 이전 시대
   의 해석자들은 주석서에서 거의 수용되지 않고 있거나
   기껏해야 연구사에 대한 서술에서 언급되고 있을 뿐이
   다. 종교개혁자 마틴 루터(Martin Luther)의 저작들이 교
   회사와 교의사에서, 그리고 조직신학과 실천신학에서
   크게 고려되고 있지만, 루터가 신학교수로서 특별히 구
   약성서의 주석가였음에도 불구하고 그의 주석적인 저작
   들이 현재 통용되고 있는 새로운 주석서에서 거의 인식
   되지 못하고 있다는 사실은, 매우 흥미롭고 동시에 숙고
   할 만한 가치가 있는 고찰내용이다.

2. 그러나 최근의 논의 또한, 구약학계에서 대체로 매우 일
   방적으로 전개되고 있다. 근본적으로 동일한 역사-비평
   적 이해에 기반을 둔 신학적인 구상들과 주석서들이 주
   로 논의된다. 물론 그렇기 때문에 근본적으로 다른 것들
   이 아니라 단지 조금 차이가 나는 것들이 논의의 주제가
   된다. 대안적인 방법론들은 대체로 제외되거나 단지 부

---

353) 참조. Maier, *Hermeneutik*, 350.

차적으로 논의될 뿐이다.354)

특별히 주석서들에서 나타나는 이러한 일방성과 비역사성은 유감스럽다. 과거의 해석과 현재의 대안적인 방법론들에 대한 고려가 단순히 무시되어서는 안 된다. 그리고 다음과 같은 점들이 분명해져야 한다: 1. 본문의 이해를 위한 시대사적-정신사적으로 제한된 전제조건들은 지속적인 변화에 예속되어 있다. 이러한 사실은 각 시대의 해석의 결과들을 어느 정도 상대화한다. 그러나 그것은 현재의 해석을 다음과 같은 교만으로부터 보호해야 한다: 현재의 해석만이 진리와 유효성을 지니고 있으며, 따라서 현대의 구상들만이 확실한 현실이해를 가지고 있다고 논의하는 것이다. 2. 이전의 해석자들이나 오늘날과 다른 전제들로부터 출발점을 삼는 해석자들도 나름대로의 가능성을 가지고 본문의 이해를 위해 애썼다. 그들의 결과들도 그들로부터 무엇인가를 배울 수 있다는 기대감 속에서 인용되어야 한다. 이것은 단지 주석적인 개별결과들에 제한되어선 안 되고, 그들의 역사-, 현실-, 하나님- 그리고 인간이해 전체에 적용되어야 한다. 그렇다고 과거의 해석에 나타나는 모든 것을 받아들여야 한다는 말이 아니다. 다만 과거의 인식들이 적절치 않는 이해라는 주장과 함께 현대의 해석자들을 통해서 쉽게 도외시되어서는 안 된다는 것을 의미한다. 가능한 폭넓고 다양한 해석과 이해에 대한 고려를 통해 가능성 있고 타당한 본문이해의 지

354) 최근에 두 개의 예외가 지적되어야 할 것이다: 1. 역사-비평적으로 확정된 본문의 이전역사를 포기하는 정경적인 방법론이 점차 더 많이 고려되고 있다. 2. 유대교 해석의 결과들이 더 많이 인식되고 있다. 이러한 것들이 주석 전체에 영향을 미치는지 아니면 단지 유대교-기독교의 대화를 위한 몸짓으로 평가해야 하는지는 좀 더 지켜보아야 할 것이다.

평이 넓어진다.

여기에서 특별히 구약성서 해석과 관련하여 몇 가지 예들이 지적될 수 있다:

1. 신구약 중간기의 문서들(외경들)과 신약성서나 초기 교회의 해석에서 드러나는 구약성서에 대한 이해가 탐구되어야 한다. 또한 그것들의 역사적인 질문이나 역사이해에 대해서도 마찬가지로 해당된다.

2. 성서 전체에 대한 해석의 관점에서 볼 때, 이전 해석방식들이, 예컨대 구약성서에 대한 기독론적인 해석을 통해 일방적인 역사적 관점으로부터 어느 정도나 탈피해, 역사적 해석과 신학적 해석의 적절한 연결에 이르게 하는지를 탐구해야 한다.

3. 구약성서를 위해서 유대교 해석과의 대화가 특별히 고고학적, 역사적, 언어학적 문제들을 고려하여 더 강력하게 추구되어야 한다. 성서 전체적인 해석은 기독교 주석과 유대교 주석을 구별한다는 사실이 공개적이고 공정하게 표명되고 논의되어야 한다. 또한 유대교 해석으로부터 배워야 할 점이, 유대교 해석은 자신의 해석전통을 훨씬 강하게 고려하며 현재의 해석에 관련시킨다는 사실이다. 기독교 해석을 위해 구약성서와 신약성서의 해

석에 대한 메시아주의 유대인들의 공헌이 사라지게 해
서는 안 된다.

교회사와 유대교에서 유래한 주석적이며 신학적인 문헌들 이
외에도 주석적인 결과를 다음과 같은 영역과의 대화로 이끌어 낼
수 있으며, 또한 그렇게 해야 할 것이다:355)

1. 조직신학. 다루어진 본문이 어떤 교리(loci)에 의미가 있
   는가?

2. 문학, 미술, 음악, 영화, 철학, 심리학 등에 반영되고 있는
   것과 같은 우리 시대의 정신사. 어떤 성서 본문들이 어떻
   게 관련되고 있는가? 여기에서 선포를 위한 연결점들이
   드러난다.

3. 신앙공동체(교회). 해석자는 신앙공동체와 그들의 본문
   해석으로부터 분리될 수 없다. 또한 신앙공동체 구성원
   들이 본문에 대한 이해에서 어느 하나의 신학에 전적으
   로 의존해서는 안 되고, 다만 신학과 교회의 생산성 있는
   논의로 나아가야 한다.

이렇게 광범위한 대화가 모든 개별적인 주석에서 가능한 것은
분명히 아니다. 그렇지만 해석자 자신들이 길고 다양한 해석사의

355) 참조. Maier, *Hermeneutik*, 350-352.

맥락 안에 서 있다는 사실이 고려되어야 할 것이며, 이러한 해석이 본문의 이해를 위해 얼마나 기여할 수 있겠는가 하는 점이 가능한 한 포괄적으로 검토되어야 한다.

6. 요약

신학적인 해석이 가능한 한 폭넓은 방식으로 진행된 다음에는, 신학적인 진술들이 종합되며 본문의 핵심사상이 결론적으로 언급되어야 한다. 이때 이 본문의 특별한 의미뿐만 아니라 다른 본문들과의 연관성과 해석사 안에서의 이해에 대해서도 간략하게 요약되어야 한다. 전체적인 비교에서 이 본문의 특별한 특징이 기술되어야 한다.

더 나아가 해석자는 하나님이 이 본문을 통해서 자신에게 개인적으로 또한 교회에게 무엇을 말씀하고자 하시는가에 대한 질문을 제기해야 한다.

이로써 이제 마지막으로 본문에 대한 선포의 문제가 다루어질 수 있게 된다.

제6장
선포 안에 있는 본문

1. 기초사항들[356]

많은 성경 본문들이 선포(Verkündigung)다. 선포는 성서의 "기본장르"다. 이 본문들은 정경에 다시 들려지고 선포되기 위해서 수집되었다.

주석의 전체 작업이 이제 설교에 모아질 수 있다: 본문의 구조는 설교의 구조가 될 수 있다. 실상에 대한 전문지식들이 설교에 인용될 수 있고, 사건들이 예증으로서 서술될 수 있다. 본문에 나타난 많은 인간적인 관계들이 목회적으로 인용될 수 있다.

장르의 어조가 설교에 배어날 수 있다: 찬양, 탄식 등. 그것은 격려인가 경고인가? 아니면 다른 어떤 목적을 지니고 있는가? 이렇게 함으로써 우리는, 본문을 자기 자신의 생각을 펼치기 위한 도약판(Sprungbrett)으로 사용하는 방법들을 피하게 된다.

우리가 본문의 신학적인 중심진술들과 그것의 핵심사상을 짧은 문장들로 간명하게 표명한 후, 설교준비에 들어가게 된다. 슈미츠(Otto Schmidtz)는 이 핵심사상을 "본문의 선포의도"[357]라고 표현했다. 여기에는 우리가 처음으로 이 본문을 (힘들게) 현실화해야

---

356) Barth, *Homiletik*; Engemann, *Einführung*; Hirschler, *Predigen*; Müller, *Homiletik*; Spurgeon, *Ratschläge*; Stadelmann, *Predigen*.
357) Schmitz, *Römer*, 116.

하는 사람들이 아니라, 하나님의 말씀으로서의 이러한 본문이 이미 자신의 선포의도를 가지고 있다는 확신이 표현되어 있다.

설교자의 과제는 이러한 선포의도를 공식화하고 형상화하며, 그것을 선포하는 것이다. 설교자는 전달자요, 선포자이며, 이러한 점에서 말씀의 종이다. 원(原)선포자 - 예언자 미가를 예를 들어 보자 - 는 자신이 청취했던 메시지를 전달했다. 이 메시지는 첫 번째 청중에 이어 수많은 청중들과 마주친다. 주석자가 그러한 예언자의 말을 직접 들었고, 또한 그는 그것이 자신에게 직접 말하게 했다. 이제 그 자신이 선포자가 된다. 모든 영적인 작용들을 위한 기초로서 들음이 다시 관건이 된다. 하나님의 말씀은 오늘날의 청중들에게도 마찬가지로 들려지고, 믿어지고, 실천되기를 원한다.

우리는 이러한 과정을 다음과 같이 그림으로 나타낼 수 있다.

구약의 저자 (예, 미가)	주석	선포	선포자
⇓	⇓	⇓	⇓
본문 예루살렘의 청중	"들음"	"들음"	설교 설교의 청중

기본적으로 본문 중심적인 설교는 상황 중심적인 설교(예컨대, 세례나 성만찬이나 장례시의 설교)와 구별될 수 있다.

설교를 위해서 다음과 같은 4 가지 요소의 영향관계를 고려하는 것이 매우 유용한 것으로 입증되었다: 본문-설교자-청중-상황.

본문의 설명이 설교 양식으로 조형될 수 있다. 즉, 절별로 설명하고 적용하면서 본문을 따라가는 것이다. 이렇게 하면 본문이 상세하게 "말로"(zu Wort) 표현된다. 어떠한 동기에서든 어떤 책이나 긴 본문이 계속해서 해석될 때, 이러한 방식이 권할 만하다. 이러한 설교방식도 물론 분명한 한계성을 가지고 있다. 그것은 청중들로 하여금 집중된 참여와 높은 동기의식을 요청한다.

다른 방식은 본문의 내용에 대한 조직적이며 체계적으로 분류함으로써 이루어진다. 그 분류가 두 개, 세 개, 네 개 혹은 그 이상의 중심내용(그리고 이와 함께 목차항목도)으로 구성되는지는 본문과 상황에 따라 좌우된다.

몇 십 년 전부터 독일어권에서는 이야기식 설교가 유행했다. 설교본문의 내용이 다시 서술되고 해석되며 적용되는 방식으로 재현된다. 사건들(역사)의 경우에는 관련된 인물의 시각을 통해 그렇게 할 수 있다.

하나님의 말씀은 모든 인간에게 향한다. 그것은 이성과 감정과 의지에 호소한다. 이와 마찬가지로 어떤 연설이 지성적-논쟁적, 감정적, 그리고 명령적 요소들 사이에서 변화될 수 있고, 이러한 요소들을 포함하는 것이 좋다. 이때 선포자는 설교문을 작성할 때 항상 자신의 청중을 염두에 두고 있어야 하고, 그때 다음과 같은 질문을 고려해야 한다:

내 앞에 누가 있는가? 그들이 어떤 상황에 있는가. 내가 그 상황을 알고 있는가?

2. 어떤 연설이나 설교의 작성을 위한 실제적인 제안들

2.1. 도입과 종결

이 마지막 단계의 목적은 설교, 성경공부 등을 위한 구성(초안)에 있다. 다음과 같은 것들이 오래된 설교학의 원칙으로서 입증되었다:

1. 핵심사상(중심사상)으로부터 가장 손쉽게 연설/설교문의 도입이 결정될 수 있다. 중심사상과 관련된 짧은 이야기, 놀라게 함, 예증 등;
2. 연설/설교문의 마지막에 어떤 방식으로든 이 중심사상이 다시 언급될 수 있다; 이런 식으로 중심사상이 연설/설교문을 감싸게 된다.

도입   종결
(핵심사상으로부터)   (핵심사상에 되돌아 옴)

이렇게 포물선이 그려진다.

도입과 종결은 주도면밀하게 고려되어야 한다.

2.2. 놀라게 함

본문에 대한 주석과 묵상에서 나를 놀라게 하거나 기쁘게 하거나 의문시 되었던 것이 무엇인가? 이런 것들로부터 또는 핵심사상으로부터 청중을 사로잡는 도입을 이끌어 낼 수 있다. 경험상 보면 설교의 처음 20-40초가 청중이 계속해서 집중할 것인가 아니면 관심을 두지 않을 것인가를 결정한다. 그러므로 성공적인 도입은 그만큼 중요하다.

2.3. 분명함

대체로 다음과 같은 것들이 여기에 해당된다: 외래어나 불필요한 영어표현, 그리고 교회의 공식언어 등의 사용삼가. 모든 사람이 이해할 수 있는 청중의 언어를 사용해야 한다. 또한 분명함은 내용이 분명하게 구성되고 배열되어 있다는 사실을 의미한다. 경우에 따라서는 이것이 준비과정에서 힘든 작업이 되기도 한다. 나에게 분명치 않은 것은 많은 말로 설명한다 해도 내용적으로 분명하게 전달할 수 없다.

분명함에는 청각적인 이해성도 포함된다. 만약 분명치 않는 발음과 너무 빠른 속도 때문에 말하는 바를 거의 알아들을 수 없다면, 아무리 좋은 내용인들 무슨 소용이 있겠는가?[358] 이러한 맥락에 호흡도 들어 있다. 처음으로 의식적인 복식- 또는 횡격막 호흡을 시도하는 사람 자신이 얼마나 경직되어 있는가를 알게 된다. 호흡과 목소리는 그 사람 전체를 반영하며 시각적으로 보여주는 삶의 표현들이다.[359]

이 점에 관해서 볼 때 연설(또한 공식적인 발언)에 대한 훈련이 의도하지도 않은 채 자기 자신과의 도전적인 만남이 된다.

2.4. 구체성

일반적으로 우리는 "눈으로" 듣는다. 회화적이며 생생하며 동사를 사용하는 발언방식이 많은 추상적인 개념들을 사용하는 것보다 훨씬 이해가 잘 된다.

청중들은 보통 그리스어나 히브리어를 알아듣지 못한다. 이것은 아마도 의도적이지 않게 깊은 인상을 심어주기 위해서 시도될 것이지만, 너무 자주 원어를 사용해서는 안 된다.

---

358) Wiedemann, *Rhetorik-Trainer*가 교회의 주변환경에서 수사학에 대한 탁월한 입문서이다. Wiedemann, *Sprechtrainer*는 여기에 속한 실천들을 제공한다.

359) 또한 이점에 관하여 예컨대 다음과 같은 책을 참조하라: Stengel, *Stimme*.

좋은 비유, 적절한 그림은 천 마디 말보다 더 가치가 있다. 예수께서는 모방할 수 없을 만큼 구체적으로 설교하셨다! 여기에 대(大)설교가들(예컨대, Charles H. Spurgeon, Karl Heim, Billy Graham)이 있는 학교에 가서 그들에게서 배우는 것은 할 만한 가치가 있다.

2.5. 대화 중에 있는 설교

청중은 연설/설교를 통해 하나의 대화에 초청된다고 느껴야 한다. 이것을 위해서는 눈맞춤이 필수적이다. 언젠가 어떤 설교자에게서 자신은 "설교단에서 청중들과 이야기한다"는 말을 들었다. 이것은 물론 그가 일상적인 잡담을 한다는 말이 아니었다. 설교자는 원고나 교회천장에 그의 눈이 고정되어 있어서는 안 된다!

2.6. 단순함

이것을 진부함과 혼동해서는 안 된다. 위대한 것은 모두 단순하게 서술될 수 있다. 어떤 내용을 명료하고 간결하며 이해할 수 있도록 서술하는 것은 힘든 작업의 결과다.

2.7. 원고

연설/설교를 원고로 작성하는 것을 원칙으로 결심할 수 있다.

분량에 대한 기준으로서 다음과 같은 것이 대체적인 규정이 될 수 있다: 글자크기 12포인트, 중간정도의 줄간격으로 쓴 A4용지 한 장이 보통 말하기 속도로 4-5분정도 말하는 분량이다.

연설/설교를 모두 기억하고 이것을 자유롭게, 즉 완전한 원고 없이 발표하는 것이 바람직하다는 사실이 입증되었다: 이때 원고는 핵심어를 적은 메모지정도로 충분하다. 그러므로 설교의 중간에 선사될지 모르는 새로운 생각에 대해 내적으로도 개방되어 있다.

위에서 소개한 제안들은 설교학을 대체하거나 축소할 수도 없고 그렇게 하고자 한 것이 아니다. 다만 스스로 성서 본문을 선포적으로 전달할 수 있는 용기를 주기 위함이다. 계속적인 주석적, 성서-신학적, 설교학적인 작업을 위해서, 어떻게 하나님의 말씀이 청중에게 다가가고 작용하는지를 경험하는 것보다 더 좋은 동기부여는 없다.

선포된 하나님의 말씀은 율법과 복음으로서 작용하고, 신앙을 일깨우며 강화하고, 청중들을 회개와 믿음과 성화로 이끄는 것은 주석이나 설교방법론이나 준비에 그 원인이 있지 않고, 불가항력적인 성령의 역사에서 기인한다. 이와 같은 성령의 역사에 대해 우리는 기대에 찬 기도를 할 수 있고 또한 그렇게 해야 한다: veni creator spiritus(창조주, 영이시여 오소서)!

참고문헌

참고문헌은 본서에서 인용한 책들을 모두 열거한다. 이 책들은 각주에서 단순화된 표기를 통해서 제시된다: 저자나 편자의 이름과 축소된 책 제목(통상 서명의 첫 번째 명사로).

Accordance 5.1, Vancouver/Washington 2001; http://www.gramcord.org

Ackroyd, Peter A. / Evans, C.F., Hrsg., *The Cambridge History of the Bible*, Bd. 1. *From the Beginnings to Jerome*, Cambridge 1970 (Nachdr. 1987).

Adam, Gottfried / Kaiser, Otto / Kümmel, Werner Georg u.a., *Einführung in die exegetischen Methoden*, Gütersloh 2000.

Aharoni, Yohanan, *Das Land der Bibel. Eine historische Geographie*, Neukirchen-Vluyn 1984.

Aland, Kurt, Hrsg., *Luther Deutsch. Die Werke Martin Luthers*, 11 Bde., Göttingen 1957ff.

Albertz, Rainer, "Religionsgeschichte Israels statt Theologie des Alten Testaments! Plädoyer für eine forschungs-geschichtliche Umorientierung", in: *Religiongsgeschichte Israels oder Theologie des Alten Testament?*, JBTh 10, Hrsg. Ingo Baldermann / Ernst Dassmann / Ottmar Fuch u.a., Neukirchen-Vluyn 1995, 3-24.

Albrecht, Ralf, "Das Ende der neueren Urkundenhypothese. Zur Einheit der Schöpfungsgeschichte der Genesis", in: *Dein Wort ist die Wahrheit. Festschrift für Gerhard Maier*,

340 참고문헌

Hrsg. Eberhard Hahn / Rolf Hille / Heinz-Werner
Neudorfer, Wuppertal 1997.

동저자, "Pentateuchkritik im Umbruch", in: *Israel in Geschichte
und Gegenwart. Beiträge zur Geschichte Israels und zum
jüdisch-christlichen Dialog*, Hrsg. Gerhard Maier,
Wuppertal 1996, 61-79.

Alt, Albrecht, *Die Ursprünge des israelitischen Rechts*, Leipzig
1934 (=Kleine Schriften, Bd. 1, München [4]1968).

Baldermann, Ingo / Dassmann, Ernst / Fuchs, Ottmar u.a., Hrsg.,
*Religionsgeschichtliche Israels oder Theologie des Alten
Testaments?*, JBTh, Bd. 10, Neukirchen-Vluyn 1995.

Dies. u.a., Hrsg., *Zum Problem des biblischen Kanons*, JBTh, Bd. 3,
Neukirchen-Vluyn 1988.

Bar-Efrat, Shimon, *Narrative Art in der Bible*, JSOT.S 70, Sheffield
1989 (hebr. 1979).

Barr, James, *Bibelexegese und moderne Semantik*, München 1965.

동저자, *Holy Scripture. Canon, Authority, Criticism*, Philadelphia
1983.

Barth, Karl, *Homiletik. Wesen und Vorbereitung der Predigt*, Zürich
[3]1986.

Barthelélemy, Dominique / Hulst, Alexander R., Hrsg., *Preliminary
and Interim Report on the Hebrew Old Testament Text
Project*, 5 Bde., London 1973-80.

Barthelélemy, Dominique, *Critique Textuelle de l'Ancien Testament*,
Bd. 1-3, OBO 50/1-3, Göttingen u.a. 1982-1992.

Barton, John, *Reading the Old Testament. Method in Biblical Study*,

Philadelphia ²1997.

Bauer, Hans / Leander, Pontus, *Historische Grammatik der hebräischen Sprache*, Halle 1922

Baum, Armin D., "Die Redaktionsgeschichtliche Methode", in: *Das Studium des Neuen Testaments. Bd. 1. Eine Einführung in die Methoden der Exegese*, Hrsg. Heinz-Werner Neudorfer / Eckhard J. Schnabel, Wuppertal u.a. 1999, 325-343.

Berlin, Adele, *The Dynamics of Biblical Parallelism*, Bloomington 1985.

Beyerlin, Walter, Hrsg., *Reliongsgeschichtliches Textbuch zum Alten Testament*, ATE.E, Bd. 1, Göttingen ²1985.

Bible Works for Windows 5.0, Big Fork 2001; URL: http://www.bibleworks.com

Biblia Sacra iuxta latinam vulgatam versionem, Rom 1926ff.

Boecker, Hans Jochen, *Recht und Gesetz im Alten Testament und im Alten Orient*, Neukirchen-Vluyn ²1984.

동저자, *Redeformen des Rechtslebens im Alten Testament*, WMANT 14, Neukirchen-Vluyn 1964.

Botterweck, G. Johannes / Ringgren, Helmer / Fabry, Heinz Joseph, Hrsg., *Theologischs Wörterbuch zum Alten Testament*, 10 Bde., Stuttgart 1973ff.

Briant, Pierre, *From Cyrus to Alexander. A History of the Persian Empire*, 2 Bde., Winona Luke 2001(franz. 1996).

Brockelmann, Carl, *Hebräische Syntax*, Neukirchen-Vluyn 1956.

Brooke, Alan E. / McLean, Norman / Thackeray, Henry S.J., Hrsg., *The Old Testament in Greek According to the Text of Codex*

Vaticanus, Cambridge 1906-40.

Brunnen-Bibelatlas, Giessen ³1995.

Bühlmann, Walter / Scherer, Karl, *Sprachliche Stilfiguren der Bibel. Von Assonanz bis Zahlenspruch. Ein Nachschlagewerk*, Gießen ²1994.

Bullinger, Ethelbert W., *Figures of Speech Used in the Bibel*, (Nachdr. von 1898), Grand Rapids 1968.

Burkhardt, Helmut / Grünzweig, Fritz / Laubach, Fritz u.a., Hrsg., Das Grosse Bibellexikon, 3 Bde., Wuppertal u.a. 1987-89.

Cassuto, Moshe David (Umberto), *A Commentary on the Book of Exodus*, Jerusalem 1967 (Nachdr. 1974; hebr. 1951).

동저자, *A Commentary on the Book of Genesis*. Bd. 1. *From Adam to Noah (Genesis I-VI 8)*, Jerusalem 1961 (Nachdr. 1978; hebr. 1944).

동저자, *A Commentary on the Book of Genesis*. Bd. 2. *From Noah to Abraham (Genesis VI 9 - XI 32)*, Jerusalem 1961 (Nachdr. 1974; hebr. 1949).

동저자, *The Documentary Hypothesis and the Composition of the Pentateuch*, Jerusalem 1961 (Nachdr. 1972; hebr. 1941).

Childs, Brevard S., *Biblical Theology in Crisis*, Philadelphia 1970.

동저자, *Introduction to The Old Testament as Scripture*, London 1979.

동저자, *Old Testament Theology in a Canonical Context*, London 1985.

동저자, *Die Theologie der einen Bibel*. 2 Bde., Freiburg 1994/1996 (engl. 1992).

Clines, David J.A. / Exum, J. Cheryl, Hrsg., *The New Literary Criticism and the Hebrew Bible*, JSOT.S 143, Sheffield 1993.

Clines, David J. A., Hrsg., *Dictionary of Classical Hebrew*, Sheffield 1993ff.

Coats, George W., *Genesis with Introduction to Narrative Literature*, (Nachdr. von 1983), FOTL 1, Grand Rapids 1987.

Cogan, Mordechai / Eph'al, Israel, Hrsg, *Ah, Assyria... Studies in Assyrinan History and Ancient Near Eastern Historiography Presented to Hayim Tadmor*, Scripta Hiersolymitana 33, Jerusalem 1991.

Crüsemann, Frank, *Elia - die Entdeckung der Einheit Gottes. Eine Lektüre der Erzählungen über Elia und seine Zeit* (1Kön 17 - 2Kön 2), KT 154, Gütersloh 1997.

동저자, *Studien zur Formgeschichte von Hymnus und Danklied in Israel*, WMANT 32, Neukirchen-Vluyn 1969.

Dalman, Gustav H., *Arbeit und Sitte in Palästina*, 7 Bde., Gütersloh 1928-42; Bd. 8, Berlin u.a. 2001.

Diestel, Ludwig, *Geschichte des Alten Testaments in der christlichen Kirche*, Jena 1869 (Nachdr. Leipzig 1981).

Díez Macho, Alejandro, *Neophiti I. Targum Palestinense. MS de la Biblioteca Vaticana*, 6 Bde., Madrid u.a. 1968-79.

Dijk, Teun A. van, *Textwissenschaft. Eine interdisziplinäre Einführung*, dtv-Wissenschaft, München 1980.

Dirksen, Perter B., *An Annotated Bibliography of the OT*, Leiden

1989.

Dohmen, Christoph / Oeming, Manfred, *Biblischer Kanon warum und wozu?*, QD 137, Freibung 1992.

Dohmen, Christoph / Söding, Thomas, Hrsg., *Eine Bibel - zwei Testamente. Positionen Biblischer Theologie*, UTB 1893, Paderborn u.a. 1995.

Donner, Herbert, *Einführung in die biblische Landes- und Altertums- kunde*, Darmstadt [2]1988.

Dorsey, David A., *The Literary Structure of the Old Testament. A Commentary on Genesis-Malachi*, Grand Rapids 1999.

Egger, Wilhelm, *Methodenlehre zum Neuen Testament. Einführung in linguistische und historisch-kritische Methoden*, Freiburg [4]1996.

Eißfeldt, Otto, *Einleitung in das Alte Testament*, Tübingen [3]1964.

Elliger, Karl / Rudolph, Wilhelm u.a., Hrsg., *Biblia Hebraica Stuttgartensia* (BHS), Stuttgart 1967-1977 (Nachdr. 1987).

Engemann, Wilfried, *Einführung in die Homiletik. Theologische Grundlagen - methodische Ansätze - analytische Zugänge*, Stuttgart 2000.

Erbse, Hartmut, "Textkritik", in: *Lexikon der Alten Welt*, Bd. 3, Hrsg. Carl Andresen / Hartmut Erbse / Olof Gigon, Zürich u.a. 1990, 3021-3023 (1965; Nachdr. Düsseldorf 2001).

Even-Shoshan, Abraham, *A New Concordance of the Bible. Thesaurus of the Language of the Bible, Hebrew and Aramaic Roots, Words, Proper Names, Phrases, Synonyms*, Jerusalem [2]1993.

Felber, Stefan, *Wilhem Vischer als Ausleger der Heiligen Schrift. Eine Untersuchung zum Christuszeugnis des Alten Testaments*, FSÖTh 89, Göttingen 1999.

Fischer, P. Bonifatius, Hrsg., *Vetus Latina*, Die Reste der altlateinischen Bibel nach Petrus Sabatier, Freiburg 1951ff.

Fishbane, Michael, *Biblical Interpretation in Ancient Israel*, Oxford 1985.

Flacius, Matthias, *Clavis Scripturae*, Frankfurt u.a. 1719.

동저자, *De ratione cognoscendi sacras literas*, Lateinisch-deutsche Parallelausgabe, Übers. Lutz Geldsetzer, Düsseldorf 1968.

Fohrer, Georg / Hoffmann, Hans Werner / Huber, Friedrich u.a., Hsg., *Exegese des Alten Testaments. Einführung in die Methodik,* UTB 267, Heidelberg [6]1993.

Fohrer, Georg, *Einleitung in das Alte Testament*, begr. von Ernst Sellin, Heidelberg [12]1979.

Freedman, David Noel, Hrsg., *Anchor Bible Dictionary,* 6 Bde., New York 1992.

동저자, Hrsg., *The Leningrad Codex. A Facsimile Edition*, Grand Rapids u.a. 1998.

Frey, Hellmuth, "Um den Ansatz theologischer Arbeit", in: *Abraham unser Vater. Juden und Christen im Gespräch über die Bibel* (FS Otto Michel), Hrsg. Otto Betz / Martin Hengel / Peter Schmidt, Leiden 1963, 153-180 (Neuaufl.: edition ichthys, Giessen 2002).

Gall, August Freiherr von, *Der hebräische Pentateuch der Samaritaner*, Bd. I-IV, Gießen 1914-1918 (Nachdruck

1996).

Galling, Kurt, Hrsg., *Biblisches Reallexikon*, HAT 1/1, Tübingen
²1977.

Gerstenberger, Erhard S., *Psalms*. Bd. 1. *With Introduction to Cultic
Poetry*, FOTL 14, Grand Rapids 1988.

동저자, *Psalms, Part 2, and Lamentations*, FOTL 15, Grand Rapids
2001.

Gese, Hartmut, "Erwägungen zur Einheit der biblischen Theologie",
in: *Vom Sinai zum Zion. Alttestamentliche Beiträger zur
biblischen Theologie*, München 1974.

Gesenius, Wilhelm / Buhl, Frants, *Hebräisches und Aramäisches
Handwörterbuch über das Alte Testament*, Berlin ¹⁷1915
(Nachdr. 1962).

Gesenius, Wilhelm, *Hebräisches und Aramäisches Handwörterbuch
über das Alte Testament*, Hrsg. Rudolf Meyer / Herbert
Donner, Berlin ¹⁸1987ff.

Gesenius, Wilhelm / Kautzsch, Emil, *Hebräische Grammatik*,
Leipzig ²⁸1909 (Nachdr. Hildesheim u.a. 1983).

Ginsburg, Chr.D, *The Massorah compiled from Manuscripts
alphabethically and lexically arranged*, 4 Bde., London
1880-1904 (Nachdr. New York 1968).

Görg, Manfred / Lang, Bernhard, Hrsg., *Neues Bibel-Lexikon*, 3
Bde., Düsseldorf 1991-2001

Goshen-Gottstein, M.H., Hrsg., *The Aleppo-Codex*, Jerusalem 1976.

동저자, Hrsg., *Hebrew University Bible. Jesaja*, Jerusalem 1995.

Gunkel, Hermann, *Einleitung in die Psalmen. Die Gattungen der religiösen Lyrik Israels*, Hrsg. Joachim Begrich, HK, Göttingen 1933.

동저자, *Genesis*, HAT, Göttingen [3]1910.

동저자, "Grundprobleme der israelitischen Literaturgeschichte", *DLZ* 27 (1906), 1797-1800, 1861-1866 (Nachdr. in *Reden und Aufsätze*, Göttingen 1913, 29-38).

Gunn, David Miller / Fewell, Danna Nolan, *Narrative in the Hebrew Bible*, Oxford 1993.

Gunneweg, Antonius H.J., "Anmerkungen und Anfragen zur neueren Pentateuchforschung", *ThR* 48 (1983), 227-253; *ThR* 50 (1985), 107-131.

Haacker, Klaus / Hempelmann, Heinzpeter, *Veritas Hebraica. Die hebräische Grundlage der biblischen Theologie als exegetische und semantische Aufgabe*, Wuppertal 1989.

Habel, Norman C., "The Form and Significance of the Call Narratives", *ZAW* 77 (1965), 297-323.

Hahn, Eberhard, "Neuere Ansätze der Schriftauslegung", in: *Das Studium des Neuen Testaments. Bd. 2. Exegetische und hermeneutische Grundfragen*, Hrsg. Heinz-Werner Neudorfer / Eckhard J. Schnabel, Wuppertal u.a. 2000, 13-32.

Hallo, William W. / Younger, K Lawson, Hrsg., *The Context of Scripture*, 3 Bde., Leiden 1997ff.

Haubeck, Wilfrid, "Traditionsgeschichte", in: *Das Studium des Neuen Testaments. Bd. 1 Eine Einführung in die Methoden der Exegese*, Hrsg. Heinz-Werner Neudorfer / Eckhard J.

Schnabel, Wuppertal u.a. 1999, 231-244.

Hayes, John H., Hrsg., *Old Testament Form Criticism*, San Antonio 1974.

Hermisson, Hans-Jürgen, *Studien zur israelitischen Spruchweisheit*, WMANT 28, Neukirchen-Vluyn 1968.

Hirschler, Horst, *iblisch predigen*, Hannover [3]1992.

Houtman, Cornelis, *Der Pentateuch. Die Geschichte seiner Erforschung neben einer Auswertung*, Kampen 1994.

Jacob, Benno, *Das Buch Exodus*, Stuttgart 1997 (1940).

동저자, *Das Buch Genesis*, Stuttgart 2000 (1934).

Janzen, Gerald, *Studies in the Text of Jeremiah*, HSM 6, Cambridge/MA 1973.

Jenni, Ernst / Westermann, Claus, Hrsg., *Theologisches Handwörter- buch zum Alten Testament*, 2 Bde., Gütersloh u.a. [5]1994/95.

Jenni, Ernst, *Lehrbuch der hebräischen Sprache*, Basel [2]1981.

Jeremias, jörg, *Der Prophet Amos*, ATD, Göttingen 1995.

Joüon, Paul / Muraoka, Takamitsu, *A Grammar of Biblical Hebrew*, 2 Bde., Subsidia Biblica 14, Rom [2]1993.

Kaiser, Otto, *Einleitung in das Alte Testament*, Gütersloh [5]1984 .

동저자, Hrsg., *Texte aus der Umwelt des Alten Testaments* (TUAT), 3 Bde., Gütersloh 1982-2001.

Kaiser, Walter C. / Silva, Moisés, *An Introduction to Biblical Hermeneutics. The Search for Meaning*, Grand Rapids 1994.

Kedar, Benjamin, *Biblische Semantik*, Stuttgart u.a. 1981.

Keel, Othmar / Küchler, Max, Hrsg., *Herders Großer Bibelatlas*, Freiburg 1989 (engl. 1987).

동저자 / Küchler, Max/ Uehlinger, Christoph, Hrsg., *Orte und Landschaften der Bibel*, Bd. 1. *Geographisch-geschichtliche Landeskunde*; Bd. 2. *Der Süden*, Zürich u.a. 1982/84.

Kittel, Rudolph, Hrsg., *Biblia Hebraica* (BHK³), Stuttgart 1937/1951.

Klein, Michael L., *The Fragment-Targums of the Pentateuch According to their Extant Sources*, 2 Bde., AnBib 76, Rom 1978.

Klein, William W. / Blomberg, Craig / Hubbard, Robert L., Jr., *Introduction to Biblical Interpretation*, Dallas 1993.

Klement, Herbert H., *II Samuel 21-24. Context, Structure and Meaning in the Samuel Conclusion*, EHS. T 682, Frankfurt a.M. 1999.

Koch, Klaus, *Was ist Formgeschichte?* Neukirchen-Vluyn ⁵1989.

Koehler, Ludwig / Baumgartner, Walter / Stamm, Johann Jakob, *Hebräisches und Aramäisches Lexikon zum Alten Testament*, Leiden 1967-1995 (KBL³ =HAL).

Korpel, Marjo C.A. / Oesch, Josef, Hrsg., *Delimination Criticism. A New Tool in Biblical Scholarship*, Assen/NL 2000.

Koselleck, Reinhart / Meier, Christian / Engels, Odilo u.a. "Geschichte, Historie", in: *Geschichtliche Grundbegriffe. Historisches Lexi- kon zur politisch-sozialen Sprache in Deutschland*, Bd. 2, Hrsg. Otto Brunner / Werner Conze / Reinhart Koselleck, Stuttgart 1975, 593-717.

Koster, M.D., "Peshitta Revisited. A Reassessment of Its Value as a Version", *JSS* 38 (1993), 235-268.

Kratz, Reinhart G., "Redaktionsgeschichte/Redaktionskritik I. Altes Testament", in: *TRE*, Bd. 28, Berlin u.a. 1997, 367-378.

Kraus, Hans-Joachim, *Geschichte der historisch-kritischen Erforschung des Alten Testaments*, Göttingen [4]1988.

Kreuzer, Siegfried / Vieweger, Dieter u.a., *Proseminar I. Altes Testament. Ein Arbeitsbuch*, Stuttgart u.a. 1999.

Kugel, James L., *The Idea of Biblical Poetry*, Yale 1981.

Kuhl, C., "Formen und Gattungen. I. Im AT", in: *RGG*, 3. Aufl., Bd. 2, Tübingen 1959, 996-999.

Lemche, Niels Peter, *Die Vorgeschichte Israels. Von den Anfängen bis zum Ausgang des 13. Jahrhunderts v.Chr.*, BE, Bd. 1, Stuttgart 1996.

Liedke, Gerhard, *Gestalt und Bezeichnung alttestamentlicher Rechtssätze. Eine formgeschichtlich-terminologische Studie*, WMANT 39, Neukirchen-Vluyn 1971.

Lisowsky, Gerhard, *Konkordanz zum Hebräischen Alten Testament*, Stuttgart [3]1993.

Long, Burke O., *I Kings with an Introduction to Historical Literature*, FOTL 9, Grand Rapids 1984.

Long, V. Philips, Hrsg., *Israel's Past in Present Research. Essays on Ancient Israelite Historiography*, Winona Lake 1999.

동저자, "Old Testament History. A Hermeneutical Perspective", in: *NIDOTTE*, Bd. 1, Hrsg. Willem A. VanGemeren, Grand Rapids 1996, 86-102.

Longman, Tremper, III., "Form Criticism. Recent Developments in Genre Theory, and the Evangelical", *WThJ* 47 (1985), 46-67.

동저자, *Literary Approaches to Biblical Interpretation*, Foundations of Contemporary Interpretation 3, Grand Rapids 1987.

Lowth, Robert, *De sacra poesi Hebraeorum*, Oxford 1733.

Ludwig, Ernst, *Schriftverständnis und Schriftauslegung bei Johann Albrecht Bengel*, Stuttgart 1952.

Lyra, Nicolaus de, *Postilla litteralis super Totam Bibliam*, 4 Bde., Frankfurt 1971 (1492).

Maier, Gerhard, *Biblische Hermeneutik*, Wuppertal u.a. [3]1998.

Maier, Gerhard, "Der Abschluß des jüdischen Kanons und das Lehrhaus von Jabne", in: *Der Kanon der Bibel*, Hrsg. Gerhard Maier, Wuppertal u.a. 1990, 1-24.

Mandelkern, Solomon, *Veteris Testamenti Concordantiae Hebraicae atque Chaldaica*, Graz 1978 (1937).

Marco, Angelico di, "Der Chiasmus in der Bibel", *LinBib* 36 (1975), 21-97; 37 (1976), 49-68; 39 (1977), 37-85; 44 (1979), 3-70.

Mayordomo, Moisés M., "Rezeptionsästhetische Analyse", in: *Das Studium des Neuen Testaments. Bd. 2. Exegetische und hermeneutische Grundfragen*, Hrsg. Heinz-Werner Neudorfer / Eckhard J. Schnabel, Wuppertal u.a. 2000, 13-32.

McCarter, Kyle P., *Textual Criticism, Recovering the Text of the Hebrew Bible*, Philadelphia 1986.

McNamara, Martin u.a., Hrsg., *The Aramaic Bible. The Targums*,

Edinburgh 1987ff.

Meisner, Norbert, "Aristeasbrief", in: *Jüdische Schriften aus hellenistisch-römischer Zeit*. Bd. 2. *Unterweisungen in erzählender Form*, Hrsg. Werner Georg Kümmel / Hermann Lichtenberger, Gütersloh 1973, 35-88.

Merrill, Eugene H., *Die Geschichte Israels. Ein Königreich von Priestern*, Hrsg. Helmuth Pehlke, Holzgerlingen 2001.

Meyer, Rudolf, *Hebräische Grammatik*, 4 Bde., Berlin 1966-1972 (Nachdr. 1992).

Michel, Karl-Heinz, *Glaubensdokument contra Geschichtsbuch? Die Glaubenslehre Wilhelm Herrmanns*, Wuppertal u.a. 1992.

Millard, Alan R., "Die Geschichte Israels auf dem Hintergrund der Religionsgeschichte des Alten Orients", in: *Israel in Geschichte und Gegenwart. Beiträge zur Geschichte Israel und zum jüdisch-christlichen Dialog*, Hrsg. Gerhard Maier, Wuppertal u.a. 1996, 25-42.

동저자, "Story, History, and Theology", in: *Faith, Tradition, and History. Old Testament Historiography in Its Ancient Near Eastern Context*, Hrsg. Alan R. Millard / James K. Hoffmeier / Dawid W. Baker, Winona Lake 1994, 37-64.

Mittmann, Siegfried / Schmitt, Götz, Hrsg., *Tübinger Bibelatlas*, Stuttgart 2001.

Moldaenke, Günter, *Schriftverständnis und Schriftdeutung im Zeitalter der Reformation. Teil 1. Matthias Flacius Illyricus*, FKGG 9, Stuttgart 1936.

Möller, Hans, *Der Anfang der Bibel. Eine Auslegung zu 1. Mose 1 bis 11*, Zwickau ³1997.

Möller, Wilhelm, *Alttestamentliche Bibelkunde*, Gr. Oesingen 1989.

동저자, *Einleitung in das AT*, Zwickau 1934.

Müller, Hans Martin, *Homiletik. Eine evangelische Predigtlehre*, Berlin u.a. 1996.

Müller, Hans-Peter, "Formgeschichte/Formenkritik. I. Altes Testament", *TRE*, Bd. 11, Berlin 1983, 271-285.

Murphy, Roland Edmund, *Wisdom Literature. Job, Proverbs, Ruth, Canticles, Ecclesiastes, and Esther*, FOTL 13, Grand Rapids 1981.

Neudorfer, Heinz-Werner / Schnabel, Eckhard J., "Die Interpretation des Neuen Testaments in Geschichte und Gegenwart", in: *Das Studium des Neuen Testaments. Bd. 1. Eine Einführung in die Methoden der Exegese*, Hrsg. Heinz-Werner Neudorfer / Eckhard J. Schnabel, Wuppertal u.a. 1999, 13-38.

Nida, Eugene / Taber, Charles R., *Theorie und Praxis des Übersetzens unter besonderer Berücksichtigung*, New York 1969.

Noble, Paul R., *The Canonical Approach. A Critical Reconstruction of the Hermeneutics of Brevard S. Childs*, BINS 16, Leiden 1995.

Noth, Martin, *Überlieferungsgeschichtliche Studien. Die sammelnden und bearbeitenden Geschichtswerke im Alten Testament*, Tübingen ⁴1973.

354 참고문헌

동저자, *Die Welt des Alten Testaments*, Berlin ⁴1962.

Oeming, Manfred, *Biblische Hermeneutik*, Darmstadt 1998.

동저자, *Gesamtbiblische Theologien der Gegenwart*, Stuttgart ²1987.

동저자, "Tatsachenreport oder Glaubenszeugnis? Überlegungen zur geistigen und geistlichen Auseinandersetzung mit dem Fundamentalismus am Fallbeispiel Abraham", in: *Die Fundamentalistische Versuchung. Ökumenische Ringvorlesung*, Hrsg. Manfred Oeming, Osnabrück 1997.

동저자, "Text - Kontext - Kanon. Ein neuer Weg alttestamentlicher Theologie? Zu einem Buch von Brevard S. Child", in: *Zum Problem des biblischen Kanons*, JBTh, Bd. 3, Hrsg. Ingo Baldermann / Ernst Dassmann / Ottmar Fuchs u.a., Neukirchen-Vluyn 1988, 241-251.

동저자, / Pregla, Anne-Ruth, "New Literary Criticism", *ThR* 66 (2001), 1-23.

Oesch, Josef M., *Petucha und Setuma. Untersuchungen zu einer überlieferten Gliederung im hebräischen Text des Alten Testaments*, OBO 27, Freiburg u.a. 1979.

The Old Testament in Syriac according to the Peshitta Version, Leiden 1966ff.

Olson, Oliver K., "Flacius, Illyrius, Matthias", in: *TRE*, Bd. 11, Berlin u.a. 1983, 206-214.

Preuß, Horst Dietrich, *Das Alte Testament in christlicher Predigt*, Stuttgart 1984.

Ders, "Zum deuteronomistischen Geschichtswerk", *ThR* 58 (1993),

229-264, 341-395.

Pritchard, James B., Hrsg., *Ancient Near Eastern Pictures Relating to the Old Testament. With Supplement* (ANEP), Princeton ²1969.

동저자, Hrsg., *Ancient Near Eastern Texts Relating to the Old Testament. With Supplement* (ANET), Princeton ³1969.

Rabin, Chaim / Talmon, Shemaryahu / Tov, Emanuel, Hrsg., *Hebrew University Bible. Jeremia,* Jerusalem 1997.

Rad, von Gerhard, "Offene Fragen im Umkreis einer Theologie des Alten Testaments", *ThLZ* 88 (1963), 401-416.

동저자, *Theologie des Alten Testaments. Bd. 1. Die Theologie der geschichtlichen Überlieferungen Israels.* München ⁶1969.

동저자, *Theologie des Alten Testaments. Bd. 2. Die Theologie der prophetischen Überlieferungen Israels,* München ⁵1968.

동저자, *Weisheit in Israel,* Neukirchen-Vluyn 1970.

Rahlfs, Alfred, Hrsg., *Septuaginta,* Stuttgart 1935 (Nachdruck 1979).

Reicke, Bo / Rost, Leonard, Hrsg., *Biblisch-historisches Handwörterbuch,* 4 Bd., Götingen 1962-1979.

Rendtorff, Rolf, *Theologie des Alten Testaments. Ein Kanonischer Entwurf. Bd. 1. Kanonische Grundlegung,* Neukirchen-Vluyn 1999.

동저자, "Zwischen historisch-kritischer Methode und holistischer Interpretation. Neue Entwicklungen in der alttestamentlichen Forschung", in: *Kanon und Theologie. Vorarbeiten zu einer Theologie des Alten Testament,* Neukirchen-Vluyn

1991, 23-28.

Reventlow, Henning Graf, *Epochen der Bibelauslegung*, 3 Bd., München 1990-1997.

동저자, *Hauptprobleme der alttestamentlichen Theologie im 20. Jahrhundert*, Darmstadt 1982.

동저자, "Richard Simon und seine Bedeutung für die kritische Erfoschung der Bibel", in: *Historische Kritik in der Theologie*, Hrsg. Georg Schwaiger, Göttingen 1980, 11-36.

Richter, Wolfgang, *Exegese als Literaturwissenschaft. Entwurf einer alttestamentlichen Literaturtheorie und Methodologie*, Göttin- gen 1971.

Ruppert, Lothar, "Die historisch-kritische Methode der Bibelexegese im deutschen Sprachraum: Vorgeschichte, gegenwärtige Entwick- lungen, Tendenzen, Neuaufbrüche" (1989), in: *Studien zur Literaturgeschichte des Alten Testaments*, SBAB 18, Stuttgart 1994, 306-312.

Sæbø, Magne, Hrsg., *Hebrew Bible/Old Testament. The History of its Interpretation*. Bd. 1. *Form the Beginnings to the Middle Ages (until 1300), Part 1: Antiquity; Part 2: The Middle Ages*, Göttingen 1996/2000

Sandy, D. Brent / Giese, Ronald L., Jr., Hrsg., *Cracking Old Testament Codes. A Guide to Interpreting the Literary Genres of the Old Testament*, Nashville 1995.

Schenker, Adrian u.a., Hrsg., *Biblia Hebraica Quinta* (BHQ), Stuttgart 1998ff.

동저자, "Eine Neuausgabe der Biblia Hebraica", *ZAH* 9 (1996),

58-61.

Schmidt, Ludwig, "Literarkritik I. Altes Testament", in: *TRE*, Bd. 21, Berlin 1991, 211-222.

Schmidt, Werner H., "Grenzen und Vorzüge historisch-kritischer Exegese. Eine kleine Verteidigungsrede", in: *Vielfalt und Einheit alttestamentlichen Glaubens. Bd. 1. Hermeneutik, Pentateuch und Prophetie*, Hrsg. Axel Graupner / Holger Delkurt / Alexander B. Ernst, Neukirchen-Vluyn 1995, 21-33.

Schmitz, Otto, "Römer 1, 13-20", in: *Herr, the meine Lippen auf, Eine Predigthilfe. Bd.4. Die neuen Episteln*, Hrsg. Georg Eichholz, Wuppertal [5]1965, 116-121.

Schnabel, Eckard., "Die Verwendung des Alten Testsments im Neuen", in: *Das Studium des Neuen Testaments. Bd. 2. Exegetische und hermeneutische Grundfragen*, Hrsg. Heinz-Werner Neudorfer / Eckhard J. Schnabel, Wuppertal u.a. 2000, 207-232.

Seebaß, Horst, "Vor einer neuen Pentateuchkritik?", *ThRv* 88 (1992), 177-186.

Seidel, Bernhard, "Entwicklungslinien der neueren Pentateuch- forschung im 20. Jahrhundert", *ZAW* 106 (1994), 476-487.

Seils, Martin, Hrsg., *Johann Georg Hamann. Eine Auswahl aus seinen Schriften "Entkleidung und Verklärung"*, Wuppertal [2]1987.

Seneca, *Von der Gemütsruhe, in: Seneca, Philosophische Schriften. Bd. 2. Dialoge, Teil 2*, Übers. Otto Apelt, Leipzig 1923.

Septuaginta. Vetus Testamentum Graecum auctoritate Academiae Scientiarum Gottingensis editum, Göttingen 1931ff.

Siebenthal, von Heinrich, "Sprachwissenschaftliche Aspekte", in: *Das Studium des Neuen Testaments. Bd. 1. Eine Einführung in die Methoden der Exegese*, Hrsg. Heinz-Werner Neudorfer / Eckhard J. Schnabel, Wuppertal u.a. 1999, 69-154.

Silva, Moisés, *Biblical Words and their Meaning. An Introduction to Lexical Semantics*, Grand Rapids ²1994.

Simon, Christian, *Historiographie. Eine Einführung*, UTB 1901, Stuttgart 1996.

Simon, Richard, *Histoire Critique de Vieux Testament*, Rotterdam 1685.

Ska, Jean Louis, *"Our Fathers Have Told Us," Introduction to the analysis of Hebrew Narratives*, Subsidia Biblica 13, Rom 1990.

Smend, Rudolf, "Über die Epochen der Bibelkritik", in: *Epochen der Bibelkritik*, München 1991, 11-32.

Söding, Thomas, "Entwürfe Biblischer Theologie in der Gegenwart - Eine neutestamentliche Standortbestimmung", in: *Biblsche Theologie. Entwürfe der Gegenwart*, Hrsg. Hans Hübner / Bernd Jaspert, Neukirchen-Vluyn 1999, 41-103.

동저자, *Mehr als ein Buch. Die Bibel begreifen*, Freibung 1995.

동저자, *Wege der Schriftauslegung. Methodenbuch zum Neuen Testament*, Freiburg 1998.

Sonsino, Rifat, *Motive Clauses in the Hebrew Law. Biblical Forms* and *Near Eastern Parallels*, SBL Dissertation Series 45, Chio/ California 1980

Sperber, Alexander, Hrsg., *The Bible in Aramaic Based on Old Manuscripts and Printed Texts*, 4 Bde., Leiden 1959-73 (Nachdr. 1992).

Spieckermann, Hermann, "Die Verbindlichkeit des Alten Testaments. Unzeitgemäße Betrachtungen zu einem ungeliebten Thema", in: *Biblische Hermeneutik*, JBZh, Bd. 12, Hrsg. Ingo Baldermann / Ernst Dassmann / Ottmar Fuchs u.a., Neukirchen-Vluyn 1998, 25-51.

Spinoza, Baruch de, *Theologisch-politischer Traktat*, PhB 93, Hamburg 1976 (1670).

Spurgeon, Charles Haddon, *Ratschläge für Prediger*, Wuppertal 1996 (1925).

Stadelmann, Helge, *Schriftgemäß predigen*, Wuppertal [4]1999.

Stanford, Michael, *The Nature of Historical Knowledge*, Oxford 1986.

Steck, Odil Hannes, *Exegese des Alten Testaments. Leitfaden der Methodik. Ein Arbeitsbuch für Proseminare, Seminare und Vorlesungen*, Neukirchen-Vluyn [14]1994.

동저자, "Strömungen theologischer Traditionen im Alten Israel", in: *Wahrnehmungen Gottes im Alten Testament. Gesammelte Studien*, TB 70, München 1982, 291-317.

Stengel, Ingeburg / Strauch, Theo, *Stimme und Person. Personale Stimmentwicklung, Personale Stimmtherapie*, Stuttgart 1998.

Sternberg, Meir, *The Poetics of Biblical Narrative. Ideological Literature and the Drama of Reading*, Bloomington 1987.

Stuart, Douglas, *Old Testament Exegesis. A Primer for Students and Pastors*. Philadelphia ²1980.

Stuttgarter Bibelatlas. *Historische Karten der biblischen Welt*, Stuttgart ³1998.

Sweeney, Marvin A., *Isaiah 1-39. With an Introduction to Prophetic Literature*, FOTL 16, Grand Rapids 1996.

Szondi, Peter, *Einführung in die literarische Hermeneutik*, Frankfurt 1975.

Tal, Abraham, *The Samaritan Pentateuch, Edited According to MS 6 C of the Shekhem Synagogue*, Tel Aviv 1994.

Theologische Realenzyklopädie (TRE), Hrsg. Gerhard Müller, Berlin u.a. 1977ff.

Thompson, Thomas L., "Das Alte Testamert als theologische Disziplin", in: *Religionsgeschichte Israels oder Theologie des Alten Testaments?*, JBTh, Bd. 10, Hrsg. Ingo Baldermann / Ernst Dassmann / Ottmar Fuchs u.a., Neukirchen-Vluyn 1995, 157-173.

Tov, Emanuel, *Der Test der Hebräischen Bibel. Handbuch der Textkritik*, Stuttgart 1997 (engl. 1992).

Tübinger Atlas des Vorderen Orients (TAVO), Wiesbaden 1977-1994.

Untergaßmair, Franz Georg, "Richard Simon", in: *BBKL*, Bd. 10, Hamm 1995, 424-428.

Utzschneider, Helmut / Nitsche, Stefan Ark, *Arbeitsbuch literatur-*

wissenschaftliche Bibelauslegung. Eine Methodenlehre zur Exegese des Alten Testaments, Gütersloh 2001.

Utzschneider, Helmut, "Die Renaissance der alttestamentlichen Literaturwissenschaft und das Buch Exodus. Überlegungen zu Hermeneutik und Geschichte der Forschung", *ZAW* 106 (1994), 197-223.

VanGemeren, Willem A., Hrsg., *New International Dictionary of Old Testament Theology and Exegesis*, 5 Bde., Grand Rapids 1996.

Vischer, Willhelm, *Das Christuszeugnis des Alten Testament*, 2 Bde., München 1934/1942.

Waltke, Bruce K. "Aims of OT Textual Criticism", *WThJ* 51 (1989), 93-108.

동저자 / O'Connor, Michael P., *An Introduction to Biblical Hebrew Syntax*, Winona Lake 1990.

Walton, John H., *Ancient Israelite Literature in its Cultural Context. A Survey of Parallels Between Biblical and Ancient Near Eastern Texts*, Grand Rapids 1989.

Weber, Robert, Hrsg., *Biblia Sacra iuxta Vulgatam Versionem*, Stuttgart ⁴1994.

Weil, Gérard E., *Massorah Gedolah Iuxta Codicem Leningradensem B 19A. Bd. 1. Catalogi*, Rom u.a. 1971.

Weippert, Helga, "*Das deuteronomistische Geschichtswerk*", ThR 50 (1985), 213-249.

Wehlch, John W., Hrsg., *Chiasmus in Antiquity*, Nachdr. 1981, Santa Fee/NM 1999.

동저자 / Mckinlay, Daniel B., Hrsg., *Chiasmus Bibliography*, Santa Fee/NM 1999.

Westermann, Claus, "Arten der Erzählungen in der Genesis", in: *Forschung am Alten Testament*, Müchen 1964, 9-91.

동저자, Genesis. 1. Teilband. *Genesis 1-11*, BK.AT, Neukirchen-Vluyn [3]1983.

동저자, *Grundformen prophetischer Rede*, Müchen [5]1978.

동저자, *Lob und Klage in den Psalmen*, Göttingen [6]1977.

동저자, *Prophetische Heilsworte im Alten Testament*, Göttingen 1987.

Wiedenmann, Rolf- Dieter, *Der Rhetorik-Trainer. Reden lernen für Gemeinde und Beruf*, Wuppertal 1999.

동저자, / Schwinkendorf, Horst, *Der Sprechtrainer, Übungskassette und Begleitheft*, Wetzlar o.J.

Willi, Thomas, *Die Chronik als Auslegung. Untersuchung zur literarischen Gestaltung der historischen Überlieferung Israels*, FRLANT 106, Göttingen 1972.

Willmes, Bernd, *Bibelauslegung - genau genommen. Syntaktisch, semantische und pragmatische Dimensionen und Kategorien für die sprachliche Analyse hebräischer und griechischer Text auf Wort- und Satzebene*, BN Beihefte 5, München 1990.

Wills, Wolfram, hrsg., *Übersetzungswissenschaft*, WdF 535, Darmstadt 1981.

Wiseman, Donald J / Kitchen, Kenneth A. / Millard, Alan R. u.a., "Schrift", in: *Das Große Bibellexikon*, Bd. 3, Hrsg. Helmut

Burkhardt / Fritz Grünzweig / Fritz Laubau u.a., Wuppertal u.a. 1989, 1388-1403.

Wolff, Hans Walter, "Das Geschichtsverständnis der Alttestament-lichen Prophetie", in: *Gesammelte Studien zum Alten Testament*, München 1964.

Wonneberger, Reinhard, *Leitfaden zur Biblia Hebraica Stuttgartensia*, Göttingen [2]1986.

Würthwein, Ernst, *Der Text des Alten Testaments. Eine Einführung in die Biblia Hebraica*, Stuttgart [5]1988.

Yeivin, Israel, *Introduction to the Tiberian Masorah*, Hrsg. Ernest J. Revell, SBL Masoretic Studies 5., Missoula 1980.

Young, Edward J., *The Book of Isaiah*, 3 Bde., Grand Rapids 1965-72.

동저자, *An Introduction to the Old Testament*, Grand Rapids 1949.

Zenger, Erich u.a., *Einleitung in das Alte Testament*, Stuttgart [3]1998.

Ziegler, Joseph, *Antike und moderne lateinische Psalmen-übersetzungen*, SBAW, München 1960.

성구 색인

■ 역자소개 ■

서강대학교 영어영문학과(B.A.)를 졸업하고, 장로회신학대학교 신학
대학원(M.Div.)과 同 대학원(Th.M.)에서 수학한 후, 독일 Bochum대학
에서 구약학 전공으로 신학박사학위(Dr.Theol.)를 받았다. 그 후 장로
회신학대학교 초빙교수, 서울장신대학교 구약학 교수를 거쳐, 지금은
장로회신학대학교 구약학 교수로 재직하고 있다. 저서로는 *Studien zu
Hiob 3 im Kontext des Hiobbuches*(HBS 46), 2005;『질문과 응답으로서
의 욥기연구』, 2006;『욥기 어떻게 설교할 것인가』(공저), 2008 등이
있고, 역서로는『말씀 안에 계신 하나님』(J. Ebach), 2002;『레노바레
성경』(Renovare Spiritual Formation Bible) (공역), 2006;『구약정경신학』
(R. Rendtorff) 등이 있다.

구약성서 연구방법론

2005. 3. 10. 초판 1쇄 발행

2023. 2. 15. 초판 5쇄 발행

지은이　만프레트 드라이차 외
옮긴이　하 경 택
발행인　이 영 근
발행처　비블리카 아카데미아
등록　2013년 2월 15일, 제2013-8호
주소　서울시 종로구 대학로 19, 807호
전화　(02) 456-3123
팩스　(02) 456-3174
홈페이지　www.biblica.net
전자우편　biblica@biblica.net

값은 표지에 기재되어 있음
ISBN 979-11-956637-4-3 93230